U0799500

高职高专“十二五”规划教材

会展经济学

傅　冰　编著

北　京
冶　金　工　业　出　版　社
2015

内 容 提 要

本教材是在教学实践基础上，为会展策划与管理专业的高职高专学生编写的。全书共有9个任务，包括：会展经济学的研究对象、内容与分析工具；会展产品的价格变动趋势；运用需求弹性理论分析会展产品的价格策略；了解顾客追求效用最大化；实现会展企业利润最大化目标；确定会展企业市场竞争策略；了解会展业中的政府与市场；明确会展消费与投资的经济效应；了解宏观经济运行，预测会展发展趋势。内容由浅入深，并配有丰富的案例与点评。

本书适合高职高专院校会展专业的学生、教师、业内理论研究者以及对会展经济感兴趣的读者阅读参考。

图书在版编目(CIP)数据

会展经济学／傅冰编著. —北京：冶金工业出版社，2015.8

高职高专“十二五”规划教材

ISBN 978-7-5024-7011-1

Ⅰ.①会… Ⅱ.①傅… Ⅲ.①展览会—服务经济学—高等职业教育—教材 Ⅳ.①G245 ②F063.1

中国版本图书馆CIP数据核字(2015)第198077号

出 版 人 谭学余
地　　址 北京市东城区嵩祝院北巷39号 邮编 100009 电话 (010)64027926
网　　址 www.cnmip.com.cn 电子信箱 yjcbs@cnmip.com.cn
责任编辑 郭冬艳 美术编辑 吕欣童 版式设计 葛新霞
责任校对 禹 蕊 责任印制 李玉山
ISBN 978-7-5024-7011-1
冶金工业出版社出版发行；各地新华书店经销；固安华明印业有限公司印刷
2015年8月第1版，2015年8月第1次印刷
787mm×1092mm 1/16；10印张；242千字；151页
29.00元

冶金工业出版社 投稿电话 (010)64027932 投稿信箱 tougao@cnmip.com.cn
冶金工业出版社营销中心 电话 (010)64044283 传真 (010)64027893
冶金书店 地址 北京市东四西大街46号(100010) 电话 (010)65289081(兼传真)
冶金工业出版社天猫旗舰店 yjgycbs.tmall.com

（本书如有印装质量问题，本社营销中心负责退换）

前　言

本书与传统的教材不同，它主要是根据高等职业教育岗位（群）的实际需要，在“会展经济”这门课程中有机地应用了“西方经济学”的理论。本教材基于会展任务驱动，力求创新与突破，内容体系完善，框架结构清晰，有丰富的真实案例及其点评。书中用最通俗的经济学语言，解释会展业中的基本经济现象，既可以帮助会展专业学生增强对会展经济的了解，也可以帮助会展从业人员从宏观、微观及产业的角度来分析会展业的发展，提升其会展调研、策划及分析问题解决问题的能力。

本书在内容策划与编排上具有以下特点：

(1) 经济理论紧密结合行业内容。本书主要是用经济学基本理论来分析会展行业现象，做到学习情境与职业情境、生活情境紧密结合，学生可以直观、形象地获取经验，从而轻松获取实际职业行动的能力。

(2) 任务驱动引领教学过程实施。促使学生主动探索以完成某项工作，学生可以在课程学习中逐步锻炼所需要的职业能力，促进了理论和实践相结合的学习模式。

(3) 真实案例分析及实训操作设置。本书以真实展会项目为载体，创设情境，进行课程内容设计，围绕职业能力的形成来整合相应的知识、技能。有针对性地设置了实际操作案例，加大技能培训的力度，以提高学生运用专业的技能技巧解决和处理现实问题的综合能力，形成做学一体化的教学模式。

本书设计了能力目标、核心能力、案例导入、重要知识、案例分析、任务小结、课堂讨论、业务技能自测、实训操作等栏目，构建了相对完整的会展经济学理论及操作体系，回归到以培养学生技术应用能力为主线的高等职业教育本位，突出强调学生学习的参与性与主动性，体现了教材定位、规划、设计与编写等方面的职业教育教学改革的示范。

本书在编写的过程中，还参阅了国内外专家学者的大量研究成果，在此一并表示衷心的感谢。

本书适合实践类本科院校以及高等职业院校会展经济与管理专业的学生、教师、业内理论研究者以及对会展经济感兴趣的读者阅读。由于水平有限，书中不妥之处，恳请读者给予批评指正。

编　者
2015年5月于上海

目　录

任务1　明确会展经济学的研究对象、内容与分析工具

能力目标

通过完成本任务，你应该能够：

1. 明确会展的内涵；
2. 了解会展经济现象；
3. 把握会展经济学的分析工具。

核心能力

1. 明确会展企业决策者要解决的问题；
2. 初步运用会展经济学分析工具。

任务解析

为了更好的把握会展经济学分析的基本理论，为完成今后各项任务打下坚实基础，我们将本任务分为3个分项任务。

1. 了解会展与会展经济；
2. 明确会展经济学的研究对象；
3. 把握会展经济学的研究方法。

1.1　了解会展与会展经济

任务情景：在中国，大大小小的会展企业有很多，其中，会展小企业数量多，出现快，消失也快。有些企业赚钱，有些企业亏损，甚至倒闭。目前，在会展业中，能得到项目的企业有些靠人气、声誉，展会得以壮大发展。但有些企业靠欺骗获取短期的效益，从而导致项目逐渐缩小乃至消亡。如果你是企业的决策者，如何利用经济规律帮企业赚钱？会展业的经济规律是什么呢？为了解这些，我们需要了解以下这些问题。

1.1.1　了解会展内涵

1.1.1.1　掌握会展的定义、特征和分类

从字面上分析，会展是会议、展览等集体性活动的简称。目前，理论上并没有关于会展产品的统一定义。在欧洲，会展被称为C&E（Convention and Exhibition）或者M&E（Meeting and Exhibition），在美国，会展被称为MICE（Meeting，Incentive Tour，Conference，Exhibition or Exposition and Event）即专业（公司）会议、奖励旅游、大型会议、展

览会和事件活动。

中国学者刘大可曾提出了“大会展”的概念，包括培训活动在内的 IMBEST。IMBEST 表示“大会展”的概念，包含 incentive tour（奖励旅游）、meeting（各类会议）、business personaltrip（个人商务差旅）、exhibition（展览会）、specialevent（特殊活动）、trainingprogram（教育培训）。陈泽炎（2013）在此基础上将“大会展”内容扩展为包括 12 种类型——“会、展、演（会议、展览、广场演艺），节、赛、馆（节庆、赛事、文化所馆），奖、训、观（赛事、培训、产业观光），公、传、园（公关、传播、主题公园）”。

本书对会展的定义为，会展是会议、展览、节事、奖游等集体性活动的简称。其代表性活动如下文所述。

A 展览（exhibition）

展览是会展业中最典型的部分。展览或展览会，就是展览的参与者通过物品或图片的展示，集中向观众传达各种信息，实现双向交流，扩大影响，树立企业的形象，实现交易、投资，或传授知识、教育观众的目的。展览作为服务活动，属于第三产业。展览业对社会的发展有着不可低估的作用。

展览的分类包括以下几种：

（1）按展会的性质可分为：贸易展、消费展。展览的性质由展览组织者决定，可以通过参观者的成分反映出来：对工商办开放的展览是贸易性质的展览，对公众开放的展览是消费性质的展览。

贸易性展览是为产业即制造业、商业等行业举办的展览，展出者和参观者的主体都是商人。展览的主要目的是交流信息、洽谈贸易。如广交会已成为中国目前规模最大、商品种类最齐全、层次最高的综合性国际贸易展。

消费展是面对公众消费者开放的展览，参展者主要是经营消费品的公司，目的是树立公司形象，扩大产品影响，直销产品。消费性质的展览基本上都展出消费品，目的主要是直接销售。

知识链接

国际上已形成规模和全球影响的消费品展

德国：法兰克福国际消费品展、国际礼品和办公用品展，纽伦堡玩具展，科隆五金展，慕尼黑轻工艺品展。

意大利：米兰国际礼品及办公用品展，马契夫博览会。

美国：拉斯维加斯礼品及消费品展，亚特兰大国际礼品及家居展。

日本：东京礼品展，国际消费品展。

澳大利亚：墨尔本国际消费品展。

中国香港：玩具展、文具展、家居用品展、礼品赠品展、亚洲流行饰物展。

（2）按展会的内容可分为：综合展览和专业展览。

1）综合展包括全行业或数个行业的展览会，如工业展、轻工业展等，世界上规模最大、范围最广的综合展是世博会。世博会分为综合性和专业性两大类。综合类指注册类世博会，展期六个月，每五年举办一次。专业类指认可类世博会，展期通常为三个月，在两次注册类世博会之间举办一次。2010 年上海世博会就是综合性世博会。综合展一般具有贸易和消费两种性质。

2）专业展指展示某一行业甚至某一项产品的展览会，比如钟表展、汽车展、家具展、服装展、建材展、医疗设备展等。专业展览会的突出特征之一是常常同时举办讨论会、报告会，用以介绍新产品、新技术等。目前，越来越多的综合展按照展品的不同拆分成不同行业的专业展，专业展取代综合展的趋势越来越明显。如德国著名的计算机通讯网络展（CeBIT“办公及信息技术中心”德语缩写）就是从汉诺威工业展览会这个综合类展会分离出来的。

(3) 按展会的规模可分为：国际、国家、地区、地方展以及单个公司的独家展。在众多展览会中，影响最大、最受政府以及商界和专业人士重视的是世界博览会。

(4) 从展出的时间上可分为：定期和不定期。定期的有一年四次、一年两次（如广交会，一年举办两次，春秋各一次）。一年一次、两年一次等，不定期展则是视需要而定；长期和短期。长期可以是三个月、半年甚至常设，短期展一般不超过一个月。在发达国家，专业展览会一般是三天。如在英国，一年一次的展览会占展览会总数的3/4。展览日期受财务预算、订货以及节假日的影响，有旺季、淡季。根据英国展览业协会的调查，3 ~6 月及 9 ~ 10 月是举办展览会的旺季；12 ~1 月以及 7 ~ 8 月为举办展览会的淡季。

(5) 从地域上分为：国内展和国际展。大部分展览会是在专用展览场馆举办的。展览场馆最简单的划分是室内场馆和室外场馆。室内场馆多用于展示常规展品的展览会，比如纺织展、电子展等；室外场馆多用于展示超大超重展品，比如航空展、矿山设备展。在几个地方轮流举办的展览会被称作巡回展。比较特殊的是流动展，即利用飞机、轮船、火车、汽车作为展场的展览会。

B 会议（meeting or conference）

会议是人们为了解决某个共同的问题或出于不同的目的聚集在一起进行讨论、交流的活动，它往往伴随着一定规模的人员流动和消费。作为会展业的重要组成部分，大型会议特别是国际性会议在提升城市形象、促进市政建设、创造经济效益等方面具有特殊的作用。

根据会议参加者、目的以及内容的不同，会议有以下几种形式：

(1) 按照举办单位划分：公司类会议、社团协议类会议、其他组织会议。

1）公司类会议，规模大小不一，数量极其庞大，但由于很多公司并不愿意对外宣传内部会议，所以，公司类会议的数量很难统计。公司类会议的主题通常是管理、协调和技术等，具体可分为：销售会议、经销商会议、技术会议、管理者会议、董事会会议、股东会议等。

2）社团协会类会议，社团协会类会议因人数和性质的不同而互不相同，规模从小型地区性组织、省市级协会到全国性协会乃至国际性协会不等。社团协会可以细分为：行业协会、专业和科学协会、教育协会、技术协会等。其中，行业协会是会展业最重要的市场之一，因为协会的成员多为业内成功管理人员。社团类协会会议通常伴有展览会。

3）其他组织会议，这类会议的典型代表是政府机构会议，其中，省市县级的中小规模的政府机构会议数量十分庞大，是一个非常可观的会议市场。在西方发达国家，工会会议也是重要的会议市场。

（2）按会议规模划分：小型会议、中型会议、大型会议、特大型会议。

1）小型会议：出席的人数少则几人，多则几十人，但一般不超过100人。

2）中型会议：出席人数在100～1000人之间。

3）大型会议：出席人数在1000～10000人之间。

4）特大型会议：出席人数在10000人以上，如重大节日庆典、大型表彰、庆祝大会等。

（3）按照会议活动特征划分：商务型会议、政治性会议、展销会议、文化交流会议、度假型会议、专业学术会议。

1）商务型会议是公司、企业因业务、管理、发展等需要而展开的会议。出席这类会议的人员素质比较高，一般是企业的管理人员和技术人员；

2）政治性会议是国际政治组织、国家和地方政府为某一政治议题召开的各种会议，根据会议的内容一般采取大会和分组讨论等形式；

3）展销会议是参加商品交易会、展销会、展览会的各类展商及一些与会者参加展览外，还会在饭店、会议中心等场所举办一些招待会、报告会、谈判会、签字仪式、娱乐活动等，这些会议可以统称为展销会议；

4）文化交流会议，是各种民间和政府组织组成的跨区域性的文化学习交流活动，常以考察、交流等形式出现；

度假型会议是一些公司或社团协会等机构利用节假日、周末等时间组织人员边度假休闲，边参加会议。这样既能增强互相了解，增强机构的凝聚力，又能解决所面临的问题。

5）专业学术会议是某一领域具有一定专业技术的专家学者参加的会议，如专题研究会、学术报告会、专家评审会等。

（4）按照会议的性质和内容划分：年会、专业会议、代表会议、论坛、座谈会、专题研讨会、讲座、专家讨论会、培训会议、奖励会议。

（5）新型和新颖会议类型：玻璃鱼缸式会议、辩论会、角色扮演、网络会议。

1）玻璃鱼缸式会议，是一种非常独特的讨论会议类型。通常由6～8名与会者在台上或房间中心围城一圈，圈子中间留有一个空位。其他与会者只能作为观众坐在周围旁听，不能发言，只有那些坐在圈子里的人才可以发言。如果有观众想发言，他必须走到圈子里，坐在中间的那个空位上，发言完毕再回到原座位。玻璃鱼缸式会议通常有主持人参加，他可以参加玻璃鱼缸的讨论，也可以只负责维持会议按正常程序进行。

2）网络会议使用的是一种被称为流动媒体的技术。简单来说，就是预先用录像带把某个事件或活动现场录制下来，然后转化成数字化的视频信号通过电脑接收后送入网络服务器。进入服务器后，人们就可以直接观看或下载下来供以后观看。这对那些由于各种原因不能参加会议但仍对某些日程感兴趣的成员或同事来说是个福音。由于通过网络传递，所以不存在什么时间上的障碍。网络会议对公司召开培训会议非常有利，它不必再让有关人员乘坐飞机去目的地，可以节省飞行、住宿、伙食、地面交通等许多费用。

3）角色扮演这一会议形式，根据讨论话题的不同，角色扮演有时会将一个问题诠释得更好。在美国亚美酒店所有者协会的年会上，与会者曾经就特权授予人和被授予人之间的停调仲裁问题采取角色扮演这一会议形式。大家通过这一形式对相关问题进行了详细阐述而不是将其简单诉诸法律。这一方法获得很大成功，因为它经过了充分的准备，而且所有仲裁问题，如律师是如何同仲裁人打交道的，有时如何和客户打交道，都被一步步解释得非常清楚。另外，还有一名讲解员对案例的背景和事实给予陈述。

C 大型节事活动（event）

“节事”一词来自英文“event”，含有“事件、节庆、活动”等多方面的含义。国外常常把节日（festival）和特殊事件（special Event）、盛事（Mega - event）等合在一起作为一个整体，在英文中简称为FSE（Festival &Special Events），中文译为“节日和特殊事件”，简称“节事”。西方学者根据自己的理解，将文化庆典、文艺娱乐事件、体育赛事、教育科学事件、私人事件、社交事件等通通归结到节事范围内。

我们可以将节事定义为节庆、事件等精心策划的各种活动的简称，其形式包括精心策划和举办的某个特定的仪式、演讲、表演和节庆活动，各种节假日及传统节日以及在新时期创新的各种节日和事件活动。

节事活动具有强大的产业联动效应，它不仅可以提升举办国和城市知名度和美誉度、扩大信息交流、增强对外合作、推动旅游发展、加快城市建设、促进地方经济发展，还具有丰富人民精神生活、弘扬民族文化和扩大旅游市场、提升目的地旅游形象、降低目的地旅游季节性、调整旅游资源、提高管理水平等特殊作用。此外，它可使旅游者在停留期间具有较多的参与机会。不仅能给城市带来场租费、搭建费、广告费、运输费等直接的收入，还能创造住宿、餐饮、通信、购物、贸易等相关的收入。更重要的是，节事活动能会聚更大的客源流、信息流、技术流、商品流和人才流，对一个城市或地区的国民经济和社会进步产生促进作用。

D 奖励旅游（incentive tour）

奖励旅游是一种现代管理工具，目的在于激励员工努力工作，以达到企业的特定目标；同时，公司邀请客户组团旅游，以开发市场为最终目的。这种奖励经常是一种豪华的、由旅行社全部代办的综合包价旅游。

需要指出的是，奖励旅游并非一般的员工旅游，而是企业业主提供一定的经费，委托专业旅游业者精心设计的“非比寻常”的旅游活动。用旅游这一形式作为对员工的奖励，会进一步调动员工的积极性，增强企业的凝聚力。它们具有共同的特点，如组团规模大、消费档次高、季节差异小、经济效益好等。除此之外，奖励旅游还有它自己的特点：具有鲜明的企业文化特征，团队整体素质高，约束力强，会、奖结合。

1.1.1.2 认识会展经济和会展业的内涵

A 会展经济（exhibition & convention economy）

2000年10月，国务院发展研究中心市场研究所任兴洲所长首先明确提出了“会展经济”的概念。作为第三产业（服务业）中具有新兴意义的“会议和展览活动”开始受到关注。

会展经济主要是指因会展活动的存在和会展产品的交易而引发的经济活动。具体指围绕会展活动的举办，带动会展业（狭义）、相关服务行业，以及参展商和参展观众共同发展而形成的一种综合经济形态。会展经济属于第三产业范畴，是服务型经济。

阅读与思考

展会服务带动经济发展

历时5天的2014津洽会暨PECC博览会于5月13日圆满落幕。展会通过节俭办会提升服务，不仅让服务腹地功能增强、招商引资效果突出，也使得市场化程度大幅提升、综合拉动作用明显。据统计，本届展会20多个国家和地区、34个省区市的70多个经贸团组、8000多家企业、5.5万名客商参展参会。实现签约588亿元，商品贸易额8亿元，238名博士、500名高级人才达成工作意向。

据介绍，展会的成功举办让天津服务腹地功能越发增强。此次通过强化对内陆省市特别是中西部地区服务，致力衔接国际国内两个市场。陕、甘、青、宁、新疆、西藏、内蒙古等省市自治区全部参展，展开推介洽谈，达成一批大项目。乌鲁木齐土工布（膜）合成材料等项目签约额1.68亿元；甘肃甘南州与德国拜尔能源、国家汽车技术研究中心、天津医药集团等达成10个项目，签约总额142.7亿元。天津港服务腹地对接会、天津粮油交易所电子商务推介活动吸引大批中西部地区企业。天津滨海化工网与山东、山西、福建等省市企业签订战略合作协议。

展会期间，招商引资效果突出。国内外参展企业和团组共达成签约项目78个，天津企业实现会上签约项目55个，签约额314亿元。天津国有企业加快深化改革和对外开放步伐，渤化集团、物产集团、二商集团等10余家大型国企，与日本伊藤忠、中国香港俊安、瑞士英力士、辽宁压克力、首农公司、中国轻工等一批中外知名企业共签署合作项目17个，涉及投资超过70亿元，涵盖化工、食品、新能源、物流等众多领域。和平、河西等区签约总额224亿元，一批世界500强、总部企业和高端服务业项目落户津城。海南与天津合作项目实现增资近百亿元。鲁津合作、晋津对接、山西品牌中华行、京津冀人才交流等27场招商引智活动有力促进省际间合作。

近年来，天津不断推进市场化办展，积累了丰富的会展资源，市场化程度大幅提升，2014年主动参展参会客商数量比上届增加30%。展区展位首次出现较为紧张情况，部分省市和企业展团面积被迫进行调减。展会结构进一步优化，招商引资板块展位占比52%、商品贸易板块占比38%、人才交流板块占比10%，其中民企展位占到展会6成。

展会期间，市民出游和外地来津宾客明显增加，观展总人数35万人次，现场零售突破2000万元。商旅嘉年华及津城游、滨海游、工业游等活动同步展开，重点商圈、景区客流普遍增加，展馆周边交通、餐饮、住宿、旅游、零售拉动明显。10家重点百货商场销售比平日增长20.9%，21家重点饭店营业收入增长33.2%。

（信息源自：中国经济新闻网）

B　会展业（exhibition & convention industry）

中国于2011年12月加入世界贸易组织（WTO）。入世促进了中国的对外开放，更促进了中国的国内改革。正是由于入世，中国会展业才得以确立。在入世谈判中，欧美等会展业发达国家却明确提出中国开放会展业服务市场的要求。在最后签订的《中国入世议定书》附件九中，“会展业”被承诺完全对外开放。

2002年5月：“会展业”正式获得了国家认可。入世以后，中国必须按照世贸规则办事。所以，“会展业”很快正式进入了《国民经济行业分类》。2002 年 5 月国家质量监督检验检疫总局发布国家标准《国民经济行业分类》（GB/T 4754—2002）。“会展业”以“会议和展览服务业”的全称正式成为了属于“商务服务业”项下的一个小行业，其行业代码是 L7491。至此，“会展业”正式获得了国家认可。九年后的 2011 年 9 月，《国民经济行业分类标准》修改为 GB/T 4754—2011，“会议与展览服务业”继续保留，代码改为 L7292，但内容不变。

随着会展内涵的不断扩大，会展业务统计范畴也逐步扩大。2012 年 7 月，国家统计局《国家统计局关于印发文化及相关产业分类（2012）的通知》（国统字［2012］63 号）规定：“广告和会展文化服务”分开成“广告服务业”、“会展服务业”和“其他未列明商务服务业”。其中，“会展服务业”：指为商品流通、促销、展示、经贸洽谈、民间交流、企业沟通、国际往来而举办的展览和会议等活动；“其他未列明商务服务业”：公司礼仪服务包括开业典礼、庆典及其他重大活动的礼仪服务。模特服务包括服装模特、艺术模特和其他模特等服务；包括文艺晚会策划组织服务，大型庆典活动策划组织服务，艺术、模特大赛策划组织服务，艺术节、电影节等策划组织服务，民间活动策划组织服务，公益演出、展览等活动的策划组织服务，其他大型活动的策划组织服务；电影票务服务，文艺演出票务服务，展览、博览会票务服务。

可见，会展业是一个综合性和关联性极强的产业。它由一系列相关企业或行业组成，既包括大小不一的专门主办或承办各种类型、规模、形式和要求的会展活动的展览公司、会展场馆、专业会展服务公司，如中国国际展览集团、上海世博集团、上海新国际博览中心、上海展览中心、上海世贸商城等我们称之为狭义的会展业；也包括广大的专业或非专业从事会展配套服务的相关行业，如物流业、金融业、旅游业、通讯业等，见图 1－1。

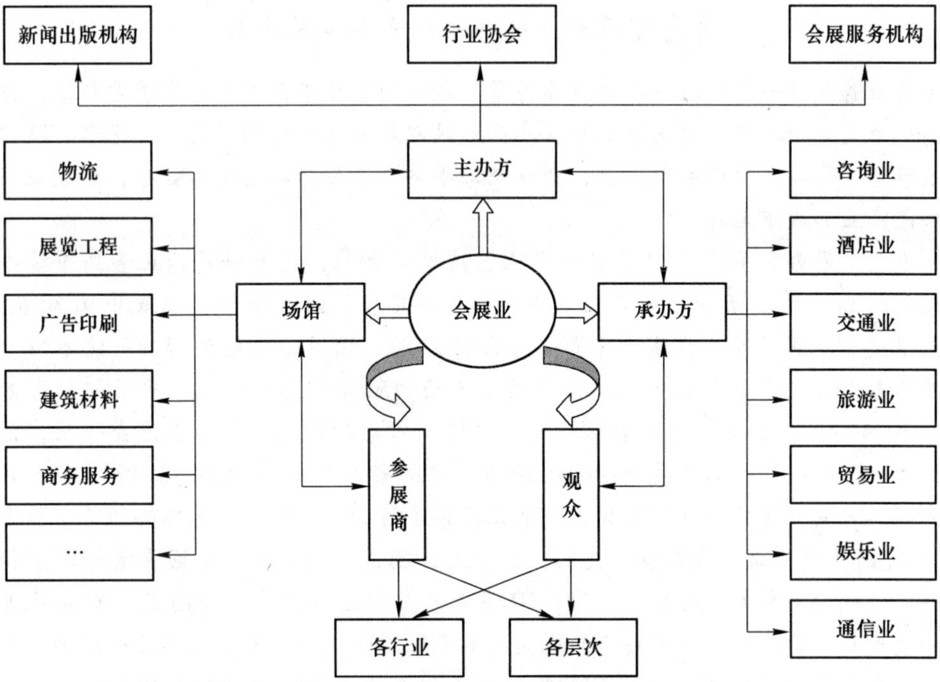

图 1－1　会展业各产业关联图

1.1.2　会展经济现象与分析

会展业要走产业化发展道路，必须以市场机制为核心，研究会展经济现象，揭示会展活动运行规律，有助于分析市场机制在会展市场资源优化配置中如何有效地发挥作用。

1.1.2.1　了解会展经济现象

会展经济现象主要表现在以下几个方面：

一是由会展活动自身而带来的经济现象。包括会展组织者、会展参加者、会展中心、会展服务商、媒体等为了会展活动的举办而发生的各种经济关系，包括参与主体之间的费用支付、各类会展企业的工资、利润、税收等；

二是由会展活动衍生出来的经济现象。如会展活动给酒店、餐饮、交通、电信业、旅游观光等带来的商业机会，这种经济现象通常被称为会展业的“经济带动效应”；

三是因会展而促成的经贸交易活动。如展览会、交易会促成的买家与卖家的成交，经贸洽谈会促成的外商投资等；

四是为促进会展业的发展而引发的经济活动。由于会展业能促进主办地的经济增长、提升知名度和美誉度，所以，不少城市都会把会展业列为重点发展产业乃至“支柱产业”，并在基础设施建设如交通、场馆、住宿、娱乐设施等方面做出相应的决策和投资。

从会展活动本身或由活动而衍生出来的各类活动及现象来看，会展经济具备综合效益大、产业关联强、互动性能好及投资回收快等特征。

阅读与思考

青岛会展业：从一枝独秀到百花齐放

会展业是支撑城市经济发展的重要力量，也是衡量城市开放水平的重要标志。三十年来，岛城会展业依托良好的区位优势、产业基础以及不断加快的对外开放进程，从仅有一个啤酒节开始起步，快速成长壮大，到如今每年举办会展活动超过 100 个，会展业成为青岛的特色产业和城市名片。

前不久，筹办 5 年的 2014 青岛世界园艺博览会开幕，这是目前为止青岛市举办的规模最大的国际性展会活动，来自五大洲的 37 个国家和国际组织，以及中国各省（区、市）及港澳台地区参展，共展示各类植物近 2000 种，园区建设达到国际一流水准。这次盛会的举办，再次验证了青岛承接大型国际活动的服务能力和水平。然而翻开历史的脉络，在 30 年前，青岛的涉外会展活动只有承接全省的对外经济贸易洽谈会一项，自身的会展业也停留在小范围商品展销的雏形阶段。伴随着对外开放的脚步，1991 年 6 月，首届青岛国际啤酒节成功举行，增加了一个让世界了解青岛的窗口。这届啤酒节上，全国各地 40 个啤酒生产厂商进城参展，美国、加拿大、德国、新加坡、中国香港等国家和地区的啤酒厂、代理商参加了展销和交流，10 多万游客涌进啤酒城。伴随着全市开放进程的加快和城市知名度的提高，啤酒节的规模和水平得到进一步提升，被誉为全国第一大节庆活动。在去年举行的第 23 届青岛国际啤酒节上，全球十大啤酒品牌全部亮相岛城，啤酒节接待海内外游客近 400 万人次，对全市直接经济贡献达到 38 亿元。

从“一枝独秀”到“百花齐放”，啤酒节的成长见证了青岛整个会展业发展历程。自1991年以来，全市共举办各类会展活动1100多个，用展面积900多万平方米，直接收入200多亿元，拉动相关产业增加值1400亿元。青岛国际时装周、青岛国际帆船周、中国国际航海博览会、蓝色经济国际高峰论坛以及由全省对外经济贸易洽谈会转变而来的中国国际消费电子博览会等品牌会展活动享誉海内外。青岛也因此获得“中国十大影响力会展城市”和“中国十大品牌会展城市”等称号。

诸多世界性会展活动的举办，不仅带来了可观的直接经济效益，更增加了整个城市的国际影响力，越来越多的国际性展会落户青岛。除举办常规的国际性展会外，APEC贸易部长会、全球创新知识经济大会、全球服务外包大会、世界3D打印技术产业大会、东方儿童屏幕高峰论坛、中国国际橡胶产业博览会等新项目的举办也将为我市会展经济注入新的生机和活力。

（资料来自：中国会展信息网）

1.1.2.2 会展经济现象分析基础——经济学

随着会展活动的增加，它所产生的一些现象也存在一定的运行规律，人们也期望通过对这种规律的把握，来指导人们的现实会展经济活动，以促使人们少走弯路，提高会展经济的运行效率。由于会展现象的多样性、复杂性，决定了会展经济不可能只用一种理论来解释所有的现象，因此，我们有必要通过对经济理论的梳理，找出对会展经济现象分析有用的理论，并加以运用。

A 了解经济学内涵

经济学既是一门古老的科学，也是一门比较年轻的科学。在亚当·斯密以前，经济学还不是一门独立的学科，有关思想或理论往往是哲学、法学或其他科学的副产品。如果把1776年亚当·斯密的《国富论》的出版作为经济学形成的标志，那么至今经济学不过有二百多年的历史。然而，由于经济生活在人类社会生活中的基础地位和经济问题对人类社会发展的困扰，致使经济学成为近代以来发展最为迅速的科学。

a 经济学定义

经济学主要是研究稀缺资源的配置与利用，在有限资源的各种可供利用的组合中，进行选择的科学。经济学的定义隐含了经济学的两大核心思想，即物品是稀缺的，社会必须有效率地利用它们的资源。

资源的稀缺性是相对的，相对于人们无限的欲望，资源总是稀缺的。这里有限的资源是生产要素，即投入要素，指用来生产满足需要的物品和劳务。它可分为经济资源和免费资源。其中，经济资源包括劳动、土地、资本和企业家精神和才能，这四种经济资源又被称为“生产四要素”。

b 资源配置：经济学要解决的主要问题

资源的稀缺性和欲望的无限性是人类社会的基本矛盾，如何解决这个矛盾就是经济学要研究的主要问题，也是我们经常说的资源配置问题。即研究如何利用有限的资源生产最多的产品，最大限度的满足人们的需要。

（1）选择（choice）：资源存在多用途性与需要的轻重缓急。如企业进行营销，可以采取的方式有很多，借助媒体、广告等形式或参加展会，由于企业的预算是有限的，所以，广告等宣传费用增加，那么对展会的需求就会相应减少。因为稀缺，人们不能得到所有想要的东西，不得不在有限的资源下做出选择，这是稀缺的结果。

（2）机会成本（opportunity cost）：在某种意义上说，经济学就是一门关于如何在给定的约束条件下做出最佳选择的学问。任何选择都是有代价的。一旦某一选择已定，便会招致机会成本。因此，机会成本是用所失去的最佳选择来度量的成本或收益，从而使决策者在现有信息的情况下，做出对自己最为有利的选择。

B　经济学要解决的三大基本问题

（1）生产什么。生产什么问题实质上包括了生产什么品种、生产多少、什么时间以及什么地点生产四个方面的问题。对会展业来说，一个会展公司办什么样的展会，是汽车展还是面料展？什么时间什么地点办？若主办汽车展，办多大的规模较好？这便是会展企业面临的首要问题。

（2）如何生产。一个经济系统必须决定采用什么样的生产方法或资源配置方式来生产预期水平和构成的产品，如何生产包括以下几个方面的问题，其一，由谁来生产；其二，用什么资源生产；其三，用什么技术生产；其四，用什么样的组织形式生产，怎样生产。如办展会，自己提供展会服务还是外包展会服务？展会服务是采用科技还是传统的人力资源？这些都要做出选择。

（3）为谁生产。为谁生产是指谁来享有生产出来的商品的问题。商品的分配取决于收入的分配。收入高的就比收入低的人可以消费更多、更好的商品。为谁生产的问题实质上就是国民收入的分配和消费问题。

C　经济学的基本组成

（1）微观经济学（microeconomics）。研究企业、家庭和单个市场等微观供求行为与价格之间关系的经济科学。研究的对象是单个经济单位的经济行为，解决的问题是资源配置最优化，中心理论是价格理论，研究方法是个量分析。其本质：市场有效，市场万能。基本假设：完全理性、完全信息。

微观经济学的基本内容：均衡价格理论、消费者行为理论、生产理论、分配理论、市场失灵与微观经济政策等。

（2）宏观经济学（macroeconomics）。研究一个国家整体经济的运行及政府运用经济政策来影响整体经济等宏观经济问题。研究的对象是整个经济，解决的问题是资源利用，中心理论是国民收入决定理论，研究方法是总量分析。基本假设是市场失灵，市场不完善，政府有能力。

宏观经济学的基本内容：国民收入决定理论、失业与通货膨胀理论、经济周期与经济增长理论、宏观经济政策等。

1.2　明确会展经济学的研究对象

与工业经济学、旅游经济学、劳动经济学相似，会展经济学的研究也属于对国民经济某一部门或行业的研究，其基本的理论分析依然是建立在经济学理论的基础上。因此，我们需要首先了解会展经济学的研究对象及内容。

1.2.1 认识会展产品

经济学是以产品的生产、流通、消费与分配为主线研究社会经济活动的，所以，产品在经济学中是一个核心概念。首先要有产品，才能谈及交易以及对交易成果的分配。以会展业为例，要研究这一行业的经济运行过程，首先必须了解这一行业在卖什么和买什么，也就是这一行业的核心产品。那么，会展行业中人们买卖什么呢？

1.2.1.1 会展产品的内涵

会展产品即在会展业中用来交易的商品或服务，包含以下几方面内容：

(1) 活动场所：如会展中心、酒店、体育场馆等，其费用表现为租赁费。例如在贸易展览中，展会主办方首先从会展中心租来展览场地，然后划分成若干标准展位或空地，再分别租给参展商。

(2) 展览、会议及大型活动：购买这些活动的费用表现为参展费、观众门票、会议注册费等。在会展行业中，同一时间同一场地，不同展会的销售情况往往取决于会展活动本身内容的设计。参展商或专业观众是否愿意花钱来参加，主要是看展会期间的活动本身能否给他们带来收益。

(3) 广告宣传平台：其费用表现为广告费、会刊等。职业的展会组织者会利用一切商业机会去赚钱，所以，在备受瞩目的大型展会活动中，广告宣传平台是会展业中的一个重要“产品”。会展组织者总是创造性地设计一些能够引人注目的载体并出售，以期将展会活动期间的商业机会做足。例如，在一些大型会展活动中，组织者会设计特别的会刊，让参会者或者未参会者但希望在会上做宣传的企业投放广告；对于名人、政要出席演讲的场合，他们决不会放弃在背景墙上投放广告的机会，等等。

1.2.1.2 会展产品质量的衡量

一般来说，会展产品的质量好坏取决于以下三个方面：

(1) 观众的数量和质量。观众尤其是专业观众数量占比越多，展会的质量相对越好。

(2) 会展企业的服务水平。展会提供的服务越好，展会的口碑就会越好。

(3) 会展产品的宣传力度。展会的宣传力度越大，展会的知名度越高，会展的吸引力越大。

1.2.2 掌握会展经济学的研究对象

会展经济学是研究市场经济制度中的会展市场现象及会展市场运行规律的科学，其研究对象依然是围绕着会展产品而出现的会展资源的稀缺、选择和利用问题。

1.2.2.1 会展资源的稀缺问题

相对于人类社会的无限需要而言，客观上制约满足人类需要的力量，此种力量定义为资源的稀缺性。例如在会展业中，会展公司为了获得更多的展会收入，因而对展商数量的需要是无限的；展商为了获得更多的展会享受和发展，因而对展会的服务需求是无限的。但是，能够用于提供展商服务的资金却总是有限的。因而，会展资金上的稀缺性始终是制约展会服务水平的资本因素。

会展资源的稀缺主要表现在以下几个方面：

（1）会展场馆的稀缺。相对于日益增长的展会需求，有些地方的会展场馆不能满足会展企业的需求。如在上海的场馆，尤其是新国际博览中心，其展会的预订往往都要提前一两年来完成。

（2）会展人力资源的稀缺。相对于日益增加的展会需求来说，市场现有的人力资源无法满足展会前期和现场的服务需求。

（3）会展融资资金的稀缺。对于会展企业来说，有限的资金无法满足展商及观众对展会服务及效果的最大满意度。

由于会展资源的稀缺以及企业或个体在会展业中的能动性作用，导致任何会展经济行为都有成本。这里的成本概念不是指实际成本，而是指机会成本，即指将稀缺的资源用以满足此种需要和愿望而放弃的彼种需要和愿望的满足。例如，某人从事展会现场服务，一日可得100元的工资，而选择从事其他展会业务如客户沟通或现场调研等，一日可得120元或更高的工资。放弃120元或更高的工资就是获得100元工资的机会成本。

因此，会展经济学产生于会展资源的稀缺与机会成本的存在，其研究对象正是这种客观存在所决定的。

1.2.2.2 会展资源的选择问题

会展经济学的研究对象说到底是由会展资源的稀缺性而引起的选择问题，主要内容包括三方面的问题：

第一，办什么类型的展会？办多大规模？一般来说，举办什么类型的展会取决于当前的经济发展形势、政府相关的政策等因素。举办多大规模的展会则取决于主办方的成本、市场的容量及知名度等因素。由于资源的有限性，用于举办这种展会的资源多些，则用于举办另一类展会的资源就会少些。

第二，怎么举办，在哪里举办，举办多久？举办某种展会的类型一旦确定下来，就需要解决如何筹备的问题，在哪里办，举办的时间，举办多久？无论怎样，都要根据企业的资金预算来进行合理的选择，以便获取最大的利润。

第三，为谁举办展会？为谁举办其实是关注展会利润受益方是谁，根据什么原则、采用什么机制进行收入和利润的分配，分配的数量、界限如何把握等。比如，举办一个展览会，其要素投入方包括主办公司、服务公司、场馆等单位，展会的收入将在这些要素间作合理分配。

1.2.2.3 会展市场

会展市场是指在会展产品交换过程中，反映的各种经济行为和经济关系的总和。在现代会展经济中，会展市场反映了会展需求者与供给者之间、会展需求者之间、会展供给者之间的关系，集中反映了会展产品实现过程中的各种经济关系和经济性。

简单的会展市场实际上就是会展产品需求与供给的运动。根据经济学的基本理论，我们可以把会展市场描述成一个最简单的经济系统的收入循环流程。

从图1-2中可以看出，该经济系统主要由会展公司和展商及观众组成。在会展产品市场中，会展公司向展商及观众提供会展产品及服务，展商及观众对会展公司支付报酬。会展公司是会展产品的供给者，展商及观众是会展产品的需求者；要素市场中，展商和观众为会展公司提供各种办展资源，会展公司对各种要素提供者给予报酬。观众是办展资源的供给者，会展公司是办展资源的需求者。会展市场的供求运动决定着展会的价格。展会的规模及价格的决定是会展市场的基本功能。

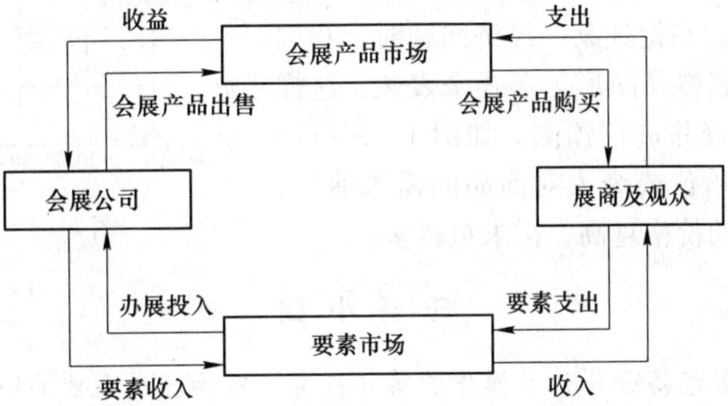

图1-2 展览会市场简单收入循环流程图

1.3 把握会展经济学的研究方法

1.3.1 会展经济学的研究方法

会展经济学的研究内容可以界定为三层含义：

从微观层面上讲，当我们分析会展经济学研究的经济个体时，主要是把单个的会展企业作为研究的微观个体，会展企业主要是一个追求利润最大化的营利性组织，其目标函数便可由此确定，从而研究企业的最优行为决策。

从中观层面即产业组织层面上讲，当我们分析会展企业间的市场关系的时候，会展业是指“生产同类或有密切替代关系产品、服务的企业集合”。以这些会展企业集合为研究对象，才有可能进行会展产业竞争、垄断以及与其他产业间的关系分析。

从宏观层面上讲，当我们分析会展企业所面对的宏观环境时，我们主要分析政府的政策及相关法律法规对会展业发展的影响。

总之，会展经济学作为现代经济学体系的组成部分，必须用科学的方法加以研究，并依照认识客观规律事物的一般规律，从会展市场现象的普遍联系中，概括和归纳出会展市场的运行原理。会展经济学的研究，一方面要以现代市场经济理论为基础，按照经济学的一般研究方法，同时借鉴其他部分经济学如工业经济学、旅游经济学等的基本体系，因此脱离不开经济学的一般规范，另一方面，又要结合会展行业特点和产品特性，以揭示会展活动运行规律为宗旨。

1.3.2 会展经济学的基本分析工具

在会展经济分析中，本书常用的基本工具是经济模型及曲线。

(1) 经济模型。经济模型是指用来描述所研究的会展经济现象和与之相关的经济变量之间的依存关系的理论结构。或者说，把经济理论用变量的函数关系来表示就称为经济模型。如分析影响展会需求的主要原因，我们可以用下面的模型来表示：$D=f(a, b, c, \cdots)$。
式中，D 代表展会需求；f 代表函数关系；a，b，c …代表影响展会需求的各种因素。

（2）图表形式。在论述某一经济问题时，我们还可以通过文字、表格及图形等形式来表达，这样可以快速地做出比较并进行预测。如图 1－3 所示的需求曲线，表示单位或个人对商品的需求曲线，正常情况下，商品的价格越高，需求量越多。

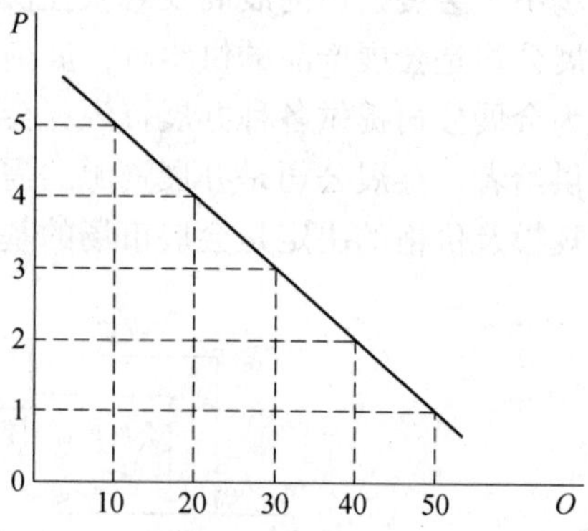

图 1－3　需求曲线

任务小结

本节任务是会展经济分析活动操作的第一任务。对于会展企业的决策者来说，企业的每一个生产经营活动环节，能否进行正确选择与决策是至关重要的，甚至影响到企业的成败。这就是为什么要学会运用会展经济学的原理、方法工具来分析和解决企业经济问题的最根本原因。

会展经济学是研究围绕着会展产品而出现的会展资源的稀缺、选择和利用问题的科学。会展企业决策者只有通过了解会展经济学的研究对象，明确基本内容、初步掌握分析工具，才能对企业决策者活动分析起到“事半功倍”的作用。

本任务应该有一个明确的操作过程。首先，应该了解会展企业决策者的工作是要解决企业的什么问题；其次，可以了解有什么基本理论是供企业决策者分析所用的；再次，用什么分析工具来解决会展经济问题。这样，一个较为清晰的操作过程就会呈现出来。本任务围绕会展经济学解决的问题、会展经济学基本问题、分析工具设计了各环节操作的专门知识，设置了重要知识、阅读与思考栏目，体现了对一些重要理论知识的重组。

完成本任务后，读者应该能够明确会展企业决策者要解决的问题，并初步运用会展经济学分析工具，为任务 2 预测会展产品的价格变动趋势奠定基础。

业务技能自测与实训操作

一、讨论

1. 什么是会展经济学，其研究对象包括哪些方面？

2. 举例说明会展业中存在的问题？

二、案例分析

背景资料：一家会展公司在开发一个新展会的过程中已经投资了 300 万元，但开发工作还远远没有完成。在最近收到的一份报告中，公司的经理说，市场存在类似的竞争性展会，这会使新展会的预期销售额减少为 200 万元。如果完成这项开发还要花费 100 万元，你还应该继续进行这个项目的开发吗？为了完成这项开发你应该最多花费多少？

三、实训操作

走访任意一家会展公司，了解企业的资源配置状况。

【实训目标】通过企业选择，加深对资源配置的理解。

【实训组织】学生每4人一组，选择不同类型的会展企业调查（会议类、展览类、活动类等）。

【实训提示】教师提出活动前的准备及注意事项。

【实训成果】各组汇报、教师讲评。

任务2　预测会展产品的价格变动趋势

能力目标

通过完成本任务，你应该能够：
1. 明确会展产品的需求和供给；
2. 了解会展产品价格的形成；
3. 掌握会展产品价格变动的因素；
4. 把握会展产品价格走势。

核心能力

1. 明确会展产品的需求曲线的移动；
2. 明确会展产品的供给曲线的移动；
3. 运用供求分析会展产品的价格及其变动趋势。

任务解析

为了更好的预测会展产品的价格变动趋势，我们将本任务分为三个分项任务：
1. 了解会展产品的需求和供给；
2. 明确会展企业产品价格的决定；
3. 预测会展产品价格的变动趋势。

2.1　了解会展产品的需求和供给

阅读与思考

市场需求决定展会发展

展会既是产品展示和技术交流的重要平台，更是反映市场冷暖的晴雨表。市场决定了展会发展，随着世界纺机市场的重心向亚洲转移，展览市场也在转移。目前欧洲的纺机专业展览会规模出现萎缩，而中国的纺机专业展览会近些年规模在不断扩张。虽然与2008年举办的中国国际纺织机械展览会暨ITMA亚洲展览会相比，2010年展会的展出面积略有缩减，但国内外知名的重点纺织机械制造厂商都会携先进的产品参展。从目前掌握的情况来看，2010年中国国际纺织机械展览会暨ITMA亚洲展览会仍有来自28个国家和地区的1160多家纺织机械生产企业参展，展出面积达到103500平方米。此次展会成为2010年全世界规模最大的纺机专业展览会。从长远来看，ITMA ASIA + CITME展会的规模还将不断扩大。

另外，中国国际纺织机械展览会与ITMA亚洲展览会的强强联合也为展会今后的发展提供了保证。在世界纺机展览界有着“奥林匹克”之称的欧洲纺织机械展览会（ITMA）已有近50年的发展历史，已成为全球最先进的纺织机械技术的发布平台。而中国国际纺织机械展览会在与ITMA亚洲展览会合作前已成功举办了十届，是我国纺机企业展示最新技术的最高平台。两大展会都具有较高的知名度和认知度，双方的合作使展会在服务水平等多方面得到了提升。

目前国内的纺机专业展览会数量不少，质量也参差不齐。资深策展人——富荣沛认为，纺机展会过多会给参展企业和专业观众带来巨大的负担，增加企业的成本。因此，纺机展览市场正处在优胜劣汰的过程中，究竟哪些展会能够生存和发展由市场需求来决定。他相信，专业性强、技术水平高、国际化程度高的展览会是符合全球纺织机械制造商和纺织行业用户需求的，也是中国国际纺织机械展览会暨ITMA亚洲展览会追求的目标。

（资料来源：《中国纺织报》2010年05月12日）

2.1.1 认识会展市场需求

2.1.1.1 会展需求主体

会展需求是指会展需求主体即厂商和观众在一定价格水平下，对会展产品和服务的需求。在会展市场中，有效的会展需求是指会展需求者有能力实现这种对会展产品和服务的购买欲望的需求，反映了会展市场的现实需求状况，是分析会展市场变化和预测会展市场发展趋势的重要依据。

会展需求主体有广义和狭义之分：（广义）指会展活动的相关利益主体，不仅包括对会展有直接需求的主体，还包括对会展有间接需求的主体，如旅游部门、运输部门。（狭义）指对会展有直接需求的组织或个人，包括参展商、与会者和观众（专业或一般观众）。参展商是指会展活动中在一定场所展示产品、技术、信息等的参展主体。一个展会的参展商，既可以是单个主体，也可以是多个主体。观众可分为一般观众和专业观众。一般观众是指那些基本是为个人和家庭目的而参与会展的普通大众。这部分人员参加展会主要是为了获取新信息、体验新感受。而专业观众是指那些与会展主题有关的，来自企事业单位的，有一定经营目的的人员。他们参与会展主要是为了成为直接顾客或潜在顾客。此外还包括与会者，它是指对各类会议有需求的参与人员。本书，我们主要按狭义的观点来分析会展需求行为。

2.1.1.2 会展活动需求主体的需求动机（motivation）

一般而言，会展的需求动机可从以下几个方面来分析。

A 参展商的需求动机

展商的需求动机主要有市场动机、交易动机、宣传动机、技术动机、信息动机、与会者和观众需求动机等。其中，交易动机主要是培养潜在客户、寻找代理商和批发商，以及进行合同和现金交易。宣传动机是主动宣传或者通过获得媒体的关注而宣传公司产品和形象，提高企业产品知名度。市场动机主要包括调查、了解市场需求变化情况，建立并巩固客户关系，开拓新市场，推介新产品和寻求新的合作伙伴。技术动机是指掌握竞争对手技术发展情况和公司现有技术，以及现有技术在市场上已经和将要引发的反应，推出新产品或新服务。信息动机则是与获取和发布信息有关的动机，如竞争对手发展情况的信息、消费者需求变化方面的信息、公司营销策划效果好坏与否方面的信息和市场发展情况的信息等。

阅读与思考

德国企业参展目标

根据德国贸易展览与博览会委员会（AUMA）所做的一项调查而知，企业参加展览会的目标可分成：基本目标、产品目标、价格目标、宣传目标、销售目标。例如德国著名研究机构IFO曾经对世界跨国展览集团之一——德国慕尼黑展览公司举办的世界最大规模的机械工程设备类展览会BAUM A进行过“企业参展目标”专门调查，其结果表明，其参展目标中提高企业知名度为85%，密切老客户和结识新客户均为70%，通过展览会宣传产品市场占有率63%，推介新产品60%，提升产品知名度58%，交流信息占50%，发现客户需求50%，影响客户决策33%，最后才是签署销售合同仅占29%。

B　与会者的需求动机

与会者的需求动机主要是交流、沟通、聚会，以及技术和知识的获取等。其中，在会议中，人们怀着各自相同或不同的目的，围绕一个共同的主题，进行信息交流或商讨。会议的利益主题主要有主办者和与会者，其主要内容是和与会者之间进行思想或信息的交流。另外，会议市场最主要的客源是协会会议，因为它具有周期稳定，规模大等特点，协会会议与与会者参与会议的一个主要动机就是聚会，增加相互之间的了解，增进感情，如联谊组织、宗教、政治团体、工会等。

C　观众需求动机

观众的需求动机则主要为了购买动机、信息动机、娱乐动机、寻找合作者的市场动机和交流动机等。其中，购买动机分为显性购买动机和隐性购买动机。在一般的购买行为中，观众的购买动机往往能比较明显的表现出来。而有些观众存在一时未能实现或暂时不能付诸实施的潜在购买动机，但这部分观众很可能会转化为展会的显性购买者。信息动机作为参展商参与会展的一个基本动机是了解行业市场信息，通过参照展会来全面了解市场及相关领域的信息和动态，以此评估行业及市场现状和发展趋势，接触竞争对手和处于产品及服务上下游的企业，评估其优劣势以及改进自己的产品和服务。此外，有时观众参展也是为了提高个人文化素质修养等享乐需求以及交流需求。

2.1.1.3　会展需求的影响因素

会展需求的大小或强烈程度往往取决于多种因素，受社会、经济、政治等因素混合掺杂影响。我们现从微宏观角度来分析这些因素对会展需求的影响。

A　影响会展需求的宏观因素

概括来说，影响会展需求的宏观因素主要包括经济因素、社会文化因素、政治因素、人口因素、地理因素、技术因素等。

a 经济因素

从会展业发展的历史来看，经济发展水平和产业发展状况是决定会展产业发展水平，影响会展产品需求的重要因素。如世界会展业发达的国家德国、英国、法国、意大利、美国等，都是世界经济发达及产业体系完善的国家。可以说，会展需求水平与经济水平呈一种正相关关系。一般来说，通货膨胀、失业、经济衰退往往会使投资于会展的消费大大缩减，而经济的高速发展往往会刺激会展需求的急速增长。在影响会展需求的经济因素中，我们主要考虑国民生产总值对会展需求的影响。

国民生产总值（GNP）是指一个国家（或地区）在一定时期内所生产的最终产品和提供的劳务总量的货币表现，它反映了一个国家（或地区）在一定时期内整个社会物质财富的增加状况，是衡量经济发展水平的重要指标。从会展举办国家或地区来看，如果那个时期举办国家或地区的经济发展水平发展快，国民生产总值高，则这个时期会展设施及接待条件就相应较好，会展的规模较大，从而更能吸引参展商、与会者和观众，增强会展需求能力，使会展需求增加；反之，GDP 下降，企业不景气，将影响企业的参展需求。从客源国角度看，如果会展客源国的国民生产总值高，相对来说，个人收入相对高些，则这个国家或地区的会展需求水平就会高。反之，经济不景气将会带来会展需求的缩减，会展需求在一定条件下与国民生产总值呈正相关关系。

b 政治法律因素

一国的政治环境及方针政策对本国的会展需求的影响也很重要。影响会展需求市场的政治法律因素主要有：政府对本国会展业的政策和措施、政府及领导对国际会展业的态度、两国之间的外交关系、国家内部及国家间的政策冲突、战争、恐怖主义活动及任何形式的不稳定等。

政治的稳定性是激发会展需求、促使会展需求不断增加的重要因素。不稳定的政治环境，往往会使会展参加者承担各种风险，因此，举办国或地区的政局稳定，则对该国或该城市会展产品的需求量就多；另外，相关的法律法规也会影响到会展需求。政府总是运用自己的法律行政手段、干预社会经济生活，来实现自己的阶级意志。因而，政府的法令条例，特别是有关会展业的经济立法，如货币政策和财税政策，对会展需求的形成和实现具有不可忽视的调节作用。而这些法律和规定都是在企业的控制范围之外的。

虽然政治稳定性对会展的需求会产生重要影响，但一国政府对会展业影响最大的是其政策和措施。积极的扶持政策和措施，如制定措施给海外参展商关税优惠等，会使会展业得到快速的发展。为了扶持会展业的发展，政府会采取不同的政策和措施来支持会展经济。

c 人口因素

与其他无形或有形产品一样，会展也需要有人的参与、购买与消费。通常来说，人口的数量、素质及结构变化都会影响到会展需求量的变化。

从人口数量来看，一个国家人口数量越多，则参加展会的人数越多，从而对会展产品的需求量也相应增多；从人口素质来看，通常参加展会人员的文化素养及受教育程度直接影响会展需求的变化。由于会展产品是一种综合性产品，要求参加会展人员必须具备一定的文化知识，才能够对各种会展方式、会展内容作出合理选择。而且受过教育且文化素养较高的人，一般社会地位相对较高，因而对会展的档次要求也非常高，从而刺激产生更多的高档会展需求；从人口结构及其变化看，不同的年龄、性别、职业对会展需求差异很大。因而，为特定群体举办的博览会，往往很难吸引其他群体的参与。

d　地理因素

人们参加展会，不仅仅是参展，还包括旅游、住宿、会议等一系列活动。如果举办地的地理要素、景观构成的吸引力如气候、海滩、阳光、风景等对参会人员产生吸引力，那么相应的会展需求便会增加。另外，地理因素还包括该地区或者国家的市场辐射能力或者产业辐射能力。例如，新加坡、中国香港，甚至德国都具备这种超强的市场辐射能力，所以，逐渐发展成为该地区或者世界的会展中心。在国内，如东莞、义乌，它们不是大城市，但本身具有的产业优势使其具有很强的产业辐射能力，在举办其具有产业优势方面的展会上具有得天独厚的优势。

e　技术因素

随着科技的进步，会展产业也将融入越来越多的技术，从而吸引更多的展商及观众，如先进的灯光系统、发达的交通与通信、人性化的接待与展览设施等等，这些极大提高了展会的服务水平，方便展商及观众，刺激他们对展会的需求。

f　社会文化因素

不同的国家或地区在价值观念、风俗习惯、语言文字、宗教信仰、美学和艺术等方面的差异，都会影响到展商及观众对会展产品的需求。因此，主办方在制定会展营销策略时，必须注意分析这些差异性，尽可能使所办会展的主题、设施、接待等适合参展商、与会者和观众的消费习惯和爱好，投其所好，避其所忌，才能促使会展需求不断增加。

阅读与思考

展会是一个信息发布的平台，凝聚了行业内众多专业人士和专业组织与机构，借助行业会展的影响力，信息能够被很快地传播和扩散出去，不仅提高了展商的知名度和美誉度，也可能带来潜在的经济收益。因此许多展商倾向于在展会上发布、展示新技术、新产品、新款式、新材质、新功能。展会是行业大市场的缩影，既体现了展商合作、交流的一面，也包含了压倒业内对手、吸引更多消费者关注和试用的竞争性一面。

始于1967年的美国国际消费类电子产品展览会（CES）是世界最大的消费类电子产品和技术的年度会展，其规模在全美各类年度会展中首屈一指，如今已成为世界上规模最大、水平最高和影响最广的消费类电子产品展览会。每年的美国国际消费类电子产品展览会都会吸引世界各地的电子和数码参展商来这里展示各自的最新产品和最新技术，该展览会也吸引了全球数码爱好者和相关媒体的参加。2010年的展会主题为“绿色(GREEN)”，共有超过330家公司、2500个参展商来此发布他们的新技术，展示了20000多件新产品。展出面积15万平方米，观众超过12万人次，专业观众达2.2万人次，5000家媒体报道了此次盛会，共举办41场主旨演讲，200场学术研讨会，同期颁发了年度创新产品奖。其中Microsoft、IBM、Intel、Moto、索尼、松下、三洋、夏普、先锋、东芝、飞利浦及中国的海尔、海信、康佳、厦华、夏新、联想等百余家国际大型知名企业参展。

2010年美国国际消费类电子产品展览会各参展商推出的产品创意十足、功能强大，Powermat无线充电器、卡西欧LED激光投影机、LG外接式投影手机、Android平板电脑、黑莓配件inpulse、三星裸眼3D电视、LG 6.9毫米超薄电视等新产品琳琅满目。例如，

Skiff 电子阅读器，它的屏幕并非硬质玻璃，而是可弯折柔性的四分之一英寸厚的电子纸屏幕；LG 的全球最薄液晶电视面板，厚度仅为 2.6 毫米。这些令人耳目一新的产品吸引了不少眼球。

再如车展，2010 年广州汽车展，展出总面积达 16 万平方米，有整车制造商 87 家、车零部件及汽车用品参展企业近 600 家，展出车辆 890 台，包括奔驰、宝马、大众、丰田、日产、本田、福特、通用及现代、起亚等跨国集团携全系品牌前来参展；一汽、上汽、广汽、东风、长安等老牌企业，吉利、奇瑞、长城、江淮、比亚迪等后起之秀均带来了最新产品和技术。汽车厂商推出了国内首发车 45 款，全球首发车 5 款，概念车 30 台，不少厂家展出的新能源车型向观众展示了未来汽车的发展方向，部分参展企业还在车展上发布了其 2011 年度战略车型。概念车很好地体现了参展商在技术创新方面的竞争与较量。虽然概念车型距离现实还很远，甚至某些概念车不大可能进一步市场化，但它们体现了参展商对未来产品设计研发趋势的理解与把握，展示了技术层面的最新成果，引领了未来汽车消费的潮流。美国著名汽车网站 AUTOBLOG 评选出了 2010 年度 10 大概念车型。车展上这些概念车以天马行空的创意、前瞻性的设计理念、时尚与科技的设计元素，以具表现力的方式使观众领略到了参展商们的技术与实力。

（资料来源：中外会展业动态评估年度报告课题组——会展蓝皮书 2012）

B　影响会展需求的微观因素

a　会展产品本身的价格

会展产品和其他商品一样，价格的高低对会展需求有很大影响。在正常情况下，会展产品的价格和需求量之间呈反方向变动，如图 2－1 所示。

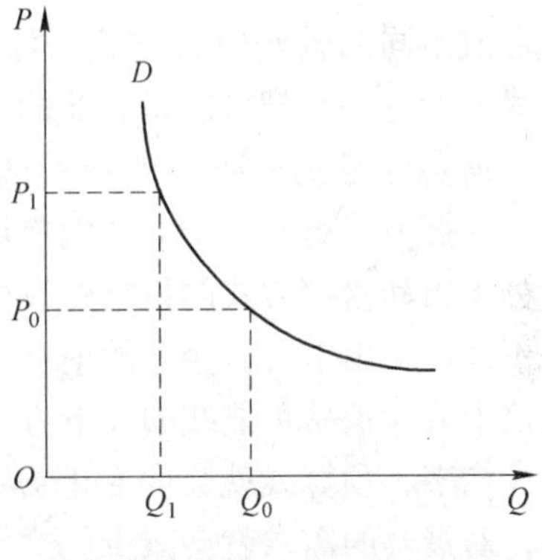

图 2－1　会展产品需求价格曲线

该图显示，同其他正常商品需求一样，会展需求价格曲线 D 也是一条向下倾斜的曲线，表示会展需求量与会展产品价格呈反方向变化的关系。此关系可以用函数式表示为：

$$D = F(P)$$

式中，D 表示一段时间内的会展需求量，如参加会议的人数，参展商数量等；P 表示该时期内会展产品的价格❶，如参展费、会议费及门票等价格；F 表示两者之间的函数关系。

从某一特定展会看，展会的价格和需求之间的关系也遵循上面的需求法则，即展会的价格越高，则对该展会的需求就越小；而展会的价格越低，则对该展会的需求越高。主要原因为：首先，部分参展商因价格问题无能力参展，价格降低后则符合他们的财政能力，尤其是一些较小型的企业。其次，部分参展商对参展犹豫不决，当价格降低后，他们会以不妨试试的态度参展。此外，有些参展商因价格低而增加参展面积。正因为如此，参展商会随着展会价格降低而增加参展的面积。

❶　展会价格：主要指向参展商收取的展位费用。其相关服务产品如展台搭建、展台设计、展位运输等的价格则归为展会互补品的价格。

不过，作为一种特殊的商品，会展价格对会展需求的影响又呈现出复杂的变化。一般会展产品的价格和品牌会展的价格变动对会展需求的变化会带来不同的影响。从不同展会之间的选择看，参展商往往选择价格高的展会，从而可以保证展会的质量、品牌、管理服务水平等。当品牌展会价格提升时，展商的需求并未大幅下降，如广交会，尽管参展费用居高不下，但依然会出现展位一票难求的现象及展位倒卖的现象。而一般性的展会，则要通过低廉的价格或其他手段来吸引更多的展商参展。

上述现象在经济学中，可以用需求价格弹性理论来解释（这部分内容在任务 3 章节中将详细介绍）。

b　参展企业在营销方面的开支

对于参展商来说，每年年初时都要制定预算，参展商在会展产品和其他营销方式上的营销组合支出不能超过它的营销预算支出。这里我们可以用预算约束线来解释。

预算约束线，即消费可能线，又称家庭预算线，或等支出线。是用来表示在消费者收入与商品价格既定的条件下，消费者所能购买到的两种商品数量最大组合的一条线。例如：某企业一年的营销预算支出为 20 万元，打算通过参展和其他营销方式（报刊、杂志、广告等），参展费一般为每次 4 万元，其他营销费用支出为每次 5 万元。该企业可以形成不同的营销组合方式。如图 2－2 所示，预算线上的每一点都可能是企业的选择。

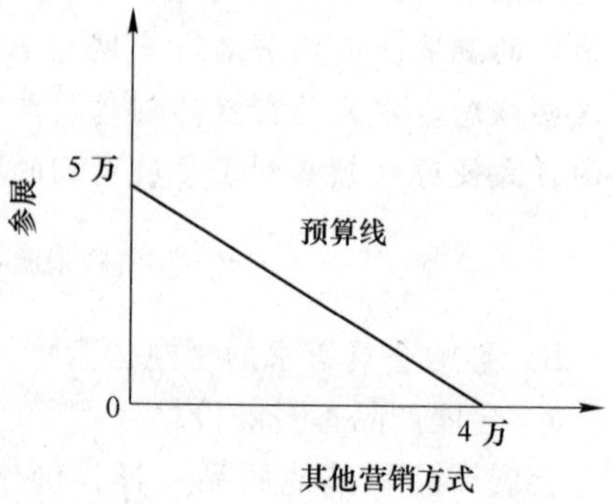

图 2－2　企业的预算约束线

消费可能线表明了消费者消费行为的限制条件，根据上图可知：企业的消费可能线随着企业的预算支出和营销方式的价格的改变而改变。营销价格不变，支出上升，企业的消费可能线向右上方平行移动。预算支出不变，营销价格同时成倍上升，消费可能线向左下方平行移动。因此，对企业来说，如果参展商的营销开支的预算增多，预算线就会向右上方移动，那么对展会的需求量就会增大；反之，预算线左移，对展会的需求就会减少。

阅读与思考

相比其他营销沟通方式，展览会既是 B2B 又是 P2P，参展商与观众面对面接触，这些潜在的购买者很可能转化为现实的买家。会展的联系沟通作用非常明显，联系量大、联系面广、联系效果好，因此会展可以向会展组织者、参展商、观众提供彼此联系和交流的机会。通常在短短几天有限的会展期间，参展商往往可以接触整个行业或市场的大部分客户，可能比登门拜访等其他常规方式一年甚至几年所接触的客户还多。2008 年科隆国际体育用品、露营设备及花园生活博览会、国际园艺博览会上，来自 100 个国家的 41500 多名专业观众中，有 44.4% 在公司决策中起着决定性的作用。2008 年杜塞尔多夫国际包装机械、包装及糖果机械展览会的观众中，64% 的人是对本公司经营行为有决策权的专家。2009 年中国国际汽车零部件博览会（CIAPE）上，专业观众中有 21.13% 是高级主管，市场营销人员占 18.29%，采购人员占 14.14%；27.43% 的观众为寻找代理商和合作伙伴而来，24.69%的观众为采购的目的参加展会；观众中39.89%的人有采购决定权，34.16%的观众有部分采购决定权，对采购决策有影响的人总计高达74.05%

2009年中国国际缝制设备展览会上，观众的目的较为明确，46.30%的观众抱有采购产品的目的，管理人员占64.74%，贸易买家占17.97%，对采购决策有直接和间接影响的贸易买家、管理人员总和占到观众总数的82.71%。

2010年中国广州国际户外及休闲展览会上，49%的观众抱有订货的目的，51%的观众为物色新供应商而来，61%的观众是为了搜寻新产品。这些观众很可能产生现场和展后的购买行为。2009年国际消费类电子产品展览会（ICEF2009）上，观众构成中“贸易与采购”人员占到了44%，参与目的中，采购目的最多，占到34%，其次是非直接采购的寻求合作伙伴，占到25%，两者相加占到59%。展览会的参展商清楚地知道这一点。大部分的观众都抱有特定的目的，其中不乏企业的最高决策人员，有权力直接做出购买决策；还有些观众虽然没有直接的购买决策权，但是通常是购买过程的发起人，如管理层人员、采购人员、市场信息搜集人员等等，他们往往能够对企业的购买决策产生直接或间接的影响。展览会将各种现实的和潜在的购买者汇集在一起，参展商能够以此采取针对性的宣传、咨询、推销、试用等活动。参展商们充分利用展会向观众提供丰富的信息，使得生产、贸易、生活趋于更轻松、直接、快捷、准确，消除了供求中的许多不确定因素，产生高效低耗的经济功能，创造了经济均衡的巨大可能性。参展商为卖而参展，参观者为买而参观，均有备而来。参展商尽可能在有限的时间内最广泛地接触买主，在潜在客户表示出兴趣时就抓住机会开展推销、洽谈工作，直至成交甚至当场回款，买卖双方可以完成介绍产品、了解产品、交流信息、建立联系、签约成交等买卖流通过程。

（资料来源：中外会展业动态评估年度报告课题组——会展蓝皮书2012）

c　其他营销方式的价格（与会展是替代品）

现实生活中除了会展活动这种交易方式之外，还有许多其他营销手段，如报刊杂志、广告、新闻媒体、电话、上门推销等等。与一般的营销手段相比，通过会展活动进行交易，费用要低得多。因此，其他营销方式价格的变化对会展需求会产生一定的变化，这种变化通过两个方面表现出来：收入效应和替代效应。

替代效应表示在企业实际收入或预算不变的情况下，两种营销方式相对价格变化所引起的两种商品的需求数量的变化；收入效应是在其他因素不变的情况下，企业实际收入或预算支出的变化所引起的营销方式的需求数量的变化。

对于正常会展产品来说，当其他方式营销价格下降时，因替代效应，会展的需求数量会减少；因收入效应，会展的需求会增加。在这两种效应的共同作用下，总效应可能是增加的，也可能是减少的，如图2-3所示。

不过，对于一般低档的会展产品来说，企业预算的增加，因收入效应可能会使企业偏向于选择好的展会，对低档展会的需求反而减少，因此，最终对低档展会的总需求可能是减少的。

d　互补品的价格

会展产品价格是展位费，而相关服务产品则是展会的互补品。互补品特点是同时消费，即作为参展商参加展会的同时，他还要同时消费展台搭建、展览设计服务以及饭店产

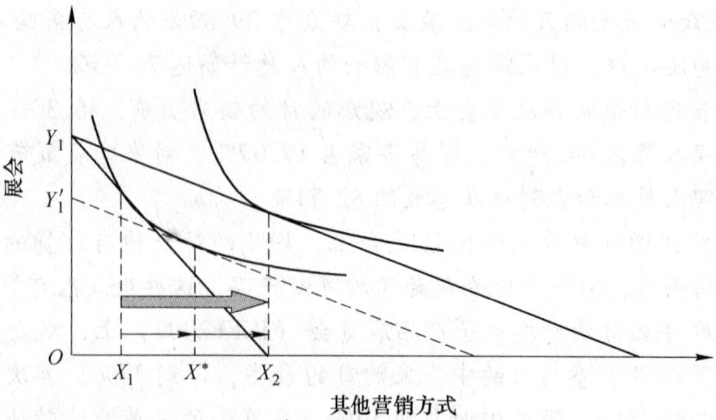

图2-3 其他营销方式价格的变动对会展需求的影响

品和旅游产品。如果遇到当地的消费（食宿或旅游）成本下降，那么对会展产品的需求可能会增加。反之，亦反之。

e 会展产品的质量

会展产品的质量越高，企业及观众对展会的需求越大。一般来说，会展产品的质量取决于以下几个方面：

首先，观众的数量和质量。观众的数量和质量是决定展商是否参加展会的重要原因。不同的展会，展商参加的目的是不同的。对于综合性或消费类展会来说，展商比较重视观众的数量。因为观众越多，说明展会的人气越旺，展会的影响力越大。而对于贸易性展会来说，参展更加注重观众的质量，展会的观众主要分为专业观众和一般观众，有影响力的专业观众将大大提升展会的档次。

其次，会展企业的服务水平表明主办方的专业及投入。较完善的服务设施及周到的服务细节将大大提升展商及观众对展会的认同度。

此外，会展产品的宣传力度也表明产品的规模及影响力。良好的宣传对展会成功的举办是非常重要的，一方面，会展公司的营销是为了更多的企业了解该展会。另一方面，许多展商参加的目的就是扩大自己在行业中的影响力。因此，公司的宣传力度越大，企业的参展意愿越强烈。

f 会展主办方的资源

会展主办方如果资源丰富，知名度高，能提供更多的便利条件，则会展需求量就会越多。反之，企业及观众参展的需求将会降低。

g 会展需求主体的经济水平及闲暇时间

对于展商及观众来说，他们参与展会的需求主要取决于他所付出的与所获得的之间的差额，即消费者剩余。如果参展或与会者参加会议所花费的精力和财力、物力等所有成本总和小于它所获得的知识、订单、宣传效果等所有收益总和，那么它们参与会展市场的积极性会超前膨胀，则会展需求能力极大地增强；反之，则积极性降低，对会展需求减少。

另外，对会展需求主体来说，参加展会不仅取决于经济实力，还需要付出时间。会展需求同个人闲暇时间具有正相关关系。

2.1.2 会展市场供给

2.1.2.1 会展供给内涵

会展供给是会展经营者在一定时期内以一定的价格向会展市场提供的会展产品的数量。如主办方在某一时期内某一地点举办的展览、会议或活动，或在展会过程中，为展商提供的广告平台等等。

会展供给是一种买卖行为，它包括两层含义：其一，供给的意愿；其二，供给的能力。缺少其中的任何一条都不能称之为真正的供给。比如，有些会展企业愿意主办某一活动，但该公司不具备申请项目的资格，所以，不能举办。有些展会，由于实际承办的成本大于举办的经济效益，因此，企业也不愿承办。

从展会的实际运作情况来看，首先，会展供给的目的是为了满足会展需求。会展供给部门必须紧紧围绕会展需求的内容和层次等安排具体的会展活动，使会展供给的内容能够真正符合会展需求者的实际需要。例如企业根据市场调研的结果进行原有的展会内容的更新，服务的提升等等。其次，会展供给必须是有效的供给，即会展供给者愿意并可能提供的会展产品。在会展市场上，会展需求虽然是会展供给的基本前提，规定着会展供给的方向和内容，但这并不意味着会展需求者就可以真正得到想要的供给，会展需求能否得到真正的满足，还取决于会展供应者愿意并提供什么样的会展产品。这里所说的愿意是相对于会展产品的价格而言的，即在某一特定的价格水平下，会有多少会展产品供给量与之相对应。有时候，由于市场价格过低，即使会展企业有能力，也不愿提供出来。因此，为了更好的满足会展市场的需求，会展供给必须是会展提供的意愿与可能性相结合的供给，也就是有效的供给。另外，会展供给由基本会展供给与辅助会展供给两大类组成。其中，基本会展供给包括会展中心（或场馆）、会展设施和会展服务等。辅助会展供给包括会展场馆的供水、供电、道路交通系统、治安管理机构等内容。会展基础设施同一个国家或地区的经济发展水平是密切相关的，是一个国家或地区发展会展业的重要物质基础，同时也是会展业深度发展的坚强后盾。

2.1.2.2 会展供给的特征

会展产品与其他普通产品不一样，其特殊性主要表现在以下几个方面：

（1）会展供给的即时消费性。由于会展地点是固定的，所以，它只能是在固定空间上的产品供给，而参展者要消费这些产品，就只能到会展供给地进行消费。因此，我们在考虑产品的供给时，不是像普通商品时所考虑的物流问题，而是要首先考虑会展场馆、会展区的环境容量和承载力问题。

（2）会展供给的持续性。一般商品，被消费者使用过后，产品的所有权就从生产者手中转移到消费者手中。而会展产品被消费者使用过后，产品不会发生移动。如场馆，被使用后，在较长的一段时间内仍然可以持续供给。

（3）会展供给的多样性。由于消费者的市场需求千差万别，因此，会展供给必然具有多样性的特点，这些可以体现在产品本身，也可体现在服务中。可以说，展会更多的是以周到的服务取胜。

（4）会展产品计量的特殊性。一般产品的数量可以用每一单位产品的累加来表示。但会展产品却不一样。由于会展产品是一种综合性很强的产品，在它的每一次生产组合中，由于参展者的需求不同，组合进来的产品要素也必然存在很大的差异。因此，在统计会展产品的数量时，只能用会展参展者或与会者的数量来反映会展供给的数量及生产能力。如某个展会展商的数量，展会的举办面积、与会者的人数、观众的数量等等。

2.1.2.3　会展供给的规律

A　同方向的变动

会展供给规律符合一般商品的供给规律即呈同方向变动。在其他因素不变的情况下，某会展产品的供给量与该会展产品的价格呈同方向变化，即在其他条件不变的情况下，会展产品的价格提高，会展供给量就会增多；会展产品的价格降低，会展供给量就会减少。如图 2－4 所示。

注意：会展供给量在一定条件下具有相对稳定性。一旦达到最大会展供给量，即便会展价格再高，会展供给量也不会再增加。比如，会展场馆的使用，因为场馆面积是有限的，对于一些特大型展会来说，只能租用几个场馆。

B　会展供给曲线的变动

会展供给变化不仅受会展产品价格的影响，而且也会受其他因素的影响。如果其他因素不变，会展产品价格的变动会沿着会展供给曲线 S 发生移动。在价格既定的条件下，如果其他因素发生变化，如企业预算支出增加，则会导致供给曲线 S 发生移动，如图 2－5 所示，S_1 向右移动到 S_2，供给量由 Q_1 增加到 Q_2。

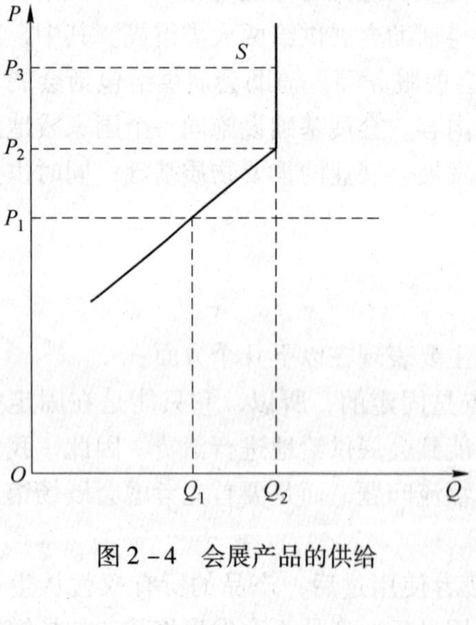

图 2－4　会展产品的供给

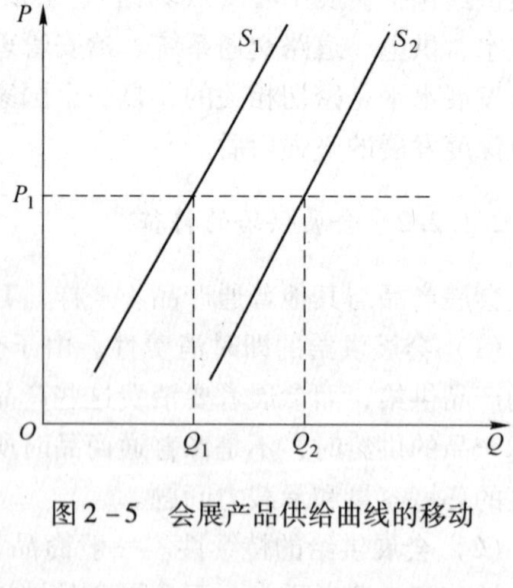

图 2－5　会展产品供给曲线的移动

2.1.2.4　会展供给的影响因素

首先，我们来了解会展供给函数。会展供给函数可表示为：

$$Q_S = F(X_1, X_2, X_3 \cdots)$$

式中，X_1，X_2，$X_3\cdots$，表示影响会展供给的因素；Q_S 表示供给量；F 表示函数关系。

在这些因素中，价格的影响非常重要，所以，会展供给函数可简单表示为：

$$Q_S = F(P)$$

会展供给与会展需求一样，也要受诸多因素的影响。对会展供给起重要影响的因素有：

(1) 会展价格因素。会展产品的价格直接影响着会展供给者愿意提供产品的数量。在市场经济中，会展企业提供产品主要是以盈利为目的的，因此，当会展产品的价格上升时，会展企业有利可图，就会增加会展产品的供给数量；而当会展产品的价格下降，会展企业利润减少或无利可图，则会减少甚至停止会展产品的供给。

(2) 会展供给的成本。会展的供给成本即会展生产要素的价格。会展产品价格的高低与会展产品生产要素的价格有着直接的关系，因此，会展生产要素价格的变化也会影响会展产品数量的供给。当会展生产要素的价格提高时，如员工工资的提高，必然会使会展企业的成本增加。如果会展产品的价格不变，则会展活动的利润就会减少，会展供给就会缩减；反之，投入要素价格的下降，则会降低会展企业成本，会展供给量也会增加。

(3) 经济发展因素。会展业不仅是一项综合性的经济产业，而且也是一项依赖性很强的产业，它需要有很强的经济实力和资金投入作为后盾。没有雄厚的经济实力，举办一些大型的会展活动，如奥运会、世界杯足球赛、世界博览会等便没有可能。经济实力对会展供给的影响在一些大型的体育运动会的举办上表现得尤为明显。因此，一个国家和地区的经济发展水平高，经济实力雄厚、科技发达，这个国家和地区会展需求与综合接待能力就强，会展供给就充足。相反，如果社会经济发展水平低，基础设施薄弱，生产手段落后，那么这些地区所能提供的设施就很有限，这种情况将会极大地制约会展产品供给的数量和质量，其会展业的发展从而也就相对滞后。

(4) 供给方的目的及对未来的预期。在整个会展活动的开展过程中，供给方的目的和对未来的预期也会直接影响到特定商品的供应量。如果供给方提供会展产品的主要目的就是为了从会展活动中获得最大化的经济利益。并且预期到该会展供给商品的价格将会上涨，那么他们就会想尽办法增加供给量。相反，如果他们对整个地区的经济前景不看好，预期不佳，他们就会相应地减少供给量，从而避免可能的损失。

(5) 会展举办地国家或地区政府的政策。国家或地区对会展业的态度和政策势必会影响其会展产品的供给。随着各国、各地区政府对会展经济重要性的逐渐认识，许多国家或地区已经开始把会展业作为国民经济中的一个重要组成部门，纳入了发展计划，并且采取了一系列鼓励和支持的政策、措施，从而使其会展供给得到长足的发展。这些政策和措施包括税收政策、投资政策、信贷政策、价格政策等等。不同的国家在发展会展业的历程中，都采取过相应的政策和措施来增加或减少会展供给。实践表明，政府的政策和方针不仅对一个国家和地区会展供给的总量有宏观的调控作用，而且，还会直接影响到会展供给的方向、品种和质量。

(6) 科学技术。许多会展活动，尤其是一些与科技交流相关的会展活动，必须要有充足的科技储备做保障，否则，会展就会失去支撑力量。比如，举办与瓷器相关的博览会，就必须有瓷器方面的管理知识和研究能力。举办摄像器材博览会，没有一定的与摄像有关的技术和管理水平就难以取得成功。因此，会展活动还会受到科技发展水平和管理能力的制约。

（7）人才资源。会展活动的开展离不开高素质的人才，特别是高水平的会展策划、组织、管理、接待、服务人才。否则，大型展会很难顺利的开展下去。目前，我国这方面的会展人才是比较缺的，许多高校也在注重这类人才的培养。

（8）会展地的区位条件。任何经济活动离不开一定的地域空间，会展活动也不例外。优越的区位条件是进行会展活动的基础与前提。例如，一些涉及面广泛的大型商品交易博览会的举办地就必须要有良好的交通、通讯条件，有专门用于商品交易活动的仓库和服务手段，同时还必须要接近商品的供给地与销售地，只有这样才能使参展的交易各方降低交易成本，获得尽可能多的收益。才能增强各地商客参与该商品展览会的积极性。面对大型商品，如机械设备展销地的选择，则必须具备良好的展出场馆条件和高质量的配套设备。

阅读与思考

2014年的中国会议业喜忧参半

政府会议数量和开支降声一片。相关统计显示，2013年，北京各大酒店会议场地实际利用率较低，政府部门会议接待量不足二成。2014年11月27日，广州市政府官网公布《关于印发市政府系统全市性会议（活动）若干规定的通知》，提出控制会议数量、规格、规模、会期、经费的“五严格”要求，如以市政府名义召开的会议每年不超过15个、以部门名义召开的会议原则上各部门每年不超过1个，以市政府名义召开的会议参会人数不超过300人，以部门名义召开的会议参会人数不超过200人；市领导在全市性会议上的讲话时长不超过50分钟，单位代表发言人数不超过5人、每人发言时间不超过8分钟，并提出广州仍将延续无会旬和无会日制度，每月11日至20日以及每周三原则上不安排召开全市性会议。2014年高星级酒店，尤其是五星级酒店和郊区的度假村、培训中心依旧经受2013年的市场日趋寒冷之痛。12月23日，《北京日报》罕见地刊登了“酒店圣诞晚宴降价揽客”和“年会市场再‘瘦身’”两篇报道，直接陈述高星级酒店的年会生意难做。第三季度是旅游、会展业旺季，北京市星级饭店平均房价和平均出租率比去年同期分别下降了5.05%和0.88%。政府会议数、公款消费量自2013年后持续下降，大量事业单位及依然具有浓重政府背景的社团主办会议数量和支出同步减少，背后的原因很好理解：党的群众路线教育实践活动2014年10月收官，但活动结束绝不意味作风建设收场，改作风、反“四风”运动温度不降，专项整治持续加力。10月，中共中央办公厅印发意见，对深化“四风”整治、巩固和拓展教育实践活动成果作出部署。12月，中央党的群众路线教育实践活动领导小组办公室印发通知，要求各地区、各部门、各单位开展整改落实情况“回头看”。可以确信，2015年，政府会议、事业单位会议数量将进一步减少。

简政放权既砍了会议又催生了会议。2013年，国务院取消和下放了362项行政审批项目。12月12日的国务院常务会议发布了今年第三批简政放权方针：再取消和下放108项审批事项，取消景观设计师等68项职业资格许可和认定，取消10项评比达标表彰项目。至此，国务院2014年已经3次累计取消和下放了219项行政审批项目。本届政府简政放权的目标即行政审批事项削减三分之一以上的任务已经完成。一方面简政放权，许多依附在行政审批之上、名目繁多的考核、评比、鉴定、表彰、座谈、考试、培训、推广会、经验交流会、庆功会随之消失。另一方面，政府的简政放权，进一步降低了市场准入门槛，壮大了市场主体、减轻了企业负担，进一步激发了市场活力。企业受益最多，企业获得良好效益的同时必然会举办、参加更多的会议和展览。

企业会议各有特点。企业是市场的主体，会议业里担当主要“角色”的同样是企业会议。2014 年工商局推行公司注册资本登记制度改革，降低创业成本，激发社会投资活力，新登记注册企业快速增长。2014 年 1 至 11 月，全国新登记注册企业 327.24 万户，同比增长 51.11%，其中私营企业 309.22 万户，增长了 53.79%，而外商投资企业增长放缓，仅 3.42 万户，增长 7.70%，但外资新增投资总额达 2381.54 亿美元，增长了 15.56%，说明新登记注册外商投资企业规模明显提升。企业的设立、经营和发展，都涉及自己组织举办会议、参加别人的会议和展览，因此，新企业的成立和运营肯定带动会议的数量和消费。可喜的是，中、西部地区企业增长较快，1 至 11 月，全国东、中、西部地区新登记注册企业分别为 199.56 万户、73.58 万户、54.1 万户，同比增速分别为 48.15%、59.37%、51.42%。国企因受限于“国八条”等中央政策，在市场销售、培训、人才（员工）培养、企业文化建设、股东大会等方面举办的会议大幅减少，甚至员工最为期待的年度员工联欢会的形式都变得十分简朴。2014 年中央企业过得不容易，“打赢了一场保增长攻坚战”。国有企业基本面好转，但一部分企业经济运行的质量和效益还不高，大部分国企都面临着产能过剩、产销衔接不畅的巨大压力。所以，总的来讲，国企会议数即使有增长，也是小幅增长。相当一部分的民营企业，尤其在金融、风险投资、信息传输、软件、信息技术服务、可穿戴设备、环保、文化、体育和娱乐业及科学研究和技术服务领域表现抢眼。2014 年 5 月 15 日和 7 月 22 日，小米手机两次在国家会议中心举行新品发布会。酷派手机和魅族手机则分别于 8 月和 12 月也选择了在同一地点发布手机新品。1 至 11 月，中国内地新增上市公司 103 家。文化娱乐市场依旧热闹非凡，电影、电视剧的发布、首映、庆功、影迷见面会、推销、签约等多种形式的会议接踵而至。

社团会议的潜力仍未释放。社团会议也是个香饽饽，有的社团会议消费能力并不低，有的社团会议规模大而且会期长，像医院、大学等机构主办的学术会议多选在周末举办，这样会议中心、酒店就特别欢迎。各地的会展办除了对展览项目抛出绣球外，也注重对社团会议的开发，纷纷给出了诱人的奖励优惠措施。一部分社团还是摆脱不了原来的官派做法，不为会员考虑，几乎没有服务，社团组织本身发展有限，举办的会议不是流于形式就是味同嚼蜡。而另一部分社团具有灵敏的商业嗅觉，学习国外的社团管理和运营模式，通过会议、展览、培训、网站、微信等多种途径发展会员，为会员牵线搭桥，自身也获得了较好的效益。但如果利用手中的垄断权力，不规范操作，则会受到诟病。6 月 26 日，新华网质疑中华医学会 8.2 亿元会议赞助款的合理性之后，11 月 6 日，新华网再次要求中华医学会把“灰色效益”说清楚。2013 年出台《国务院机构改革和职能转变方案》明确，将逐步推进行业协会商会与行政机关脱钩，强化行业自律，使其真正成为提供服务、反映诉求、规范行为的主体；探索一业多会，引入竞争机制。而民政部从 2014 年起启动行业协会商会与行政机关脱钩试点，争取到 2015 年底前全面实现行业协会商会与行政机关脱钩。2014 年出现了一个新动向，就是原来挂靠在政府机关的协会、商会等社团组织，开始由地方知名企业来接收。6 月 27 日，原来由吉林省商务厅代管的吉林省会展业协会的运营和管理正式移交给长春国际会展中心。像这样的社会组织改革在全国各地正大范围展开，广东省中山市从 2014 年 7 月份起，全面推进全市行业协会商会的人员、财务、资产、职能和机构与行政机关彻底脱钩的工作。当新常态成为年度热词，我们发现中国的经济发展仍然很精彩：经济中高速前行，经济结构优化升级，增长动力更为强劲。新常态有长期性，潜在增长率下降、经济增速放缓，对中国的会展业具有直接的影响，会展界应正确看待今后几年的发展趋势，需要适应新常态，多一些进取心。经济发展方式和经济结构的变化，同样会涌现一系列新的增长点，比如，传统制造业里的会议项目可能会减少，但智能制造、科技含量高的电气机械、计算机等电子设备的制造业增长快，其带来的会议增量就值得期待和挖掘。2014 年，政府对体育产业、旅游、物流、电商、现代保险、文化创意和设计等领域出台了一系列新的支持政策，还有国家对环境保护、节能的重视，这些领域内的会议和展览自然会水涨船高，就看我们能否抓住机会，分得一杯羹。

新热点，有三个最令人瞩目：京津冀协同发展，丝绸之路经济带和 21 世纪海上丝绸之路（一带一路）建设、长江经济带发展，这三大战略的实施不但将吸引政策、资金、技术，还将催生出为之配套服务的会议和展览，比如 12 月初，河北省政府、天津市政府和教育部签约共建河北工业大学；与国家民族事务委员会签约，共建河北民族师范学院。12 月 16 日，中国民航局在天津发布《关于推进京津冀民航协同发展的意见》。中央的西部开发、东北振兴、中部崛起、东部率先的区域发展总体战略，将产生更多新的需求增长点，对这四大区域的会议业同样是利好消息。

（来源：中国贸易新闻网）

2.2　明确会展产品的价格决定

2.2.1　了解市场均衡价格

2.2.1.1　均衡的含义（equilibrium）

所谓均衡，是指一种相对静止的状态。当市场供给量恰好等于市场需求量时，便实现了市场均衡。当市场需求量不等于供给量时，要么出现过度供给，要么出现过度需求，这便是市场非均衡。

2.2.1.2　均衡价格和均衡产量（equilibrium price/equilibrium quantity）

当市场出现供过于求时，价格有下跌的趋势；当市场出现供不应求时，价格有上升趋势；只有当市场供给量等于需求量时，在现有条件下，价格没有任何变动的压力，市场实现了均衡。因此，均衡价格就是市场供需均衡时的价格（即成交价）。均衡产量就是市场供需均衡时的数量，如图 2－6 所示。

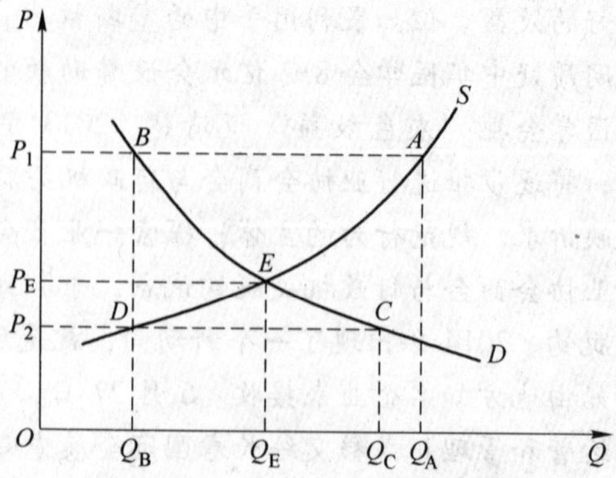

图 2－6　均衡价格和均衡产量

会展产品的价格形成也取决于会展产品的需求和会展产品的供给状况。当会展产品的需求价格等于会展产品供给的供给价格时，此时的成交价格便是会展产品的均衡价格。

2.2.2 明确会展供求决定价格

会展供求是会展经济活动的两个主要环节，它们分别代表着会展市场上的买卖双方，是会展这一社会现象在经济领域中的体现。会展均衡就是会展活动中，会展需求和会展供给相等的一种状态。一旦供求不一致，会展的供求矛盾就产生了。

2.2.2.1 会展的供求矛盾表现

会展供给与会展需求并非总是均衡的，由于影响会展供给与需求的因素很多，其中任何一项因素的变化都会导致会展供给量与需求量的变化，出现供不应求或供过于求的局面，从而形成供求矛盾，进而影响会展市场的均衡价格。会展供求的矛盾主要表现在以下几个方面：

（1）数量方面的矛盾。会展需求和供给在数量方面的矛盾主要表现在会展供给或会展承载能力与会展参展者数量上的矛盾。会展需求方如参展者的经济状况、对会展重要性的认识水平、社会环境、宣传舆论等的改变都会使会展产品的需求量产生较大的波动，使会展参展者数量出现急剧的增加或减少。但会展供给却不同，一段时期内建成的会展场馆等的供给，相对而言是有限的、稳定的，它们不可能在很短的时间内有快速的提高或降低。会展供给的这种相对稳定性与会展需求自身的多变性必然使供给与需求产生矛盾，出现供求不平衡。因而会出现某地会展场馆如上海的新国际博览中心的档期排到几年之后，而有些场馆展会不多因而显得冷冷清清。中国会展经济发展报告（2011 年）显示我国会展场馆的使用率偏低，部分超过 30%，而多数在 20% 左右。

（2）结构方面的矛盾。会展需求和供给在结构方面的矛盾是指会展供求在构成上不相适应。这种不相适应是多方面的，它集中表现在：会展供给的档次和级别与会展需求不相适应、会展供给的方式与会展需求不相适应、会展供给的内容和项目与会展需求不相适应。造成这些不相适应的原因在于，会展供给在一定时间内是相对稳定的，而会展需求却是复杂的、多样的。在会展市场上供需结构矛盾所产生的直接影响就是同一时期内某一会展产品的供不应求，另一会展产品则供过于求。因而，在现实情况中存在会展热点地区与冷僻地区，某地会展场馆存在档次高低差别。

（3）质量方面的矛盾。会展需求和供给在质量方面的矛盾主要表现在参展者的心理预期与实际会展供给之间的差距。会展市场上的产品除了会展场馆这种有形产品之外，还有会展服务等无形产品。因此，会展参展者对产品质量的判定也不能像一般商品那样，可以用具体的尺度和指标去衡量。由此看来，会展供给质量的高低主要取决于会展参展者自身的感受。由于这种感受还有很强的主观性，因此，会使会展参展者对会展产品的心理预期与实际的会展供给产生一定的差距。若这种差距较小，说明会展参展者认为会展产品供给的质量高；差距大，说明会展参展者认为会展产品供给的质量低。因此，会展经营者在提供会展产品时，一定要充分考虑不同参展者的心理特征和行为方式，了解他们的特殊需要，开展有针对性的个性化服务，提高服务水平，加快场馆等会展产品的建设与更新，尽量缓解会展供需在质量方面的矛盾。

（4）空间方面的矛盾。会展供给与需求在空间上的矛盾集中体现为会展供求在地域空间分布上的失衡。即有些地区的会展业相当发达，甚至已经把会展作为一个新兴产业来对待，因此，在这些地区常常出现供不应求的局面。而有些地区即使着力发展会展业，其需求也不是很大。造成会展供求在空间上产生的矛盾的原因主要有两方面：一方面是会展供给地所处的区位条件，这在很大程度上决定了这一地区所提供的会展资源的类型、数量和质量等状况，比如北京、上海这样的特大城市，它们所提供的会展类型就与一些中小城市提供的会展类型不同，奥运会、世博会这样的大型活动肯定会首选这样的大型城市，因此，它们的会展压力就相对要大一些。另一方面是会展地会展设施的完善程度不同，这也会导致不同会展地的会展供给能力在后台上存在一定的差别。会展基础设施差、会展综合承载能力弱，那么它们对会展需求者的吸引力就差，会展供给也就无从实现。目前，许多地方展馆因展览项目少，面临"吃不饱"的困境。长沙、武汉、桂林等地的部分展馆，每年承办的展览项目少，运营效率偏低。

(5) 时间方面的矛盾。会展需求往往同需求者的生产周期、会展周期等时间因素有紧密联系，从而形成会展需求淡季和旺季的悬殊。在旺季，会展需求过剩，供给不足。在淡季，会展需求不足，供给过剩。

2.2.2.2　会展供求在价格机制下的均衡

在会展市场中，当某种会展产品供不应求时，会展产品的价格就会上升，使会展需求量减少，会展供给量增加，直至供求大体相当；如果该种会展产品供过于求时，那么会展产品的价格就会下跌，从而使会展需求量增加，会展供给量减少，直至供求大体相当。当会展供给量与会展需求量相等时，会展供求就达到了均衡，此时的价格就是均衡价格。上述情况可以用图 2－7 来表示。

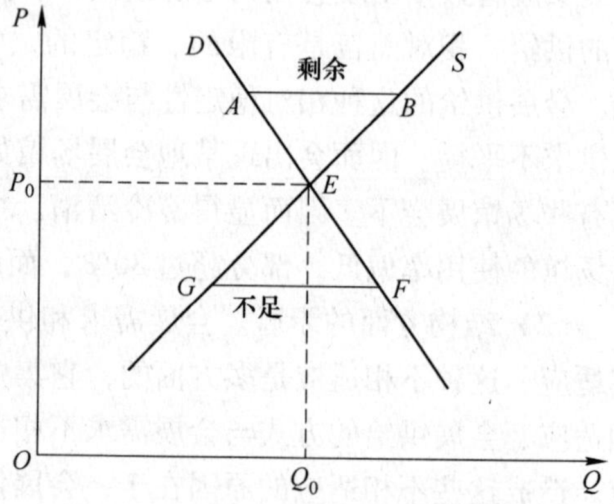

图 2－7　会展供给和会展需求的均衡

图 2－7 中，D 为会展需求曲线，S 为会展供给曲线，会展供求相等时，两条线相交于 E 点，所对应的供给量和需求量都为 Q_0，此时为均衡状态，价格为 P_0，即均衡价格。

对于展商和观众来说，会展产品的均衡价格一般包括展位价格、会务价格、广告宣传价格等。如 2009 年中国国际铝工业展的相关价格：

(1) 展位价格：

标准展位（$3m \times 3m = 9m^2$），室内光地（不低于 $36m^2$）；

国内企业：13800RMB/个，1400RMB/m^2 展期；

合资企业：20000RMB/个，2200RMB/m^2 展期；

外资企业：3800USD/个，360USD/m^2 展期。

(2) 会务费：500 元/人用于会议资料、午餐、纪念品等；其他展品运输、住宿等事宜。将以参展商手册为准。

(3) 广告宣传平台及价格如表 2－1 所示。

表 2-1　广告宣传平台及价格

宣传平台类型	广告价格/RMB
参观券	50000 元
网站宣传	1. 主页上的条幅广告每三个月 15000 元; 2. 观众服务板块内的广告每三个月 10000 元; 3. 展商服务板块内的广告每三个月 10000 元
展会预览（印刷品）	15000 元
会刊广告	1. 封面条形广告 25000 元; 2. 封底 25000 元; 3. 封内第一、二页 20000 元; 4. 封底第一、二页 20000 元; 5. 中间页 10000 元; 6. 公司商标（个）1500 元; 7. 新产品目录（个）1000 元
现场条幅广告（不含制作费）	1. 主入口条幅广告 60000 元; 2. 展馆内条幅广告（取决于位置）10000 元（单面）、15000 元（双面）; 3. 高架走廊条幅广告 10000 元（单面）、15000 元（双面）
广告展板	30000 元，不含制作费
电视墙广告（数字屏幕）	10000 元，5 分钟/小时（展会期间循环播放），不含制作费
路面标志	20000 元/组
“您在这里”标志牌	20000 元
手提袋	60000 元/6000 个，含制作费
观众吊带	50000 元，含制作费
通行证	50000 元，含制作费
员工制服	20000 元
矿泉水标志带	40000 元/6000 瓶，含制作费
彩虹门（含制作费）	1. 直径 12 米，20000 元; 2. 直径 15 米，25000 元; 3. 直径 18 米，30000 元
PVC 气球	每个 10000 元，含制作费
啤酒花园优惠券和餐巾纸	20000 元，含制作费
观众登记处（登记台装饰）	50000 元
贵宾/买家合作活动（贵宾邀请卡/贵宾室装饰等）	60000 元（独家）
产品展示（网站以及登记区展板等）	30000 元
展商技术交流会	10000 元/小时

（资料来源：2009 中国国际铝工业展览会网站，内容有调整）

上述展位价格的制定存在一定的差别，一般来说，影响会展展位价格的因素主要包括：

（1）会展的定价目标。会展的定价目标为定价者指明了价格制定的方向。定价目标一般与企业的营销计划目标直接相关，而营销计划目标又与会展的经营总目标相关，在某些情况下，定价目标可能是由会展的总体经营目标直接转化而来的。

（2）会展行业竞争状况及会展本身的竞争力。会展行业竞争状况对会展的定价影响力很大，在会展经营项目中差异较小、在市场上存在着多个竞争者的情况下，会展企业在价格方面的活动余地也相应缩小。同时，作为会展企业应客观地评估自身的竞争能力高低，并根据自身竞争力优劣制定出可行的企业价格方案。

（3）会展的成本。成本是确定会展项目价格的重要依据，它决定了价格的最低限度。会展项目成本包括投资成本和经营成本两部分，它是向消费者提供会展服务时所发生的所有费用的总和。

（4）会展市场需求状况。任何会展项目都必须经过市场运营，被参展企业认可后才能实现企业的利润及经营的目标。所以，在会展企业进行定价时必须要考虑到参展企业的需求状况及支付能力。若定价太高，则易使参展企业认为价格与会展企业所提供的会展项目价值不相匹配而失去参展企业，进而使会展企业失去获利的机会；若定价太低，又不足以补偿会展经营中成本及费用开支。

（5）会展的市场发展情况及市场环境。任何一个市场的发展过程均可分为四个阶段，即初期缓慢增长阶段、快速发展阶段、高峰稳定阶段及衰退下降阶段。不同的市场发展阶段要求制定不同的相应的经营价格。例如，当服装会展投入一个正处于初期缓慢增长阶段的市场中时，定价人员应首先对竞争项目的质量进行比较分析，并相应地制定较低的价格，这样才有可能在市场中确立其竞争优势。

（6）会展的整体经营战略。一个会展的总体经营战略是为了实现该企业经营的总目标而制定和策划的各部门总体行动计划方案。一切经营的子计划、子策略都应与整体的经营战略保持一致，不能相互冲突。作为会展经营策略中重要一环的价格策略当然也不能例外。所以在进行会展的定价决策时，一定要考虑到该会展总体经营战略的要求。

2.2.2.3　我国会展业供需矛盾

过去几年，我国会展业整体规划不够理想，各自为政，条块分割，以省及城市的行政区域为基础制定会展发展战略规划。而随着大量外资企业的进入，扩大了会展业市场容量。但问题的焦点也随之产生，会展企业的市场竞争加剧，势必造成会展业多方面供求矛盾，市场不均衡性产生。

层次低导致展会供需矛盾。我国会展企业数量较多，但规模相对而言都比较小，服务水平普遍较低，出现了结构性供需矛盾。一方面，一些低层次的、单一的和低技术含量的会展服务供给过剩，高层次的和高技术含量的会展服务供给不足；另一方面，由于各省市自办会展的比例过大，专业会展市场的有效需求不足，需求不足导致先期建设的高水平会展中心经营困难，正在经历高投入、低回报或无回报的时期。

人才缺乏引发市场供需紧张。国外会展公司的进入，势必加强了对人才的争夺，他们为了推行本土化建设，不惜重金利用各种手段从国内会展企业“挖”走高素质的人才，这将使国内会展业人才争夺的竞争加剧，从而出现人才的供小于求。目前我国会展人才表现为专业人才缺乏，从业人员素质不高、流失率大，会展经理人极不成熟、应用高新技术的能力相对滞后。

高层次的、设计合理的展会太少，又使市场展会求大于供。虽然，一些大型的跨国物流企业纷纷抢滩中国市场，如德国汉诺威、意大利米兰和德国法兰克福展览公司，这三个世界展览业巨头都在黄浦江畔设立了分支机构。但是，这些大型的跨国企业凭借强大的资金、技术优势和先进的专业管理经验，全面进军国内市场，这使得国内某些势单力薄的会展企业必将淘汰出局。

阅读与思考

上海场馆参展费用

上海场馆参展费用见表2-2。

表2-2 上海场馆参展费用一览表

场馆名称	展商类别	参展费用	
		标摊 $9m^2$/元·个$^{-1}$	光地/元·m^{-2}
上海国家会展中心	参展商	48000	1980
上海新国际博览中心	国内展商	16800	1600
	国外展商	4800 美元	480 美元
上海光大大会展中心	国内展商	10800	1080
	国外展商	3800 美元	380 美元
上海世博馆	国内展商	15000	1300
	国外展商	4000 美元	230 美元
上海展览中心	国内展商	12000	1200
	国外展商	2200 美元	220 美元
上海世贸商城	国内展商	10000	1000
	国外展商	1800 美元	180 美元
上海跨国采购中心	国内展商	15000	1500
	国外展商	4500 美元	450 美元
上海国际会议中心	国内展商	15000	1500
	国外展商	4080 美元	408 美元

（根据各场馆相关展会数据统计整理）

从上面的数据可以看出，上海各大场馆的价格（租金）不同，同一展馆不同的展会其参展费也有所不同，主要受场馆需求方主办展会的具体情况影响，一般来说，需求方展馆预定的时间、预定的面积及场馆服务等因素对价格的影响较大。另外，国内和国外展商的参展费用还存在差异，即存在价格歧视，这也是当前市场环境下场馆或主办方的经营与管理策略，从某种意义上来说，是对国内展商的扶持。

随着中国展览业的发展，双轨制价格已经形成了一种惯例，凡冠以“国际”展览会的，无不以“国际价格”和“国内价格”分别向境内外公司招展，随之又产生了“合资”、“三资”企业价格。除少数展览会已开始实行单一报价外，大中型规模展览会的价格双轨制在会展业发达城市和地区依然普遍存在。

值得注意的是，由于国内特殊的市场环境，一些已入驻中国的国际展览巨头在对中国展览市场进行了数年的办展探索后，也放弃了原先坚持的单一高价，屈从于中国特有的展览价格体系。一家国际著名的欧洲展览公司为维持展览规模，已将其顶级品牌展的参展价格分折为国际与国内两个，以低于国际价格的近一半招揽国内公司参展。由于国际展览公司的特殊地位和中国展会市场上多重价格的敏感性，一些国外的展览公司亦对此讳莫如深，很少对外公开其不同的招展价格，仅对相应的参展客户提供报价。因此，在一些国外展览公司的网站上很难查找到明确的参展价格。

从某种角度上说，双轨制价格的实施具有其积极意义。首先，满足展商的参展需求。在当时的市场状况下，双轨制价格满足了国内外展商的参展需求，符合他们的经济承受能力。展览会在国外被普遍认为是一种有效的市场开拓手段，其显著特点是优越的性价比和广泛的客户接触性，外商需要打开中国市场，愿花较高的成本进行前期市场推广；国内厂商在能够承受的范围内，愿意尝试展览这种新型的市场推广形式。毫无疑问，双轨制价格是特殊经济环境下的产物，既保证了国内外公司的参展需求，又起到了通过展览会的平台促进国内外经济技术交流和贸易的良好作用。其次，扩大展会规模。双轨制价格在吸引中外展商参展的同时，又使展览会规模得以扩大。众所周知，举办展览会是规模效益，规模与成本形成几何级正比，展览会规模越大，单位成本比例就越低，利润就越高。举办者为了保证展览规模的扩张，除了积极吸引国际和境外公司参展外，还要争取更多的国内展商以便做大、做强自己的展览会。如果没有国内公司的参与，就难以达到满意的参展规模，不能有效地组织专业观众，国内外行业间的技术贸易交流也就难以实现。在这样的指导思想下，双轨制价格在刚刚兴起的展览市场确实起到了展览规模扩张的作用，为此后培育壮大起来的国内品牌大展占据了稳固的市场份额。第三，为办展积累经济基础。在当时的经济基础和市场水平下，展会举办者通过较高的国际价格取得了丰厚的利润，为提高办展质量和进一步发展积累了经济基础。改革开放之初，国内的商业贸易成本，如劳动力、场馆租赁、配套设施、市场推广营销等普遍处于较低的水平，办展成本也极其低廉。以 20 世纪 90 年代中期的上海展馆租金为例，国际展馆的租金平均每平方米为 1.2 美元，国内场地租金为 3.6 元（目前的展馆租金已上升到国际展馆 8.5 美元/平方米，国内为 13 元/平方米），得益于较低的成本支出，以及丰厚的外汇收入，中国新生的展览业积累了今天蓬勃发展的后劲。

当然，双轨制的负面影响也日益显现。首先，双重价格矛盾突出。外商逐渐了解中国市场和展览价格体制，双重的价格标准矛盾日益突出。20 世纪 90 年代之前，境外展商统一接受国际报价，并被安排在展馆内展区优越的位置，而国内公司则按中方标准人民币价格招展。随着国内合资企业雨后春笋般的出现，越来越多的国外公司通过其国内合资方申请到了价格低廉的展位，从中节省了大量的参展费用。境外公司对此提出了异议，认为这是不公平的待遇。虽然在展位方面有所区别，但是并不足以造成如此悬殊的中外差价。有相当部分的外商，包括港台地区的参展商宁愿放弃优越展位，也要享受中方价格。由于中外价格的强制性，即外方必须按美元价格参展，遂在往后的招展阶段和展览现场出现了越来越多的价格争执和投诉。这种情况使展会举办者的服务形象大打折扣。其次，逃避高价现象层出不穷。参展商绞尽脑汁规避高价，展会举办者制定措施设卡控制。为了避免境外展商钻价格空子，防止外汇收入的损失，国内举办者不得不设立了介于中外方价格之间的三资/合资企业价格，并采取了参展申请受理营业执照审核的措施。尽管起到了一定的作用，然而此举并未真正遏制逃避高价的现象。境外参展商以三资企业名义报名并非难事，合资性质的参展商凭借其中方公司的营业执照轻而易举地申请到中方展位，甚至有些国内展商将中方展台加价转卖给国际展商。为了吸引更多外商参展，办展机构往往采取"睁只眼闭只眼"的做法，造成了外商之间的不平衡。更重要的，以中方名义参展可以享受到所有低于国际三四倍的价格，诸如展道具租赁、管理费、加班费等其他展会服务的中方价格。展览会上出现的奇怪现象是，以国际公司和品牌展出的展商要多于实际报名的国外公司。第三，招展工作困难重重。价格体系混乱导致招展工作的困难。为了防止境外公司流失，鼓励他们继续租订高价位的国际展区，不少展会举办者想方设法推出了名目繁多的折扣价、补贴价、套餐价等，造成了参展价格体系的进一步混乱，加之三资价格又有不同程度的折扣优惠，整个展览会价格失去正规的监控，给招展工作增添了不必要的工作成本，很多时间和人力花费在参展公司的资格核实、价格规定的解释以及讨价还价上面，甚至还会引起招展人员之间为争夺同一参展商的矛盾，这样的结果最终致使总体参展收入的降低。第四，混乱的参展价格给内部管理工作带来麻烦。由于没有统一清晰的收费规则，给公司内部财务核算造成了不便，影响了企业的正规化管理。如果以一个中型的展览会为例，至少有二百家甚至更多的参展公司，需要对每家参展商的参展面积、优惠价格、收费状况进行繁杂的计算和核对工作，工作成本额外增加，浪费了人力财力。混乱的价格体系还给展览会的长期发展留下后遗症，造成参展商对该展组织工作和服务水平信任度的失缺，参展商会拒绝再次参展，或者可能对该展持等待观望的态度，这不仅影响了招展进度，还会导致新一届的招展工作越来越困难。

（摘自：http：//www.ltwh.com.cn/article－629.html）

2.3 预测会展产品价格的变动趋势

在会展业中，会展产品的价格一般可以通过会展供求的变化来预测，因此，我们需要掌握会展供求变化的规律。

2.3.1 明确会展供求变化引起会展产品的价格变动

由于会展供求双方共同决定会展产品的价格，因此，会展供给或需求的改变会使会展产品的价格随之发生变动。

2.3.1.1 会展需求变化引起的供求均衡的变动

由图2－8可见，在其他条件不变的情况下，会展需求的增加会使会展曲线向右移动，从而使会展产品的价格和数量同时增加。反之，会展需求的减少会使会展需求曲线向左移动，从而使会展产品的价格和数量同时减少。

2.3.1.2 会展供给变化引起的供求均衡的变动

由图2－9可见，在其他条件不变的情况下，会展供给的减少会使会展曲线向左移动，从而使会展产品的价格增加和数量减少。同理，会展供给的增加会使会展曲线向右移动，从而使会展产品的价格减少和数量增加。

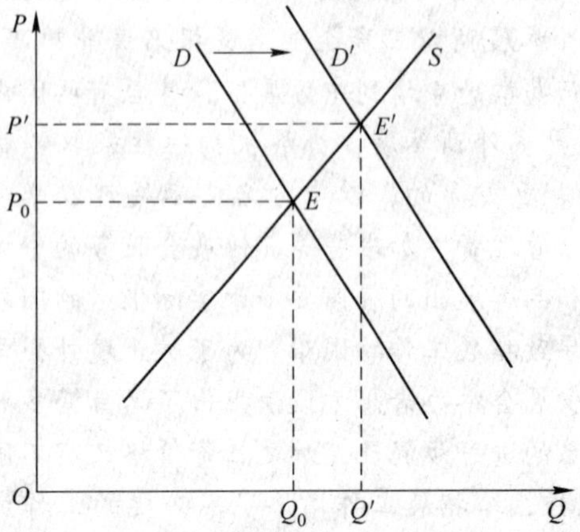

图 2－8　会展需求变动对会展价格的影响

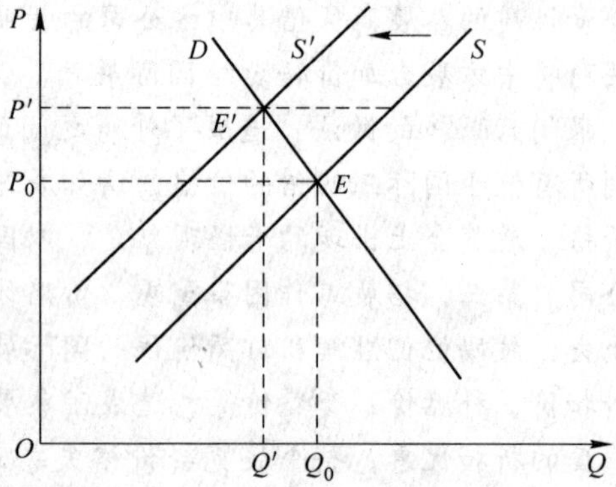

图 2－9　会展供给变动对会展价格的影响

2.3.1.3　供给和需求同时变化引起的供求均衡的变动

在会展供给和会展需求同时变动的情况下，会展价格的变化取决于会展需求曲线和会展供给曲线的变动方向及幅度，要根据具体情况来分析。

2.3.2　预测会展产品价格变动的方法

2.3.2.1　会展产品价格的预测

根据供求原理，我们可以预测会展产品的价格变动，具体方法为：
第一步：确定该事件是移动供给曲线还是需求曲线，或者两者同时移动；
第二步：确定曲线移动的方向；
第三步：说明这种移动如何改变会展产品的价格和产量。

2.3.2.2　会展供求均衡的调控

在会展业中，会展供求矛盾影响着会展产品的价格，也会影响会展业的发展。我们可以通过综合采取多种措施，控制供给和影响需求，从而达到调节供求矛盾的目的。常见的调控措施和手段主要有以下几种。

A　经济手段调控

经济手段是国家用于调节会展活动的各种与价值形式有关的经济杠杆，主要有财政、税收、信贷、利率和工资等，其中较为重要的是税收和价格政策。

税收政策包括：一方面是直接面向会展主办方的税收政策。在这种情况下，如果会展供给不足，会展地政府可以通过对会展举办者减免征税的办法来刺激对会展业的投资，扩大会展供给；反之，则提高税收水平，控制会展供给继续增加。另一方面是面向参展者的税收政策。在这种情况下，如果会展举办地需求过剩，那么直接向参展者征税可以有效地起到减少需求的作用。最后，是面向具体的会展举办地区的税收政策。他指的是国家可以向会展的热点和冷僻地区征收税率不同的所得税，缓解这些地区因先天或后天因素不同所形成的发展不平衡。

会展价格政策主要是指会展举办地的政府在价值规律自发作用的基础上，采取不同的价格政策，达到对会展供求均衡进行调控的目的。在会展市场上，会展产品价格的变化会促使会展供给和需求分别做出各自的反应。会展价格的变动可以调节会展需求，也可以调节会展供给。常见的价格政策策略有地区差价、季节差价、优惠价、上下限价等等。不过，价格对会展市场供求的调整是自发的，因而不可避免会有其局限性及负面影响，为此，社会需要付出一定的代价。市场经济中价格机制的不完善，需要政府用会展经济政策来纠正这些缺点。

B　技术性措施调控

对会展供求均衡进行调控的技术性措施主要包括两种：一方面，制定科学的会展规划，即通过调节会展供给来实现会展供求均衡的调控方式，是一种前向反馈控制。其内容包括：会展市场调查、会展需求预测、会展资源开发、会展设施布局、会展人力资源开发等。这是一种长期性的调节手段，对会展供给的发展规模和发展速度具有较强的控制作用。另一方面，进行有针对性的会展促销，即通过影响会展需求实现供求均衡的调控手段。如会展场馆的供给一旦形成之后，使用周期一般较长，即使发生供过于求的状况，除了劳务部分容易转移外，物质设施在短期内也很难拆除。会展供给者通常会采取有效的促销手段，刺激会展需求的增长，缓解会展供求矛盾。由于会展促销方法直观、见效较快，因此，常常成为各会展举办地解决会展供求矛盾的重要手段。

阅读与思考

演出票价如何降下来？

相比国外，中国现在的演出票价太高了。据统计，2012 年，北京市大型演出场馆平均票价 692 元，多功能综合性场馆的票价 260 元。我国的平均演出票价是 450 元，高的是 1200 元，还有更高的。目前，国家低收入人群的月平均收入是 2000 元左右，中等收入人群月平均收入是 3300 元，450 元平均票价占月收入的比例分别是 22.5% 和 13.6%，普通老百姓难以承受。俄罗斯普通演出票价占平均收入的 0.7% 到 1%。美国艺术演出普通票价占收入的 1.5%，贵的占 3%。

形成高票价的因素很多，商业演出市场的平均利润率不到 20%，成本决定票价，一场演出的成本中超过 50% 是演员劳务费，10% 是场租，5% 至 10% 是宣传费，20% 是制作费，5% 至 10% 是差旅和运输费，大多数演出连这些成本都无法收回。剧场租金高、人员费用高、宣传营销费用高、制作成本费用高、剧院税负高，"五高"无形中拉高了演出的票价。再加上赠票、文化投机商从中哄抬价格等因素，票价高于观众心理预期自然成为常态。但即便这样，像很多音乐剧、歌剧这样舞台布景、灯光、服装等投入较大的演出，票房收入还是无法满足庞大的成本支出。

有专家呼吁"中国香港的做法值得我们借鉴，对非营利性组织，中国香港的剧院租金才 1.5 万港币，政府需要对非营利性的演出给予适当补贴。"此外在一些国家，一些核心演出机构的财政预算几乎有超过 90% 是来自于政府拨款，追本溯源是纳税人供养着演出机构，因此票价被严格限定。目前在美国等西方发达国家，一家演艺机构的年度预算中来自政府机构的拨款和来自社会的捐赠占到了年度总预算的很大比例，票房只是其中的一小部分，这就大大减轻了票房的压力。

在国内，另一较为突出的问题则是有关捐赠与税收的关系。纽约林肯艺术中心属于美国联邦税法规定的非营利性组织，享受所得税、财产税和失业税的全额免除。公司法人、个人对该机构的各类捐赠，可以享受10%和50%的应缴税所得额的扣减。此外，林肯中心还被允许可以自行募集资金。因此，林肯中心全年收入中票房只占6%，这些政策给它带来的巨额社会赞助才是主要收入。而在国内相应的制度还不完善，这在很大程度上制约了企业及团体向文化演出机构捐赠的积极性。

（根据相关资料整理）

任务小结

本任务是会展经济学分析活动操作的第二任务，借此，为我们的决策做支持性服务，通过供求分析方法预测商品价格的变动，以降低经营决策失误的概率。

影响会展产品需求的因素包括宏观和微观因素，其中，影响会展需求的宏观因素主要包括经济因素、社会文化因素、政治因素、人口因素、地理因素、技术因素等。就微观来说，影响展商及观众对会展产品需求的因素有会展产品的价格和其他因素如营销预算、替代品互补品价格、会展产品质量等。影响会展产品供求的因素包括会展产品的价格、成本、预期、政策、科技、人才以及国家政策及会展地的区位条件。

会展产品的供求决定该种商品的价格，价格是会展供给买方和卖方在市场竞争过程中自发形成的。当市场上某种商品的需求量与供给量相等时就决定了会展产品的价格（均衡价格），也决定了会展产品的销售量（均衡数量）。会展产品的价格形成后，如果其他因素（非价格因素）条件发生变化，价格就会发生变动。可以通过确定非价格因素的某事件发生是移动供给曲线还是需求曲线或者两者移动，并确定移动的方向，即通过供求分析的三步法可以预测会展产品价格的趋势。

本任务围绕会展产品的需求和供给，会展产品价格的决定、预测会展产品价格的变动活动设计了各环节操作的专门知识。完成本任务后，读者应能够运用供求分析“三步法”对会展产品的价格变动趋势进行预测，以帮助会展企业进行经营决策分析工作。

业务技能自测与实训操作

一、讨论

1. 什么因素变化会引起会展产品需求和供给的变动？请用图形表示。
2. 会展产品的价格受哪些因素影响？

二、案例分析

背景资料 1

“单独二孩”政策催生商机　昆明婴童用品展显现潜力

“第二届中国昆明泛亚孕婴童用品及幼教玩具博览会”于 2015 年 3 月 13 日 ~15 日在

昆明国际会展中心举办。当前，孕婴童用品行业成为发展潜力最快的行业之一，随着2015年国家“单独二孩”政策实施，孕婴童行业更是迎来爆发商机。尤其是云南地区，全省105个县母婴门店亟待配套跟上，这些在2015第二届昆明婴童展筹办中得到体现，目前大批量中外品牌和婴童企业已经报名入驻展会，包括昆明孙氏成晨商贸、小太阳儿童用品、大唐源商贸、和兴顺商贸、贝卓商贸、彩婴乐商贸、芒果啼瓜、双森商贸、聪驰科技、佳蓓科技等十几家昆明本地婴童代理商将展出百余种中外母婴品牌产品；云南省以外佛山德拉斐尔母婴用品、深圳吉美文化科技、佛山诺美德卫生用品、广州速来母婴用品、成都小川子典藏纪念品、上海多寅贸易、东莞澳莉莎家用纺织品、江西诺泰生物科技、陕西关山乳业、深圳智百威科技等也将亮相春城，进行重点展示。

2015第二届昆明婴童展组委会一方面组织南亚地区，州门店数据库邀请，并将同期举办门店销售技巧研讨会等配套活动，另一方面与参展商一起组织其全省销售渠道，共同打造本次婴童展效果。

（摘自：中国会展网资讯 2014/12/29）

思考：从会展供求变化的角度来分析这个行业的会展产品的价格的变化。

背景资料2

大数据时代催生会展业变革

随着大数据时代的到来，会展业的营销模式将发生变革。这将不只是会展业某一个环节的变动，而是会展产业链各环节都需要改变的一场变革。移动互联的兴起是这场变革的源头。近期，嘀嘀打车和快的打车之间发生的烧钱买信息的升级大战表明，大数据开始了商业化。大数据时代，以往的信息封闭式管理将不复存在。随之而来的，是会议和展会组织方（以下简称会展组织方）将面临学习、认知，以及挑战。

催生新商业模式。“网络广告，就是使用大数据支撑的最好佐证”，西安远华软件公司（以下简称西安远华）总经理呼庆源接受《中国贸易报》记者采访时表示。移动互联在中国的着陆，奠定了大数据时代新商业模式的基础。随着大数据的发展，商业模式发生了改变。呼庆源表示，大数据时代，展会的服务提供商将实现新的跨越。早在2013年4月，在会展业内的一次研讨会上，呼庆源就提出了大数据与会展业的关系，但当时，大数据在很多人看来还只是一个概念，落地尚需时日，大数据作用到会展业需要一个较长的过程。在呼庆源看来，展会本身就是大数据。他强调，展会是一个很好的门户，而大数据是会展业在思路上的延续。大数据时代，将促进会展上下游产业链间的合作，同时还将对会展业的重组产生影响。重要的是，将迫使展会数据公开，让营销打破商业单元的信息壁垒，形成新的商业变化。事实上，成熟的知名品牌展会组织方已经开始使用移动互联技术。

共同面对新机遇。呼庆源强调说，大数据是一个方法论，它将会给会展业带来深远的影响，尤其是它将导致会展运作模式发生变化。早在十几年前，网上展览出现时，业内就曾掀起了关于线上展将对线下实体展会形成冲击的讨论。当下，大数据对老问题有了新的解释，即传统展会是否会被取代？据呼庆源介绍，2014年初，远华推出了大数据的服务系统——展览通。该服务系统具备三个条件：第一是云计算，满足数据扩张的需要；第二是运用互动二维码技术，强化展会现场的互动性；第三就是移动通信。展览通作为升级版，可以为每一个观众提供一个电子档案，记录其在展会现场的访问路径；参展商可以拿到观众的信息清单，并可以直接下载到手机目录；还可为展会组织方提供一个详细的展后报告。根据展后报告，展会组织方可以清楚看到现场参展商按被关注程度而形成的排名。这将为组织方提供可参考的数据，如摊位设计、布局情况，以方便下一届展会现场的规划。据介绍，远华推出的展览通，在功能设计上，增加了参与性、体验性、娱乐性，这是大数据的核心部分。展览通解决的是展会现场互动的问题。呼庆源认为，对于会展行业来说，大数据并不神秘。而在大数据的初期，谁都没准备好，大家都在同一个层面，会展主办方拥有同等的机遇。

资本重组或提速。当下，移动互联的展会注册对客户来说，是一件非常方便和容易做到的事情。呼庆源认为，会展业要快速适应大数据的商业模式，会展组织方也要联合展馆，快速适应大数据时代的商业环境，他表示，在新商业模式下，会展的盈利模式也将随之发生改变。主办方和服务商将成为合作伙伴，这是新环境下，服务商完成的一次跨越，而且是可延续的。但目前，针对会展专业的移动互联网开发得还不是很多。呼庆源指出，如果数据足够多，完全可以利用大数据设计新的展会。呼庆源认为，双十一的“光棍节”一定是有数据支撑的。不是会展业没有准备好，而是大家都没有准备好。否则，“光棍节”仅靠网络和电商营销也不会如此火爆。与此同时，还需要提出的是，随着微营销浪潮的到来，大的电商已经开始进入会展模式。大数据时代，会展业的资本运作可能是跨行业的，外力将加速会展业资本市场的活动进程。事实上，有大的电商，对会展业并不陌生。因此，在会展组织方尽快适应新的商业游戏规则的同时，展馆方也要迅速适应，提供相关的配套设施和服务。至于，大数据时代的会展业将会有怎样的发展，目前不好预测。因为，明天有可能还有更新鲜的事物出现。但大数据值得会展业界密切关注。

（来源：中国贸易报）

试分析大数据时代对我国生会展产品供求会产生怎样的影响？

三、实训操作

通过看报纸、杂志及网络中的相关报道和文章，运用供求分析“三步法”进行小组讨论分析并记录。

【实训目标】对某类会展产品的价格变动进行分析。

【实训组织】学生每4人一组，通过上网等途径查询。

【实训提示】教师提出活动前的准备及注意事项。

【实训成果】各组派代表发言并上交小组讨论稿、教师讲评。

任务3　运用需求弹性理论分析会展产品的价格策略

能力目标

通过完成本任务，你应该能够：

1. 了解决定会展产品需求弹性大小的因素；
2. 明确会展产品的需求弹性与总收益的关系；
3. 了解单一价格和差别价格的弹性价格策略。

核心能力

1. 判断会展产品的需求弹性的大小；
2. 运用需求弹性价格策略。

任务解析

为了更好的运用需求弹性价格策略，我们将本任务分为3个分项任务：

1. 判断会展产品的需求价格弹性；
2. 明确需求价格弹性与总收益的关系；
3. 灵活运用需求弹性价格策略。

3.1　判断会展产品的需求价格弹性

会展企业在选择参加的展会时，一般都会根据本企业的预算、产品的生产周期、展会的参展费用等等因素来选择要参加的展会，其中，参展费用是非常重要的一个因素。作为企业的决策者，在国内众多的同类展会中，你是如何根据参展费用做出选择呢？

图3-1和图3-2是两种不同类别的展会需求曲线。

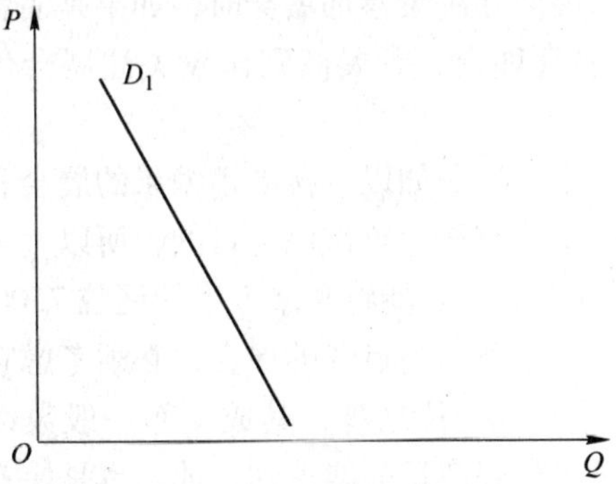

图3-1　品牌性展会的需求曲线

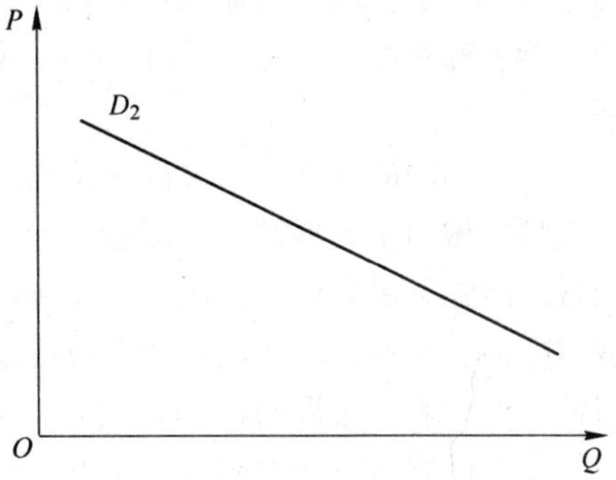

图3-2　一般性展会的需求曲线

图 3－1 和图 3－2 是两类题材相同但档次不同的展会，图中我们可以观察到，这两类展会对价格的敏感度不同，其中品牌性展会对价格的敏感度不大，即价格上升对展会需求的影响不是太大；而一般性展会对价格的敏感度较大，即价格下降，需求量则会增加很多。这种现象在经济学中，可以用需求价格弹性来解释。

3.1.1　了解会展产品的需求价格弹性

3.1.1.1　需求价格弹性的概念

需求价格弹性是指价格变动引起需求量变动的反应程度。具体地说，它是指价格变动的比率所引起的需求量变动的比率，即需求量变动对价格变动的反应程度。需求价格弹性又简称为需求弹性。

3.1.1.2　需求价格弹性的衡量

各种商品的需求弹性是不同的，一般用弹性系数来表示商品弹性的大小。需求弹性系数 E_d 是需求量变动的比率与价格变动的比率的比值。其计算公式为：

$$E_d = \frac{\text{需求量变动百分比}}{\text{价格变动百分比}} = \frac{\Delta Q/Q}{\Delta P/P} = \frac{\Delta Q}{\Delta P} \cdot \frac{P}{Q}$$

式中，E_d 为弹性系数；ΔQ、ΔP 分别为需求量 Q 和价格 P 的变动量。

在理解需求弹性的含义时要注意四点：

（1）在需求量和价格这两个经济变量中，价格是自变量（主动因素），需求量是因变量（被动因素）。

（2）需求弹性系数是相对数之比，不是绝对量之比。

（3）需求弹性系数可正可负，但是通常都取绝对值，即正值。

（4）在同一条需求曲线上，不同点的弹性系数大小并不相同。

当 $E_d = 0$ 时，需求对价格是完全无弹性的，即需求量与价格无关；当 $|E_d| = 1$ 时，需求对价格为单位弹性，即价格变化的百分比与需求量变化的百分比相等；当 $E_d = \infty$ 时，需求对价格是完全有弹性的；当 $|E_d| < 1$ 时，需求对价格缺乏弹性，即需求变化的幅度小于价格变化的幅度；当 $|E_d| > 1$ 时，需求对价格是有弹性的，即需求变化的幅度大于价格变化的幅度。其中，在会展业中最屡见不鲜的是后两者。如品牌性展会的需求价格都是缺乏弹性的。一般性展会的需求都是富有弹性的。参展商在决策参加展会时，如果是品牌性展会，参展商对展会的价格并不敏感；如果是一般性展会，参展商则比较关注展会价格问题。

另外，不同的展会，参展商对价格的敏感度也不一样。如以直接展销糖果的展会和以推广大型机械为主的展览会，前者，参展商的目的是以直接卖给市民为目的，所以，一定的销量才能弥补参展成本，例如，现场需卖出 15 吨糖果，才能将 9 平方米的展位 7500 元的成本赚回，显然，高的展位费就成问题了。所以，以展销为目的的展会，必须考虑它的可行性。而后者，参展商目的是希望买家直接订货或者宣传品牌，其成交额一般数以万计，如果你做好全方面的服务，虽然价格高些，只要参展商目的能达到，他们也是愿意接受的。

3.1.2 判断会展产品的需求价格弹性

会展需求价格弹性的大小取决于以下基本要素：

(1) 展会的可替代程度：一般来说，如果某展会存在着替代品的数量愈多，其需求价格弹性愈大。就展会而言，同题材展会越多，该展会的需求价格弹性越大。反之，该展会的需求价格弹性就会小。

(2) 展会满足需要的属性：一般来说，普通性展会需求对价格是有弹性的，而品牌性展会则是缺乏弹性的。例如，作为中国最大的进出口商品交易会——广交会，其参展费的价格弹性就会很小。

(3) 参展费用占企业预算支出的比重：一般地说，在其他条件不变的情况下，某种展会的支出在参展企业的预算中所占的比例愈大，该展会的需求价格弹性愈大。

(4) 参展的动机因素：企业参展的动机越多，其展会需求价格弹性会愈大。参展的动机越少，展会的需求弹性越小。

3.2 明确展会需求价格弹性与总收益的关系

总收益（Total Revenue，TR）称总收入，指厂商出售一定量商品得到的全部收入。其公式可以表示为：

$$TR = P \cdot Q$$

式中，TR 代表总收益；P 代表价格；Q 代表需求量。这里总收益不是指利润，而是指成本与利润之和。

3.2.1 富有弹性的会展需求产品价格与收益关系

价格弹性是企业制定价格策略的基础。价格弹性能够直接反映价格变动对需求量的影响程度，企业可以根据价格弹性对销售收入的影响进行相应的决策。这里富有弹性的商品主要考虑商品数量的变化对价格变化的敏感度，敏感度越大即弹性系数大于1。

对会展业来说，富有弹性的展会价格变动与总收益之间的关系如图3-3所示：当商品价格下降时，需求量增加的幅度大于价格下降的幅度，总收益增加；当商品价格上升时，需求量减少的幅度大于价格上升的幅度，总收益减少。

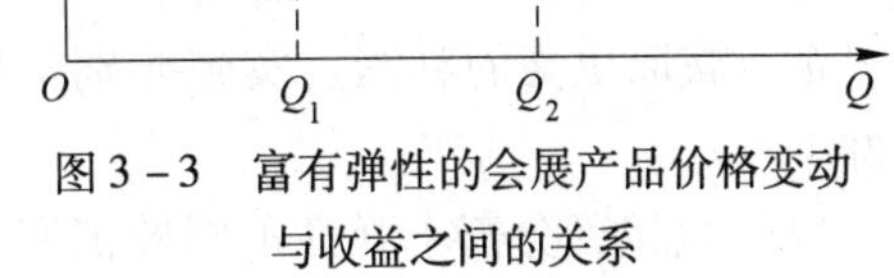

图3-3 富有弹性的会展产品价格变动与收益之间的关系

由图3-3可知：$TR_1 = P_1Q_1 < TR_2 = P_2Q_2$

价格下降，总收益增加。

如图3-3所示，$|E_d| > 1$ 的情况。降价不仅增加销售量，而且增加销售收入。由此可见，富有弹性的展会是有利于适当降价的，价格下降有助于扩大规模，增加总收益。

3.2.2 缺乏弹性的会展需求产品价格与收益关系

缺乏弹性的展会价格变动与总收益之间的关系：当商品价格下降时，需求量增加的幅度小于价格下降的幅度，总收益减少；当商品价格上升时，需求量减少的幅度小于价格上升的幅度，总收益增加。

由图 3 – 4 可知：$TR_1 = P_1Q_1 > TR_2 = P_2Q_2$ 价格下降，总收益减少。

由图 3 – 4 可知：$|E_d| < 1$ 的情况。降价会增加销售量，但同时也导致销售收入下降；提价尽管使销售量有可能减少，但却能增加销售收入。由此可见，缺乏弹性的展会是有利于适当提价的。

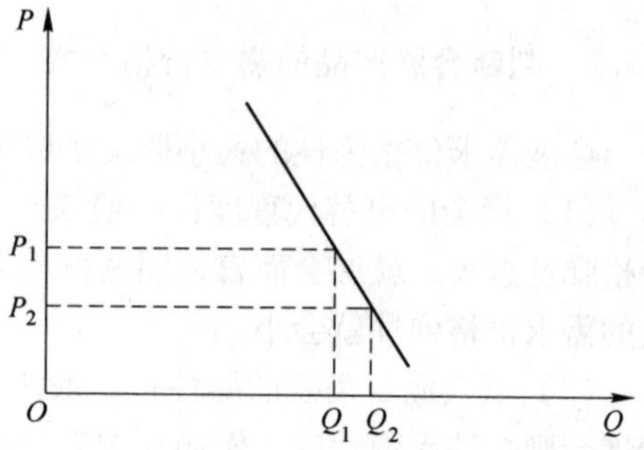

图 3 – 4　缺乏弹性的会展产品其价格变动与收益的关系

3.3　灵活运用需求弹性价格策略

作为企业决策者，如果想了解所举办的展会应该采取单一价格还是差别价格，或者应该采取折扣优惠活动还是提价等策略，就应该了解并掌握下面的弹性价格策略。

3.3.1　采用单一价格的弹性价格策略

单一价格是指对同一产品与服务向所有消费者收取相同的价格。这里可分为两种情况：

（1）针对某种产品的销售。对需求弹性不同的产品可以实施不同的价格策略。一般情况下，对需求缺乏弹性的商品来说，如品牌性展会，适宜采取提价策略进行销售；对需求富有弹性的商品来说，如一般性展会，适宜采用降价策略进行销售，通过一定幅度的降价来促使销售量增加也称价格促销或降价促销。

（2）针对多种产品的销售。在销售多种产品的企业可以利用一种商品较大幅度的降价，把消费者吸引过来，使该种商品需求量大大增加的同时，也带动其他商品的销售。现实中，会展企业也会经常利用展会某种产品的价格进行优惠活动，如门票价格的降低，其目的除了增加该类产品的销售量外，还有一个目的就是把顾客吸引过来带动其他产品的销售。

3.3.2　采用差别价格的弹性策略

差别价格又称价格歧视，是指同一种产品与服务对于不同的顾客收取不同的费用的策略行为。企业可以对用一种商品根据不同需求弹性的消费者制定不同的价格，其目的就是为了企业获取更高的利润。实施差别价格最大的问题就是要能够区分需求弹性不同的顾客群。

（1）直接区分需求弹性不同的消费者。这种差别策略也称一级价格歧视，是指对同一种产品向不同的消费者收取不同的价格，通常的做法是向需求缺乏弹性的消费者收取高价格，因为高价格使消费量减少的幅度并不大；而向需求富有弹性的消费者收取低价格，因为低价格可使销售量大幅度增加。如会展场馆会根据不同主办或展会的规模情况来收取不同的场馆租赁费。

（2）依据预订时间的长短或质量来区分需求弹性不同的消费者。这种差别策略也称二级价格歧视，通常的做法是向提前较长时间预订购买商品的需求富有弹性的消费者，收取低价格；而向较短时间预订或临时购买商品的需求缺乏弹性的消费者，收取高价格。如展位费的预订，越是提早预订，价格优惠越多。而演唱会的门票价格则会根据座位的好坏分为几个档次，位次不佳的票价相对是比较便宜的。

（3）根据阶段来区分需求弹性不同的消费者。这种差别策略也称三级价格歧视，可以根据时间或数量来区分客户群：

1）按时间段来划分。根据同样的商品对不同的消费者或同一消费者，企业可以按双休日、节假日来划分。通常的做法是节假日向需求缺乏弹性的消费者收取高价格或者向需求富有弹性的消费者收取低价格。如有些展会的门票是区分专业观众日和普通观众日，普通观众日一般设在节假日，票价会做出一定的调整。

2）按购买数量划分。企业根据同样的商品对同一消费者，以购买数量的多少来制定价格，当购买量低于某一数量，单价较高，若超过一定数量后，单价较低。也就是，消费者购买数量较少时，需求是缺乏弹性的，希望收取较高的价格；消费者购买数量较多时，需求是富有弹性的，收取较低的价格，目的是刺激消费者的购买量，进而提高利润。在会展业中，企业招展常采用这样的手段，如对于组团参展的客户群将给予一定的优惠措施。

阅读与思考

106届广交会展位价格

1. 展位按光地和标准展位两类形式出租，光地展位价格为3000元人民币/平方米，标准展位（9平方米，含标准展具配置）价格为30000元人民币。

2. 为支持境外企业参展，进口展区的展位价格按免费和7.5折两种标准对境外参展商给予优惠，具体为：

（1）对联合国公布的最不发达国家的参展商，给予免收展位费的优惠。

（2）其他国家和地区预定申请106届广交会摊位的参展商按定价7.5折优惠，即光地价格为2250元人民币/平方米，标准展位（9平方米，含标准展具配置）价格为22500元人民币。

任务小结

本任务是会展经济学分析活动操作的第三任务。根据本任务，我们知道，每一种商品的需求价格弹性是不同的，如果商品价格变动的百分比小，引起需求量变动的百分比大，就称需求弹性大。如果商品价格变动的百分比大，引起需求量变动的百分比小，就称需求弹性小。根据商品是必需品、替代品、商品消费占收入支出比例高或低等等因素进行判断商品的需求弹性的大小。

商品的需求弹性与企业的总收益之间有直接的关系。企业对需求富有弹性的商品，提高价格会减少总收益，降低价格会增加总收益。相反，对需求缺乏弹性的商品，提高价格会增加总收益，降低价格会减少总收益。

为追求企业利润最大化，企业可以灵活地运用需求弹性价格策略。在实施单一价格的弹性价格策略时，可以根据对某种产品的销售或对多种产品的销售来采取需求弹性价格策略。在实行差别价格的需求弹性策略时，可以直接区分需求弹性不同的消费者，也可以依据预订时间的长短来区分需求弹性不同的消费者，还可以根据阶段来区分需求弹性不同的消费者。

本任务围绕企业运用需求弹性价格策略活动必要的程序设计了各环节的操作的专门知识，完成本任务后，读者应该能够分析商品需求弹性的大小，运用需求弹性价格策略的经营决策工作。

业务技能自测与实训操作

一、业务知识自测

1. 单项选择

（1）如果两展会 x 与 y 之间为互补关系，则（　　）。

A. $E_{xy}>0$　　B. $E_{xy}<0$　　C. $E_{xy}=0$　　D. $E_{xy}=1$

（2）当某展会的价格弹性小于1时，价格的变动与销售收入的变动方向（　　）。

A. 相反　　B. 一致　　C. 不变　　D. 不一定

（3）如果某一时期展商对展会的需求突然减少，其原因可能是：（　　）。

A. 展会的价格大幅上升　　B. 展商的预算支出的改变

C. 经济危机　　D. 以上原因都有可能

（4）某月内，X商品的替代品的价格上升和互补品的价格上升，分别引起X商品的需求变动量为50单位和80单位，则在它们的共同作用下，该月X商品的需求数量（　　）。

A. 增加30单位　　B. 减少30单位

C. 增加130单位　　D. 减少130单位

（5）当两种商品中的一种商品的价格发生变化时，这两种商品需求量都同时增加或减少。则这两种商品的需求的交叉弹性系数为（　　）。

A. 正　　B. 负　　C. 0　　D. 1

2. 计算

（1）某展会的需求价格弹性系数为1.5，当它的展位费降价8%时，需求量会增加多少？

（2）设展会的需求价格弹性系数为0.15，现参展费为20000元，试问展位费上涨为多少，才能使其需求量减少10%？

（3）某种商品原先的价格为1元，销售量为1000公斤，该商品的需求弹性系数为2.4，如果降价至0.8元/公斤，此时的销售量是多少，降价后总收益是增加了还是减少了，增加或减少多少？

（4）已知某展会需求函数为 $Q=100-4P$，求：

1）参展费在10万元~15万元中间的需求价格弧弹性。

2）参展费为10万元的需求价格点弹性。

二、讨论分析：博物馆门票的定价

你是一个大型艺术博物馆的馆长。你的财务经理告诉你，博物馆缺乏资金，并建议你考虑改变门票价格以增加总收益。你将怎么办呢？

三、实训操作

从网上搜集一个展览会的价格方案，利用所学知识分析一下这个方案采用了哪些定价技巧，并谈谈你对如何改进这个价格方案的看法。

【实训目标】通过会展产品价格定价，加深对主办方产品定价的理解。

【实训组织】学生每4人一组，选择不同类型的会展企业调查（会议类、展览类、活动类等）。

【实训提示】教师提出活动前的准备及注意事项。

【实训成果】各组汇报、教师讲评。

任务4 了解顾客追求效用最大化

能力目标

通过完成本任务，应该能够：

1. 明确效用的内涵；
2. 了解会展企业的效用最大化状态；
3. 把握会展企业如何实现效用最大化。

核心能力

1. 明确会展企业效用最大化的状态；
2. 掌握会展企业效用实现最大化的渠道。

任务解析

1. 体会消费者对效用的感觉；
2. 实现消费者的效用最大化；
3. 了解消费者剩余，制定会展产品价格策略。

4.1 了解顾客对会展产品效用的感觉

效用论又称为选择论，是对消费者行为的说明，所以也称为消费者行为理论。在会展业中，由于会展产品的消费有其特殊性，即会展产品的消费并非即时消费，有些是预期的，如展位费及门票等费用。有些产品的消费具有较强的主观感受，如现场服务等。因此，了解顾客对会展产品的效用感觉是评价展会成功与否的主要方法之一。会展产品的效用主要表现为展商及观众对产品的满意度。由于会展业是服务行业，而且，这种服务的消费具有预期性，所以，会展产品的满意度的衡量会更加复杂。

4.1.1 认识效用

4.1.1.1 效用（utility）

消费者从消费某种物品中得到的满足程度，或者说商品满足人的欲望和需要的能力和程度。如果消费者消费某种物品获得的满足程度高则效用大，反之，满足程度低则效用小。效用是一种心理感觉，它是一种主观感受，不同于使用价值。其特点为：

（1）同一产品对不同的消费者而言，其效用缺乏可比性，因为对产品效用的评价因人而异。

（2）同一种产品对同一消费者，其效用具有可比性，观看一场活动和两场活动的感觉是不一样的。

(3) 同一物品的效用，会因时间、地点的不同而有所不同。

4.1.1.2 效用的衡量

由于效用是用来表示消费者在消费商品时所感受到的满足程度，于是，就产生了对这种“满足程度”即效用的度量问题，即效用的大小问题。既然效用有大有小，那么比较效用大小的标准是什么？在这一问题上，西方经济学家先后提出了基数效用和序数效用的概念，并在此基础上，形成了分析消费者行为的两种方法，它们分别是基数效用论者的边际分析方法和序数效用论者的无差异曲线的分析方法。所以，前者也称为边际效用分析；后者也称为无差异曲线分析。

基数效用论认为，效用是可以计量并加总求和的，因此，效用的大小可以用基数(1、2、3…）来表示，即消费者消费某一物品所得到的满足程度可以用效用单位来进行衡量。例如，参展企业租用一个展位器材，感到很好，效用评价为10个效用单位；然后又租用了一份翻译服务，感觉还好，效用评价为5个效用单位；因此，租用展位器材的效用大于租用翻译服务，同时消费这两份产品得到的总效用为15个效用单位。基数效用论采用的是边际效用分析法。

序数效用论认为，效用是一种心理感觉，没有客观标准，也很难用具体数字来衡量与表示，只能表示出满足程度的高低与顺序，因此，效用只有用序数（第一、第二、第三……）来表示。例如，租用展位器材的满意度大，租用一份翻译服务的感觉一般，因而两者比较，租用展位器材的效用大于翻译服务的效用，展位器材的效用排在第一，翻译服务的效用排在第二。序数效用论采用无差异曲线分析法。

上述两种理论得出的结论是相同的，只是表述与分析方法不同。

4.1.2 了解消费会展产品时的效用感觉

4.1.2.1 总效用、边际效用及边际效用递减规律

A 定义

总效用（Total Utility，TU）是指消费者消费物品得到的总满足程度。

边际效用（Marginal Utility，MU）是指消费者增加一单位物品的消费所带来的总效用（满足程度）的增加量。

B 边际效用递减规律

边际效用递减规律是指消费者在连续地消费某种物品时，随着物品消费量的增加，消费者从物品消费中得到的边际效用是递减的。

例如：某人观看某个演出，第一次感觉最好，第二次其次，依次类推，即边际效用在减少，当观看了很多遍了，如果再让他继续观看，除非有特殊目的，否则都不愿意再去，边际效用就可能为负的效用了。

边际效用递减规律可以用以下两个理由来解释：

其一，生理或心理的原因。消费一种物品的数量越多，即某种刺激的反复，使人生理上的满足或心理上的反应减少，从而满足程度减少。我们在消费同一种物品，例如看同一

电影时都会有这种感觉。

其二，物品本身用途的多样性。一种物品都有多种用途，这些用途的重要性不同。消费者总是先把物品用于最重要的用途，而后用于次要的用途。当他有若干这种物品时，把第一单位用于最重要的用途，其边际效用就大，把第二单位用于次重要的用途，其边际效用就小了。以此顺序用下去，用途越来越不重要，边际效用就递减了。例如各类营利性场馆，如果作为展会租用其效用相对较大，如果仅仅是陈列物品，其效用相对较小。

4.1.2.2　总效用和边际效用的关系

总效用和边际效用的关系见图 4－1。

图 4－1 两者之间的关系可描述为：总效用先增加后减少，边际效用是逐渐递减的；当边际效用大于 0 时，总效用增加；当边际效用等于 0 时，总效用最大；当边际效用小于 0 时，总效用减少。

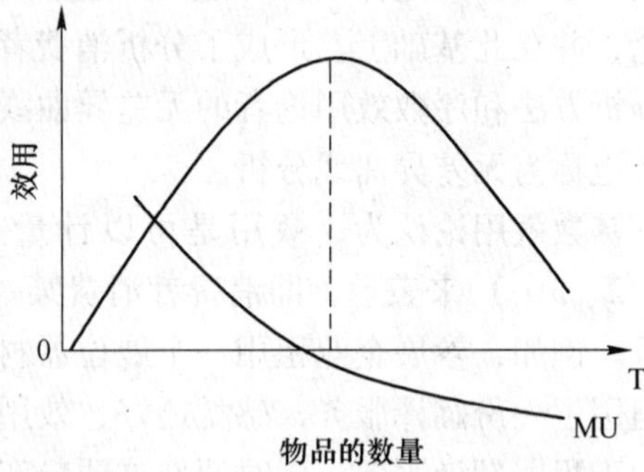

图 4－1　总效用与边际效用的关系

4.2　实现顾客效用最大化

在会展业中，如果参展企业的预算有限，在参加展会和其他营销方式价格既定的情况下，企业将如何在参加展会和其他营销方式上做出选择？

4.2.1　了解消费一种会展产品时的消费者效用最大化

消费者效用最大化的状态也称之为消费者均衡。因此，消费者均衡就是研究消费者在收入既定的情况下，如何消费可以实现效用最大化。如果消费者实现了这种状态，即他达到了消费者均衡。

实现消费者效用最大化的条件是消费者购买这种商品的边际效用与其价格之比等于货币的边际效用。这里的货币如同商品一样具有效用，消费者用货币购买一种商品，就是用货币的效用去交换这种商品的效用。

即

$$MU_X/P_X = MU_M$$

式中，MU_X 指某种商品的边际效用；P_X 指商品的价格；MU_M 指货币的边际效用。

在会展业中，如果企业有稳定的预算，其中一部分预算用于参加展会，参加展会的次数增加可能会增加企业的总效用，从而实现消费者均衡，但参加的次数增加到一定程度，企业的边际效用降低得越快，最终使总效用减少，从而达不到消费者均衡。所以，企业参加展会的次数并非越多越好，如果不加以权衡利弊，则会使企业陷入困境。

4.2.2　了解消费两种会展产品时的消费者效用最大化

4.2.2.1　基数效用论分析（边际分析法）

效用论认为，消费者的目的是在既定的收入下通过购买各种商品和劳务的选择来实现效用最大化。消费者均衡就是表示消费者实现这一目的时的心理满足状态。这里的“均衡”具有不变的意思，由于消费者已经达到最满意状况，他不会改变他所购买的各种商品和劳务的数量；如果消费者的消费未能使他的效用最大化，他就会改变消费决策，重新调整购买各种商品和劳务的数量，直到增加的总效用达到最大化为止。消费两种商品时的效用最大化也就是消费者均衡，即消费者通过购买各种商品和劳务实现最大效用时，既不想再增加，也不想再减少任何商品购买数量的这么一种相对静止的状态。

什么情况下才会达到消费者均衡状况？在研究消费者均衡时，我们假设：第一，消费者的收入是既定的，每1元货币的边际效用对消费者都是相同的。第二，物品的价格是既定的。消费者均衡正是要说明在这些假设条件之下，消费者如何把有限的收入分配于各种物品的购买与消费上，以获得最大效用。

消费者均衡的条件，是消费者用全部收入购买的各种物品所带来的边际效用，与为购买这些物品所支付的价格的比例相等，或者说每1单位货币所得到的边际效用都相等。用公式表示为：

$$\begin{cases} P_X Q_X + P_Y Q_Y = M & \text{限制条件（限制收入是既定的）} \quad (4-1) \\ \dfrac{MU_X}{P_X} = \dfrac{MU_Y}{P_Y} = MU_M & \text{均衡条件} \quad (4-2) \end{cases}$$

4.2.2.2　序数效用论分析（无差异曲线分析法）

序数效用论的消费者均衡状态采用无差异曲线分析法。消费可能线若与无数条无差异曲线中的一条相切于一点。在这个切点上，就实现了消费者均衡。可用图4－2来说明这一点：

在图4－2中，I_1、I_2、I_3为三条无差异曲线，它们效用大小的顺序为$I_1 < I_2 < I_3$。AB为消费可能线。AB线与I_2相切于E点，这时实现了消费者均衡。这就是说，在收入与价格既定的条件下，消费者购买OM的X商品，ON的Y商品，就能获得最大的效用。

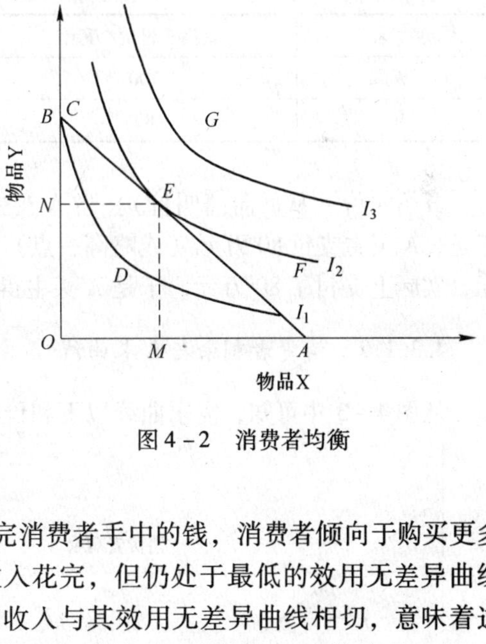

图4－2　消费者均衡

为什么只有在E点时才能实现消费者均衡呢？当商品X和Y的价格给定时，该消费者的收入不足以使其达到最外面的无差异曲线上的G点，在D点，消费者处于最靠近原点的那根无差异曲线上，效用最低，且还未花完消费者手中的钱，消费者倾向于购买更多的效用。在C点和F点，消费者已将其全部收入花完，但仍处于最低的效用无差异曲线上，不是最好的购买方案。在E点，消费者的收入与其效用无差异曲线相切，意味着这是他所能购买到的最高水平的总效用。更高的效用水平需要更多的收入才能消费，所以，该切点就是消费者均衡的点，即能购买到的最高水平总效用的商品的组合。

4.3　了解消费者剩余及会展产品的价格策略

在现实生活中，展商及观众消费某种会展产品是贵了还是便宜了，主要取决于展商及观众的主观感受，这可以通过消费者剩余来说明。同一件商品，当它的价格越低时，所产生的消费者剩余越多，消费者购买的满足程度越大。作为企业决策者，需要了解展商及观众的消费者剩余情况，思考如何运用消费者剩余来增加企业利润？

4.3.1 理解消费者剩余内涵

消费者剩余这一概念是19世纪末20世纪初，英国经济学家马歇尔最先提出的。消费者剩余的根源在于边际效用递减规律。

根据边际效用递减规律，随着人们消费物品的数量增加，边际效用是递减的。假设货币的边际效用不变，随着物品数量的增加，人们愿意支付的价格在下降。

4.3.1.1 支付意愿与消费者剩余

支付意愿是指消费者愿意为某种物品或劳务支付的最高价格。消费者剩余是指消费者从商品中得到的满足程度超过了他实际付出的价格部分，或者说消费者剩余是消费者愿意为一种物品支付的数量减去消费者为此实际支付的数量。消费者剩余并不是实际收入的增加，只是一种心理感觉。

举例说明：有一件艺术品要卖出，采取拍卖的形式进行出售，现在有四个可能的买主A、B、C、D，他们均想购买该艺术品，但他们每人愿意支付的价格都有限，且不同。如表4-1所示。

表4-1 消费者支付意愿

买 者	最高支付价/万元	买 者	最高支付价/万元
A	100	C	70
B	80	D	60

开始叫价（从低向高叫价）。当A买主叫出80万元（或略高一点）时，叫价停止。于是，A买主支付80万元（或略高一点）得到该艺术品。而A买主愿意为此支付100万元，实际上支付了80万元，于是A买主得到了20万元的消费者剩余。

4.3.1.2 消费者剩余与需求曲线

从图4-3中可知，需求曲线以下和价格以上的面积为消费者剩余。

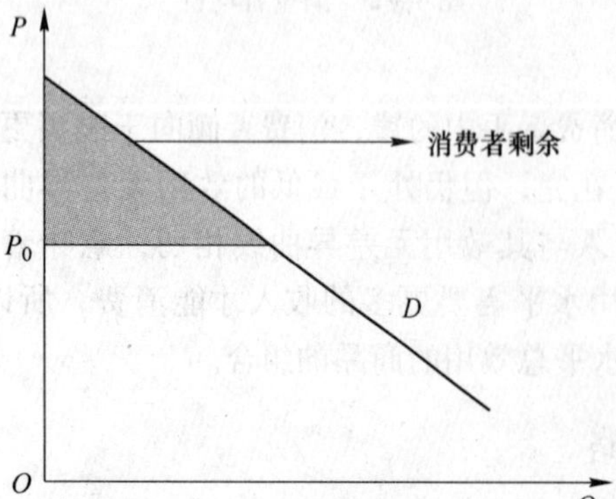

图4-3 消费者剩余

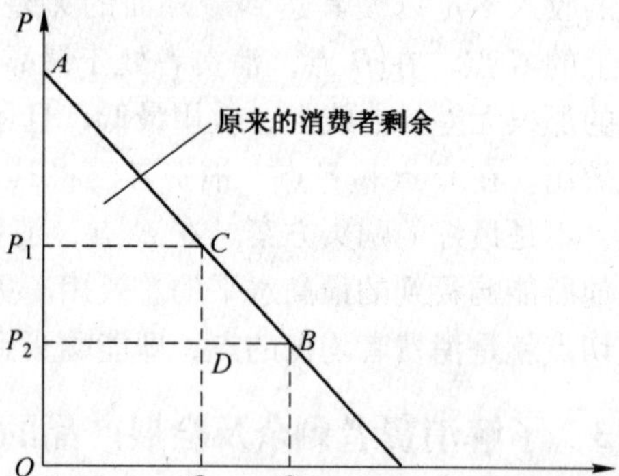

图4-4 价格对消费者剩余的影响

4.3.1.3　价格对消费者剩余的影响

图4-4表明，价格的降低可以使消费者的福利增加，即消费者剩余增加。

4.3.1.4　生产者剩余

消费者剩余只不过是一种心理感受，它并不意味着实际收入。在现实的商品交换中，有实际收入不是消费者剩余而是生产者剩余，即生产者出售一种物品或劳务的价格与生产者成本的差额。其中，成本表明生产者的意愿，即生产者愿意出售其物品或劳务的最低价格，如图4-5所示。

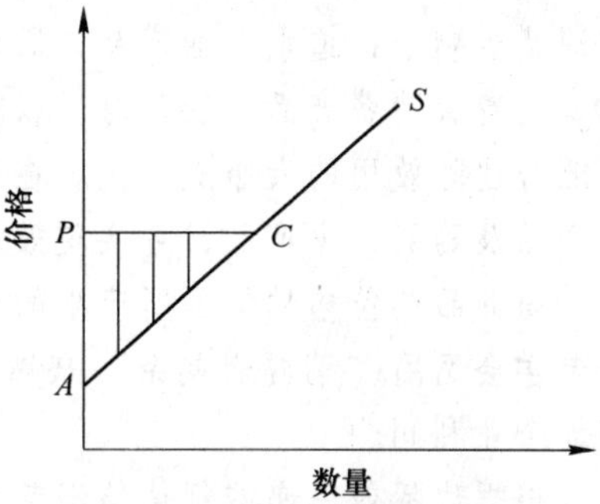

图4-5　生产者剩余

消费者剩余也好，生产者剩余也罢，其实都是福利经济学的概念，它所表示的实际上是买卖双方在交易过程中得到的收益。消费者剩余是买者在购买过程中从市场上得到的收益；生产者剩余是卖方在出售过程中得到的收益。

在展会中，展商及观众的消费者剩余主要体现在主办方提供的各种现场服务及参展的效果与实际支付的差额上。而对于主办方来说，其生产者剩余主要在于其获得的各类参展费及其他收入与主办方宣传、营销、运营及场馆租赁等费用间的差额。一般来说，新的展会因其名气不大，规模不大，宣传及营销费用较高，因而生产者剩余较小，甚至为负数。而大多数成熟的展会，随着知名度的提高，承办、运营成本的逐渐降低以及展会规模的逐步扩大，其生产者剩余也会逐渐提升。

4.3.2　利用消费者剩余制定价格策略

在经济学中，消费者剩余是一个十分有用的概念，可以解释许多经济现象。同时，企业也可以利用消费者剩余这种福利的感觉来进行价格的有效制定。

（1）低价格增加消费者剩余。对于消费者来说，价格下降会增加消费者剩余，其原因主要来自两部分：一部分来自原来的消费者由于现在支付减少，从而带来的消费者剩余增加；另一部分来自在较低的价格下吸引新的消费者（或购买量的增加）而带来消费者剩余的增加。例如，会展企业会通过展位、门票的打折来增加消费者剩余，从而吸引更多的展商及观众来参展。

（2）完全价格歧视减少消费者剩余。当商品的定价完全按照消费者的需求价格（即消费者愿意购买的最高价格）来销售时，称完全价格歧视。在完全价格歧视策略下，厂商卖给消费者的商品价格等于消费者愿意支付的最高金额，厂商也不会因为消费者多买而给予任何折扣，这时，消费者剩余为零，厂商获得了最大生产者剩余。

要形成完全价格歧视的先决条件，通常是消费者对于该产品的市场行情无法取得完整信息，如展台的搭建、设计等这类会展产品，消费者对其市场行情无法了解，市场的价格不固定，随个人的爱好不同，出价也不同，卖主自然可以按照买家心中所愿意购买的最高价格出售，不会产生消费者剩余。

任 务 小 结

本任务是会展经济学分析活动操作的第四个任务。我们应该明确，消费者行为就是消费，消费的目的是实现效用最大化。通过评价消费者的满足程度，实现效用的最大化，了解消费者剩余，追求企业产品与服务的不断创新，为企业获取更多的利润。

消费者消费产品和服务时，以效用最大化配置自己的有限的资源。要理解商品价格的高低与边际效用的大小成正比。在既定的收入和商品价格不变的情况下，消费者将购买什么产品及购买多少产品，可实现效用最大化。

当商品的价格越低，所产生的消费者剩余就越多，消费者购买的满足程度就越高。消费者学会运用“消费者剩余”来增加消费满足程度。生产者学会运用“消费者剩余”来增加企业利润。

根据边际效用递减规律给经营者的启示，企业要不断创新，通过推出新产品，阻止边际效用递减，卖出高价格，以获取更多的利润。

本任务围绕体会消费者对效用的感觉，实现消费者的效用最大化，了解“消费者剩余”等活动，设计了各环节操作的专门知识。完成本任务后，读者应该能够评价消费者对效用的感觉，消费者如何实现效用最大化，善于利用“消费者剩余”为企业获取更多利润进行经营决策分析工作。

业务技能自测与实训操作

一、讨论

1. 现实生活中，有一些会展企业总是试图开发新的展会或开拓新市场，请解释其原因。

2. 举例说明会展企业是如何运用消费者剩余来增加企业利润的？

二、业务知识自测

（一）单项选择

1. 已知消费者的收入为 50 元，商品 X 的价格为 5 元，商品 Y 的价格为 4 元。假定该消费者计划购买 6 单位 X 商品和 5 单位 Y 商品，商品 X 和 Y 的边际效用分别为 60 和 30，如要得到最大效用，他应该（　　）。
   A. 增购 X 和减少 Y 的购买量　　B. 增购 Y 和减少 X 的购买量
   C. 同时减少 X 和 Y 的购买量　　D. 同时增加 X 和 Y 的购买量

2. 总效用曲线达到最高点时（　　）。
   A. 边际效用曲线达到最大点　　B. 边际效用为零
   C. 边际效用为负　　D. 边际效用为正

3. 消费者剩余是（　　）。
   A. 消费过剩的商品
   B. 消费者得到的总效用
   C. 消费者买商品得到的总效用大于货币的总效用部分
   D. 支出的货币总效用

4. 边际效用随着消费量的增加而（　　）。

A. 递增　　B. 递减

C. 保持不变　　D. 先递增再递减

（二）多项选择

总效用与边际效用之间存在的关系是（　　）。

A. 当边际效用大于零时，总效用随着消费量的增加而增加

B. 只要边际效用减少，总效用一定减少

C. 当边际效用等于零时，总效用达到最大

D. 当边际效用小于零时，总效用一定减少

三、实训操作

走访任意一家展会现场，观察展商及观众的购买行为，分析展会主办方从消费者的角度出发如何吸引消费者，增加展会的利润。

【实训目标】通过实地的认知与体验，加深对本任务内容的理解。

【实训组织】学生每 4 人一组，选择不同类型的展会或活动。

【实训提示】教师提出活动前的准备及注意事项。

【实训成果】各组汇报、教师讲评。

任务5　实现会展企业利润最大化目标

能力目标

通过完成本任务，你应该能够：

1. 解决会展企业劳动力的合理投入问题；
2. 理解会展企业的规模经济与范围经济；
3. 区分企业的固定成本和可变成本。

核心能力

1. 运用边际产量递减规律分析产量与成本；
2. 运用经济利润决定企业正常经营点；
3. 制定企业最佳的产量水平。

任务解析

1. 确定会展企业劳动力的合理投入；
2. 了解会展企业的适度规模；
3. 系统分析会展企业的成本；
4. 决定会展企业利润的最大化的产量。

5.1　确定会展企业劳动力的合理投入

会展企业主办展会或相关活动，必须进行各项要素的投入，其中，确定劳动力的合理投入是极其重要的，关系到企业的成本与利润。作为企业决策者，如何决定劳动力的投入呢？

5.1.1　了解企业生产要素的投入与产出

5.1.1.1　企业的类型

在市场经济中，企业一般采取三种形式：单人业主制、合伙制和股份制公司。

（1）单人业主制是由一个人所有并经营的企业。它的特点在于所有者和经营者是同一个人。这种企业形式产权明确，责权利统一在一个人身上，激励和制约都显而易见。这种企业受财力和能力的限制难以作大，无法实现规模经济，专业化分工等好处。此外在市场竞争中这种企业寿命也较短。

（2）合伙制是由若干人共同拥有、共同经营的企业。这种企业可以比单人业主制企业大，但致命的缺点是实行法律上的无限责任制，这种无限责任制使每一个合伙人都面临巨大风险，企业越大，每个合伙人面临的风险越大。此外，合伙制企业内部产权并不明确，责权利不清楚，合伙者易于在利益分配和决策方面产生分歧，从而影响企业的发展。

（3）股份公司是现代市场经济中最重要的企业形式。股份公司是由投资者（股东）共同所有，并由职业经理人经营的企业，股东是公司的共同所有者。公司的优点在于，公司是法人，不同于自然人；公司实行有限责任制，从而减少投资风险，可以使企业无限做大；实行所有权与经营权分离，由职业经理人实行专业化、科学化管理，提高了公司的管理效率。股份公司的缺点是双重纳税，而且所有权与经营权分离后，所有者、经营者、职工之间的关系复杂，以及由此可能引起的管理效率下降。

5.1.1.2 会展企业类型

随着会展行业的不断发展成熟，不同类型的会展企业是可以相互交叉的。很多大规模国际性会议公司和展览公司都拥有自己的场馆，而且都拥有自己一整套的会展服务设备。常见的会展企业类型有：

（1）会展经营企业，包括会议公司和展览公司，统称为会展经营企业，主要是指从事会议展览的策划与开发、阻止与实施及宣传等方面的企业。从整体上来说，目前中国的会展经营企业数量多、规模小。随着这几年会展行业的发展，这一数据还在不断上升。

（2）会展场馆企业，是指拥有一定规模的展览场地（包括室内、室外展览区），以此为依托，能够向会议公司和展览公司提供会展场地及提供配套服务的功能，并相应地配置规范服务和管理的专业人员的企业。

（3）会展服务企业，是指配合会议展览公司完成会展活动，为参展商提供各类服务的企业，包括设计、制作、搭建、租赁、展运等企业。

5.1.1.3 生产要素

经济学中，生产要素是指企业生产中所使用的各种资源，这些资源可以分为劳动、资本、土地与企业家才能。在会展业中，企业的生产要素包括专业的会展人力资源、资本资源及基础设施与服务。

（1）人力资源。人力资源对会展业的发展有着重要影响。会展业是个复杂的系统工程，需要具备多种能力的人才，如：会展项目策划、会展项目管理、会展工程管理、会展设计、会展财务管理、展馆的营销和服务、展馆器材的标准化管理、展品运输操作管理等方面的人才。专业的会展人才能更好地规划出展览项目及其细节，也能通过各种合法途径提升展览会的知名度，并实现最大的利益追求。

（2）资本资源。生产力发展水平和经济发展状况是影响会展业竞争力的重要因素。因为会展业的发展与壮大需要经济的大力支撑，只有生产力水平与经济水平逐步提高，才能保证会展业的发展顺利进行。目前，我国许多中心城市和省会城市纷纷兴建现代化的大型展馆，着力培育会展经济。

（3）基础设施。在提升会展经济实力的同时，各中心城市也在大力建设并优化每个地方的基础设施与设备。只有具备了健全、发达的基础设施条件，才能促使会展业的发展与壮大。目前我国已拥有许多有一定名气的会展场馆，如北京国际会议展览中心、上海新国际博览中心、上海国家会展中心等一批高档会展场所。在修建场馆的同时，交通及相关的配套设施也会相应跟上，在上海、北京这样的国际大都市，相对丰富的地铁资源为展会的举办提供了很大的便利。

5.1.1.4 生产函数

生产函数（production function）是指在一定时期内，在生产技术水平不变的情况下，投入某种组合的生产要素同最大可能的产出之间关系的函数。它是反映生产过程中投入和产出之间的技术数量关系的一个概念。如产量与投入的关系表达式

$$Q = F(L,K)$$

式中，L 代表劳动力；K 代表资本；Q 表示产量；F 代表函数关系。

经济学的生产理论可以分为短期生产理论和长期生产理论。在这里，短期和长期的划分是以生产者能否变动全部要素投入的数量为标准的。

(1) 短期生产理论指生产者来不及调整全部生产要素的数量，至少有一种生产要素的数量是固定不变的时间周期，在短期内，生产要素投入可以分为不变要素投入和可变要素投入。

(2) 长期生产理论指生产者可以调整全部生产要素的数量的时间周期。由于在长期内所有的要素投入量都是可变的，因而也就没有可变要素投入和不变要素投入的区分。

不过，对于不同产品的生产，短期和长期的具体时间的规定是不相同的。譬如，变动一个会展场馆的规模可能需要2~3年的时间；而改变一个展会的规模可能仅需要几个月的时间。可见，短期与长期的区别在于企业是否根据厂商来调整生产规模。

5.1.2 确定劳动力投入的合理投入数量

5.1.2.1 一种生产要素的合理投入

A 总产量、平均产量和边际产量含义

(1) 总产量（Total Product，TP）是指一定的生产要素投入量所提供的全部产量。

(2) 平均产量（Average Product，AP）是指平均每单位生产要素所提供的产量。

(3) 边际产量（Marginal Product，MP）是指增加一单位可变要素投入所引起的总产量的增加量。在技术水平不变的情况下，把一种可变的生产要素投入到其他不变的生产要素中去时，随着这种可变生产要素投入量的增加，产品的边际产量是先增加后减少的。

总产量、平均产量和边际产量的关系可表示为：在其他条件不变的情况下，随着一种生产要素的增加，总产量曲线、平均产量曲线和边际产量曲线都是先上升而后下降。这反映了边际产量递减规律。当 $MP>0$ 时，TP 上升；当 $MP=0$ 时，TP 最大；当 $MP<0$ 时，TP 下降。其中，AP 与 MP 相交于 AP 的最高点，相交前，$MP>AP$；相交后，$MP<AP$，见图5-1。

B 一种要素的合理投入

在展览会规模确定的前提下，会展企业劳动人数的选择显得非常谨慎。因为，这关系

到会展的成本与展会服务的质量。在生产函数 $Q=f(L, K)$ 中，假定资本投入量是固定的，用 K 表示，劳动投入量是可变的，用 L 表示，则生产函数可以写成：$Q=f(L)$。这就是通常采用的一种可变生产要素的生产函数的形式，它也被称为短期生产函数。

在确定一种生产要素的合理投入时，我们根据总产量、平均产量与边际产量的关系，可将生产划分为三个阶段，即把图 5-1 分为三个区域。

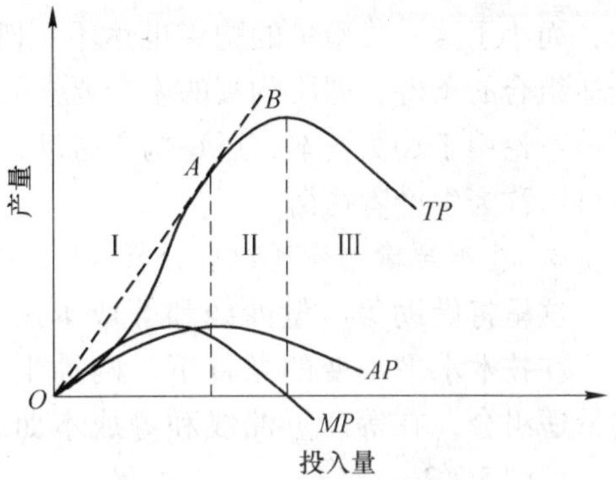

图 5-1 劳动力投入合理区间

区域Ⅰ是劳动量从零增加到 A 这一阶段，这时平均产量一直在增加，边际产量大于平均产量。这说明，在这一阶段，相对于不变的资本量而言，劳动量不足，所以劳动量的增加可以使资本得到充分利用，从而产量递增。由此看来，劳动量最少要增加到 A 点为止，否则资本无法得到充分利用。

区域Ⅱ是劳动量从 A 点增加到 B 点这一阶段，这时平均产量开始下降，边际产量递减，即增加劳动量仍可使边际产量增加，但增加的比率是递减的。由于边际产量仍然大于零，总产量仍在增加。在劳动量增加到 B 点时，总产量可以达到最大。

区域Ⅲ是劳动量增加到 B 点以后，这时边际产量为负数，总产量绝对减少。由此看来，劳动量的增加超过 B 点之后是不利的。

可见，对于一个会展企业来说，合理的劳动力投入区间应该在第Ⅱ区间。

5.1.2.2 两种可变生产要素投入的最佳组合

在长期内，由于生产者可以调整全部的生产要素的数量，所以，接下来对长期生产函数的考察，将以两种可变生产要素的生产函数 $Q=f(L, K)$ 来讨论可变生产要素的投入组合和产量之间的关系。

当技术系数可以变动，即两种生产要素的配合比例可以变动的情况下，这两种生产要素按什么比例配合最好呢？

A 生产要素的最适组合条件

厂商为了实现生产要素的最适组合，一定要考虑购买各种生产要素所能获得的边际产量与所付出的价格。这样，生产要素最适组合的原则是：在成本与生产要素价格既定的条件下，应该使所购买的各种生产要素的边际产量与价格的比例相等，即要使每一单位货币无论购买何种生产要素都能得到相等的边际产量。

假定所购买的生产要素是资本与劳动。我们用 K 代表资本。MP_K 代表资本的边际产量，P_K 代表资本的价格，Q_K 代表购买的资本量；用 L 代表劳动，MP_L 代表劳动的边际产量，P_L 代表劳动的价格，Q_L 代表购买的劳动量；M 代表成本，MP_M 代表货币的边际产量，则生产要素最适组合条件可写为：

$$P_L \cdot L + P_K \cdot K = M \qquad (5-1)$$

$$\frac{MP_L}{P_L}=\frac{MP_K}{p_K} \tag{5-2}$$

上述式（5－1）是限制条件，说明厂商所拥有的货币量是既定的，购买资本与劳动的支出不能超过这一货币量，也不能小于这一货币量。超过这一货币量的购买是无法实现的，而小于这一货币量的购买也达不到既定资源的利润最大化。式（5－2）是生产要素最适组合的条件，即所购买的生产要素的边际产量与其价格之比相等，也就是说每一单位货币不论用于购买资本，还是购买劳动，所得到的边际产量都相等。生产要素的最适组合也可以称为生产者均衡。

B　生产要素的最适组合分析

这里将借助等产量曲线和等成本曲线来分析。在技术水平不变的条件下，两种生产要素的最适组合，在等产量曲线和等成本曲线相切点，见图 5－2。

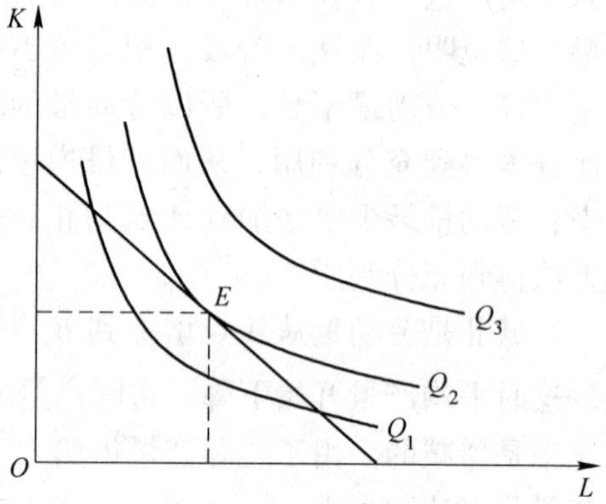

图 5－2　生产要素最适组合

对于会展业，从某一展会运作的不同时间来看，会展公司主办展会的前期及中期对人力资源的需求较多，而展会后期及展会结束后对人力资源的需求则迅速减少。考虑到公司的日常运营成本，大多数会展企业只会聘用少量的员工，在人力资源稀缺的时候，会在市场上招聘临时工作人员，从而为企业节省很大一部分成本的支出。

5.2　了解会展企业的适度规模

研究两种生产要素的合理投入，就是要确定多大的生产规模是最适宜的。两种（或多种）生产要素按原来的技术系数增加，也就是生产规模的扩大。生产规模扩大到什么程度是比较合适的？这一问题的解决，涉及经济学中的另一个重要规律：规模经济。

5.2.1　了解企业的规模收益

规模收益问题（economics of scale）是分析企业在生产规模扩张的过程中，其产量增加的比例与要素增加的比例之间的关系。如果产量增加的比例大于各要素增加的比例，那么，企业就实现了规模经济。反之，就是规模不经济。企业在扩张的过程中会经历三个阶段：规模收益递增阶段、规模收益不变阶段及规模收益递减阶段。

（1）规模收益递增。规模收益递增是指当企业的生产规模扩大时，企业产量或者收益的增加速度快于生产要素投入的增加速度。例如当企业投入增加一倍时（100%），即规模扩大一倍，企业的收益增加量大于一倍（超过 100%）。这就是我们常说的出现了规模经济。

企业在规模扩张的过程中出现规模经济的原因可以用内在经济和外在经济来解释。

1）内在经济，是指一个企业在生产规模扩大时由自身内部引起的产量增加。引起内在经济的原因主要有：第一，可以使用更加先进的机器设备。第二，可以实行专业化生产。第三，可以提高管理效率。第四，可以对副产品进行综合利用。第五，在生产要素的购买与产品的销售方面也会更加有利。第六，技术创新能力的提高；

2）外在经济，是指由于厂商的生产活动所依赖的外界环境得到改善而产生的。如会展行业的扩张，促使会展教育提升，为企业输送更加优秀的会展人才。

（2）规模收益固定。规模收益固定是指当企业的生产规模扩大时，企业产量或者收益的增加速度等于生产要素投入的增加速度。

（3）规模收益递减。规模收益递减是指当企业的生产规模扩大时，企业产量或者收益的增加速度慢于生产要素投入的增加速度。这就是我们常说的出现了规模不经济。规模不经济的原因在于内在不经济及外在不经济。

1）内在不经济，是指一个企业由于本身生产规模过大而引起产量或收益减少。引起内在不经济的原因主要是：第一，管理效率的降低。第二，生产要素价格与销售费用增加。

2）外在不经济是指由于行业规模的扩大而导致竞争加剧。竞争会加大成本，从而使企业产量或收益的增加速度慢于生产要素投入的增加速度，出现规模不经济。

5.2.2 明确企业的规模经济和范围经济

5.2.2.1 范围经济内涵

范围经济是通过扩大经营范围，增加生产产品种类，使每种产品长期平均成本逐步下降。一般情况下，拥有规模经济的企业，取得市场的领导地位后，可以进行多元化经营，再扩大产品线的广度与多样性，实现“范围经济”的效益。如一个会展企业实现规模经济后，成为市场领导品牌后，可以发展多样化产品，扩大经营范围。除了主办展会，还可涉及物流、服务等多种产品，最终使企业的平均成本下降，这就形成了范围经济。假定生产两种产品 y_1，y_2，如果 $C(y_1,y_2)<C(y_1)+C(y_2)$，则称为实现范围经济。其中，$C(y_1)+C(y_2)-C(y_1,y_2)$ 是范围经济的大小。

5.2.2.2 规模经济和范围经济的异同点

一般来说，做大企业生产规模有两条途径：一是扩大一种产品的生产规模，实现规模经济；二是向相关产品、行业或不相关行业扩张，实现范围经济。因此，规模经济和范围经济都是一个企业做大规模的过程，只不过是处于扩展的不同阶段。扩张初期，往往先实现规模经济，将平均成本降低，扩张到一定程度再通过实现范围经济将平均成本再次降低。因而，两者的共同点在于规模扩张的过程中，实现平均成本的下降。

两者的区别在于扩张的方法及扩张的时点有所不同。实现规模经济所带来的不仅仅是平均成本的下降，还带来其他更多的效益。因为，规模经济是集中还是分散，取决于行业的性质与经营方式。如汽车行业生产连续性强，集中是扩大规模的主要形式。而商业的连锁店经营集中进货，由配送中心统一配送，可以降低进货成本，减少仓储与管理成本，而分散的连锁店形式又方便了消费者。

范围经济的发展通过向相关行业或跨行业的扩张可使企业规模无限扩大，从而，有利于企业的产品结构调整，更能有效地利用企业的人力与物力资源；而且，多种不同行业的产品在某种程度上是可以互相承担风险的；不过，企业跨行业扩大的经营风险也相对较大。如果贸然进入一个不熟悉的行业，最终反而会失败。

5.2.2.3　规模经济及范围经济在会展业中的运用

在会展业中，实现规模经济和范围经济可以通过展览企业之间的联合或兼并等渠道，这属于横向一体化行为，通过实现规模经济和范围经济，可以降低企业的生产成本。而产业链中上游企业之间的合并，如展览企业和场馆合并属于纵向一体化行为，其目的是降低交易费用。当然，也有其他产业进军会展市场，也有会展企业从事其他经营业务，这些属于混合一体化行为，其目的是为分散风险，实现多元化经营。

5.2.3　确定会展企业的适度规模战略

5.2.3.1　会展业实现规模扩张的重要意义

随着会展业经济活动规模的扩大，每一会展企业的平均成本将会不断降低，从而收益可能会不断提高。会展业规模的扩张同时也会影响与本企业利益相关的关联企业，还可以改变经济体系的市场结构、产业结构，以及使单个会展企业经济活动外部环境发生改变。当然，随着规模的扩张还会提升会展业产出在整个国民经济体系中所占的比重，它对GDP的贡献率也会越来越高。

5.2.3.2　会展业适度规模扩张战略

A　规模扩张动机分析

会展业中的规模经济扩张的战略动机主要有两方面，一方面是内在动因，即追求市场利润最大化。会展业中的每一个企业和组织，大多数是以追求市场利润最大化为终极目标的。这种追求利润最大化的本质，促使会展企业不断改进自己的投入产出关系，调整自己的资本有机构成。而会展企业走规模扩张战略，分享规模经济效益，则是会展企业获取最大化的市场利润的有效手段。另一方面是外在动因，即市场竞争的推动。产业结构调整和产业结构高级化的过程，也是一个产业之间的竞争过程。市场竞争的现实是那些依靠规模经济抢占统治地位的会展企业可以利用其雄厚的经济实力，率先采用较为先进的科学技术成果，从而尽享由于技术进步而带来的更高的利润，进一步巩固自己的市场占有率和竞争实力。而那些没有实施规模扩张战略的会展企业则难以享受来自规模经济的好处，从而在市场竞争中处于劣势地位。日益激烈的市场竞争要求会展企业提高生产要素的流动速度，要求其不断扩展业务范围，实现多样化的经营运作的发展，实现企业资源的高效配置。而会展业的规模扩张战略正有利于满足经济发展的需要。

B　会展企业的适度规模确定依据

很多研究现代产业组织的经济学家指出，对于大多数行业的生产来说，只有大规模的生产，才能收到规模经济的好处，而这往往只有在寡头市场和垄断市场条件下才能做到。

确定适度规模应考虑以下主要因素：

（1）本行业的技术特点，一般来说，规模大的企业比较适用于前期固定资产投资量较大的行业。而固定资产投资量较小的企业，规模不一定要很大。

（2）市场条件，如果该行业市场的需求量较大，而且标准化程度较高，企业的规模可以做大。

目前，很多会展企业都采取集团这种规模扩张的形式，集团下属有展览公司、会议公司、搭建设计公司及会展服务公司等等，这种集团化运作的优势在于资源共享，成本降低及风险分散等。

5.2.3.3 会展业规模扩张的途径

A 企业自主联合

联合办展的好处在于：

(1) 对两家国内企业来讲，联合办展（尤其是主题相近的），可以扩大规模，提高知名度，也可相互利用对方的管理及网络信息等资源。

(2) 对外资展览公司来说，可以利用对方本土的网络及信息资源，还可顺利得到项目的批文。

(3) 对中资展览公司来说，可以利用对方先进的管理理念及经验。

联合办展的不利之处在于，对政府管理层来说，某个展览品牌往往是谁申报谁被认可。由此，一些被认为是中资公司的展览品牌实际上投资和运作是由外资公司在操作，如果将来双方出现矛盾要分家，那么知识产权归属问题是其中最大的问题。

此外，会展场馆之间的合作也是企业自主联合的形式之一。早在2006年12家展馆就在深圳签署了《中国展览馆相互推广合作协议》，其目的是在将深圳会展业的品牌打出去的同时，寻求一种更深层次的合作模式。可见，国内的会展业内人士已经意识到会展场馆之间应该不仅仅是一种竞争关系。如何相互合作，发挥地区优势，提高整体效益，将成为场馆合作的新课题。如今，行业协会联手办会展也开始盛行。这样做的原因显而易见：利益互补，提高专业展会的专业性和组织性。

阅读与思考

打通上下游 国家会展中心迎来展会“升级版”

得益于国家会展中心（上海）的落成，第23届中国国际服装服饰博览会（CHIC）不仅从北京移师上海，还带来了服装业会展的“升级版”。已经举行了22年的中国国际服装服饰博览会是国内最重要的时尚展会之一，也是中国和国际时尚品牌的窗口。第23届CHIC不仅从北京移师位于上海虹桥的国家会展中心（上海），还与中国国际纺织面料及辅料博览会、中国国际纺织纱线展览会联合开幕。

本届CHIC展展位面积达10万平方米，参展品牌一千余个，吸引观众超过11万人次，其中还包括了由意大利国家鞋履制造商协会、意大利纺织和服装联合会（SMI）和意大利时尚联合会（EMI）联合举行的“the MICAM shanghai& 意大利时尚@ CHIC”、Milano Unica中国面料展等“展中展”。

Milano Unica中国面料展主席Silvio Albini说，包括中国香港在内的中国市场一直以来是意大利面料的第二大海外市场，如何让逐渐成为高端面料消费中坚的中国中产阶级消费群体更多关注“旧”价值是意大利厂商的新挑战。通过展会，参展的104名意大利高端面辅料企业会更加了解中国的国情，学会如何将“意大利制造”在中国的好口碑继承和发扬光大。

意大利“坎帕尼亚制造”经济发展和生产活动总监朱塞佩·阿布西（Giuseppe Abussi）带着37家来自意大利坎帕尼亚地区的企业组团来到第23届中国国际服装服饰博览会进行推介。“这一次，我们带来的不仅仅是鞋履企业，还有生产和销售皮革、配件的企业，就好像iPhone一样，我们这一次带来的参展团队是‘坎帕尼亚制造+’，更大也更好。”

中国国际贸易促进委员会纺织行业分会常务副会长徐迎新说，新一届的中国国际服装服饰博览会“三合一”并移师引领时尚之先的上海，将突破以往同类展会展品单一的局限性，全环节展示服装行业的新风向。

记者了解到，得益于国家会展中心（上海）的建成，未来将有一系列展览实现多项子展览“N合一”，打造产业全环节展示的会展新业态。比如，励展集团将联手国药集团整合旗下3大展会（医博会、药交会、原料会），2015年5月在国家会展中心（上海）打造医药医疗健康产业链的26万平方米国际展览。

（来源：新华网）

B　企业聚集

这种规模扩张方式常见于小型的会展企业。通过这种企业聚集的方式，能够相对有效地改善外部市场条件。通过会展企业聚集的方式，较为成功地实现了规模扩张的代表性会展品牌有：大连的服装节、浙江义乌的小商品批发市场。通过众多小企业的聚集，实现蘑菇效应。企业通过聚集和联合的方式扩张的不同之处在于，聚集是以共同的外部市场条件、制度环境为基础，并不是以产业内部分工和经济联系为纽带；而会展业自主联合是以会展企业之间的经济业务联系为纽带，以减少交易费用为目的。

C　业务创新

人们对会展产品的需求及其结构日新月异的变化，为会展企业开拓新业务提供了市场空间。而未来即将出现的新产品、技术、知识、信息、职业、生活方式的出现，都将刺激会展业去开拓新的业务空间，如信息批发、网上拍卖、网上展销等，这为会展业规模扩张提供了新的渠道。此外，还可以在会展现有展览题材的基础上扩大目标参展商的范围，将原来没有包括在内的一些企业包含在展会招展的范围内。例如，将国内展扩展为国际展。中国国际机电产品博览会从第七届开始就增设了船舶工业展，拓展了参展范围；通过扩大展览题材范围来扩大会展规模。例如，中国国际机电产品博览会根据发展需要增设了对外贸易洽谈会和跨国采购论坛等内容。

D　企业重组

会展企业间的重组包括兼并和收购、分立、剥离等，是企业资本经营的重要内容。会展企业通过兼并和收购，扩大会展经济规模，进一步降低经营活动成本，从而提高市场获利水平。获取规模经济效益是会展企业重组的重要动因之一。

会展企业之间的并购形式是最基本的会展并购的形式，往往是指两个会展企业之间的权利让渡。而这种权利让渡的双方既可以是国外享有盛誉的会展企业与国内新兴的民营会展企业的并购，也有可能是中国内部会展企业的联合发展，甚至可以是外方组成联盟进入中国会展市场。

并购还体现在展会项目的合并，展会项目之间的并购好处绝不仅仅在于经济性，项目之间的互补、专业观众的组织优化都是展会项目合并的亮点。

阅读与思考

2007～2008年中国会展并购特点与原因

这期间，中国会展并购的特点：

（1）并购形式单一集中。2007年、2008年中国会展并购实例中仍然以会展企业并购为主要形式，会展项目合并和会展企业并购项目紧跟其后。而行业协会合作和会展场馆合作这两种方式并不普遍。尤其是会展场馆合作这种方式，自从2006年深圳开了先河之后，究竟这种合作发展的可行性和实行的力度如何，还要打个问号。

（2）中国会展行业的国际化初显端倪。会展企业国际化是中国会展业应对激烈的国际竞争的必由之路，然而不同国家的会展行业的国际化水平是有不同标准的：在会展产业发达的国家，会展企业的国际化主要表现在产品的输出（向其他国家移植知名展会）、资本的输出（包括在其他国家成立合作、合资或独资会展企业）以及管理的输出（输出管理经验和管理模式），又称作外向型国际化；而就像中国这种会展行业正在发展中的国家而言，会展企业国际化则主要表现在引进外资（成立合资合作企业和外商独资企业）和对外投资两个方面，也就是内向型国际化。中国会展企业国际化还处于内向型阶段（初级阶段），主要表现在以下几个方面：国外会展公司纷纷在我国设立分公司或办事处；国外知名品牌展会纷纷移植中国；国外会展公司与我国会展企业组建合资、合作会展企业，并在国内共同举办展会；进一步扩大国内会展市场，允许中国香港特别行政区和国外会展企业在一定条件下在中国内地成立独资会展公司。

（3）品牌效应在会展并购中尤为突出。所谓品牌效应，顾名思义是由品牌为企业带来的效应，是商业社会中企业价值的延续，在当前品牌先导的商业模式中，品牌意味着商品定位、经营模式、消费族群和利润回报。

（4）会展企业并购局限于中外合资。从会展并购的双方性质来看，中国目前还是以引进外资为主导，这点可以从2007年、2008年会展并购双方的比例看出。会展并购的主要方式仍集中在会展企业之间的并购。这些企业并购还是以外资并购中资为主。近年来，民营会展公司作为中国会展业的新生力量，其生存机制灵活。纵观会展行业的激烈竞争，民营企业因地制宜地采取了不同的策略，绝大多数采取了对外合作，最大限度地化解了未知的风险，通过资本化的方式，把整个项目或公司转让出去。

中国会展并购的原因分析。会展企业产生并购行为最基本的动机就是寻求发展。提升到理论角度的话，并购最常见的动机就是协同效应，即以达成某种协同效应作为支付特定并购价格的理由。常见的并购原因主要有以下几点。

（1）扩大会展规模，提升市场份额。通过并购，展会规模得到扩大，能够形成有效的规模效应。规模效应能够带来资源的充分利用和整合，降低管理、布展、物流等各个环节的成本，从而降低总成本。同时，规模大的会展，伴随参展商和专业观众网络的完善，市场份额将会有比较大的提高，从而确立该会展在行业中的领导地位。最典型的案例就是中国国际丝绸博览会与中国国际女装展览会的合并，通过双方的合并，扩大了规模，吸引了更多的参展商和专业观众。

（2）实施品牌经营战略，提高会展的知名度。品牌是价值的动力，同样的产品，同样的会展，名牌的价值往往可以为展会带来更多的附加价值，远远高于普通会展。这方面最典型的案例就是荷兰阿姆斯特丹 RAI 国际会展中心成功并购北京世博鸿业会展旗下的上海国际膜与水处理展。其携手中国贸促会带来的荷兰水展中国展，依托着中国这个巨大的潜力市场，但更重要的是荷兰水展这一世界第一品牌水展，拥有 40 多年的历史，是专注于水处理行业的国际专业展会。每届展会全面展示世界各国的顶尖产品、最新技术和解决方案，是世界上最大的专业水展，代表着最具影响力的市场领导地位。正是借助着这样的品牌，上海国际膜与水处理展迈入了品牌化经营的正轨。

(3) 通过并购取得先进的管理经验、经营网络和专业人才等各类资源。会展并购收购的不仅是一个展会或者公司的资产，而且获得了被收购企业的人力资源、管理资源、技术资源、销售资源等，这些都有助于会展企业整体竞争力的根本提高，对公司发展战略的实现有很大帮助。正是出于这个原因才会有深圳华博展览有限公司与英国励展博览集团成立的合资企业——励展华博展览（深圳）有限公司。作为世界顶级展览集团——励展博览集团，与中国民营展览公司的首度携手，把华博展览有限公司卓越的行业资源和励展博览集团强大的全球网络优势合二为一，双方各取所需，将各自的资源共享，达到最优。

(4) 通过并购进入新市场，深入潜力市场。随着欧洲和美国的会展行业的成熟、饱和，中国会展作为一个新兴行业，无疑成为众多国外有远见的会展企业的青睐对象。正是如此，德国 BMC 商务传媒集团、德国科隆国际展览有限公司、新加坡 MP 国际集团、德国纽伦堡展览（中国）有限公司、德国汉诺威展览公司、西班牙马德里展览公司、塔苏斯等才会在短短几年内一起分享中国会展这块“大蛋糕”。

(5) 同类会展合作避免重复办展，提高市场效率。中国会展行业刚刚兴起，很多重复办展的现象让人担忧。幸好专业人士已经意识到这个问题，所以才会有像上海国际信息化博览会“四展合一”和中国家用电器协会与中国电子企业协会的联合主办会展。这种行为极大地提高了会展行业发展的市场效率，为遏制重复办展作出了一定的贡献。

(2009 会展经济蓝皮书)

5.3　系统分析会展企业的成本

成本是企业投入生产要素所支付的费用，成本的高低直接影响利润的大小，作为企业的决策者，必须了解企业的成本结构及成本的变动规律，并通过合理的成本控制实现企业的利润最大化。

5.3.1　了解会展企业的经济成本与会计成本

前面我们分析了生产要素投入量与产量之间的关系。但是，生产者为了实现利润最大化，不仅要考虑这种物质技术关系，还要考虑成本与收益之间的经济关系。因此，我们有必要分析成本与收益问题。

成本也称为生产费用，是生产中使用的各种生产要素的支出。

5.3.1.1　显明成本和隐含成本

企业的生产成本可以分为显明成本和隐含成本两部分。

（1）显明成本，是指厂商在生产要素市场上购买或租用所需要的生产要素的实际支出。例如，某会展企业雇佣了一定数量的现场服务人员，从银行获得了一定数量的贷款，并租用了一定面积的会展场馆，为此，这个企业就需要向服务人员支付工资，向银行支付利息，向场馆支付设备租金，这些支出便构成了该厂商的生产的显明成本。显明成本具有两个特征：生产要素来自外部，涉及直接的货币支付。

（2）隐含成本，是指厂商本身所拥有的且被用于该企业生产过程的那些生产要素的总价格。例如，会展企业为了运营展会，除了雇佣一定数量的服务人员、从银行获得一定数量的贷款和租用一定面积的场馆外（这些均属显性成本支出），还动用了自己的资金和设备，并亲自管理企业。当厂商使用了自有生产要素时，也应该得到报酬，该报酬应该记入在成本之中。由于这笔成本支出不如显明成本那么明显，故被称为隐含成本。隐含成本也必须从机会成本的角度按照企业自有生产要素在其他最佳用途中所能得到的收入来支付，否则，厂商会把自有生产要素转移出本企业，以获得更高的报酬。

5.3.1.2 经济成本和会计成本

（1）会计成本是指在购买生产要素时实际发生的，且高度可见的成本。它包括：使用他人劳动力所支付的工资和奖金，从其他企业购买的原材料和半成品价值、租用他人拥有的厂房的租金、支付他人资本的利息等等，这些成本被概括为显性成本。

（2）经济成本不仅仅包括了明显成本，它还包括了隐含成本。后者是指在生产过程中使用的，但又未被支付报酬的那一部分费用。从以上讨论可知：

会计成本 = 显明成本

经济成本 = 显明成本 + 隐含成本 = 会计成本 + 隐含成本

5.3.1.3 短期成本和长期成本

短期是指部分生产要素可以调整的时期，可以调整的生产要素主要是原材料、工人人数、燃料等，不可以调整的生产要素主要是机器设备、厂房、管理人员等。长期是指所有生产要素均可以调整的时期。长期和短期并不是指时间长短，而是根据生产要素是否可以调整来划分的。在短期中，便有可变成本 VC 和固定成本 FC 之分，而长期就没有固定成本和可变成本的分别了，一切成本都是可变的。

5.3.2 区分经济利润与会计利润

利润是收益与成本的差额，由于利润在经济学家与会计师的眼中是不同的，因此，要注意区别。

（1）会计利润。

会计利润是总收益（总收入）与会计成本的差额。计算公式为：

会计利润 = 总收益 − 会计成本

（2）经济利润。

经济学中所提到的利润一般是指经济利润，也称超额利润。计算公式为：

经济利润 = 总收益 − 经济成本（总成本）

= 总收益 − 会计成本 − 机会成本

一般情况下，在企业经营的过程中判断是否盈利要取决于经济利润的大小。因为当企业的会计利润为正数时，不一定表示厂商能够赚钱；而当经济利润等于零时，表示企业账面上所赚到的收入等于机会成本加上会计成本；只有会计利润大于机会成本（即经济利润为正），才能真正显示企业获利。因此，必须以经济利润来判断和衡量企业的利润。只有当实际产生的利润大于机会成本时，厂商才有利可图。所以，能够使企业继续正常经营的基本条件是：经济利润≥0，即总收益≥经济成本。

5.3.3　分析会展企业的成本结构

一个企业必须支付一些资金来建造或租赁办公场所、采购设备、雇佣员工等，以维持企业运营。这些支出就是生产成本。如何使投入成本最小、利润最大，是企业经营者最关心的问题。

会展成本一般包括直接成本和间接成本。直接成本是指为筹办会展活动直接开支的成本，各个会展项目之间会有比较大的差异。会展直接成本由会展项目有关人员负责管理，属于会展项目工作的一部分。会展界一般将会展直接成本分为两类，即宣传公关成本和行政管理后勤类成本，前者是一个范围很广的成本类别，包括宣传、新闻、广告、公共关系、联络、编印资料等。后者也称为人员成本，行政或人员开支是一个比较复杂的类别。会展活动期间大部分成本不管是前者还是后者，都涉及会展企业的效益。因此，一般承展的有关人员，特别是会展项目经理及以上主管必须心中有数，掌握并控制成本，提高工作效率。会展间接成本是指不能直接计入某一部门或项目，需要分摊的项目，如电话费、办公费用比例数额。

5.3.3.1　短期成本

在经济学中，企业的成本主要用固定成本与可变成本来分析。

（1）短期固定成本（Short - run Fixed Cost，SFC），是指厂商在短期内必须支付的不能调整的生产要素的费用。这种成本不随产量的变动而变动，是固定不变的，其中主要包括厂房和设备的折旧，以及管理人员的工资。如举办一场会议的固定成本包括：会场租赁费、设施（家具、视听设备、灯光）租赁费、视听设施服务费、会场布置支出（鲜花、横幅等）、市场推广费（宣传手册、组织记者招待会等）、行政管理费、其他如租车接送费用、代办旅游费等。

（2）短期可变成本（Short - run Total of Variable Cost，SVC）是指厂商在短期内必须支付的可以调整的生产要素的费用。这种成本随产量的变动而变动，是可变的，其中主要包括原材料，燃料的支出以及生产工人的工资。如一场会议的可变成本指因人数变动而变动的成本，如餐饮费、住宿费、娱乐费、会议装备费、文件费等，附加费如娱乐、联欢活动等服务。

（3）短期总成本（Short - run Total Cost，STC）是指在短期中投入的所有生产要素的成本。短期总成本分为固定成本与可变成本。

短期总成本(STC) = 固定成本(SFC) + 可变成本(SVC)

（4）短期平均成本（SAC）：短期内生产每一单位产品平均所需要的成本。短期平均成本分为平均固定成本与平均可变成本。

短期平均成本(AC)=平均不变成本(AFC)+平均可变成本(AVC)

(5) 平均固定成本（AFC）是平均每单位产品所消耗的固定成本。AFC = FC/Q

(6) 平均可变成本（AVC）是平均每单位产品所消耗的可变成本。AVC = VC/Q

三者的变动规律和关系见图5-4，在图中，AFC为平均固定成本，它起先比较陡峭，说明在产量开始增加时，它下降的幅度很大，以后越来越平坦，说明随着产量的增加，它下降的幅度越来越小。AVC为平均可变成本，它起先下降而后上升，成“U”形，表明随着产量增加先下降而后上升的变动规律。SAC为短期平均曲线，它也是先下降而后上升的“U”形曲线，但它开始时比平均可变成本曲线陡峭，说明下降的幅度比平均可变成本大，以后的形状与平均可变成本曲线基本相同，说明变动规律类似平均可变成本。

(7) 短期边际成本：在短期内厂商每增加一单位产量所增加的总成本量。

在图5-3中，SMC是边际成本曲线，它先下降而后上升，表明边际成本随着产量的增加先减少而后增加的变动规律。边际成本曲线也是一条“U”形曲线。在图中，边际成本曲线与平均成本曲线一定相交于平均成本的最低点。在该点上，平均成本与边际成本相等。在相交之前，平均成本曲线在边际成本曲线之上，说明平均成本大于边际成本。在相交之后，平均成本曲线在边际成本曲线之下，说明平均成本小于边际成本。

5.3.3.2　长期成本

在长期，厂商可以调整全部生产要素，厂商可以根据它所要生产的数量来调整生产规模。因此，长期中所有的成本都是可变成本。长期边际成本（LMC）和长期平均成本（LAC）的形状与短期很相似，都是先下降后上升的。长期边际成本与长期平均成本曲线相交于长期平均成本曲线的最低点。见图5-4。

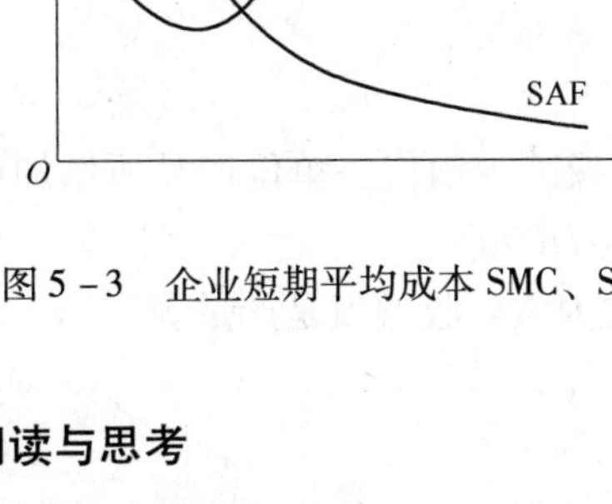

图5-3　企业短期平均成本SMC、SAC、SAV

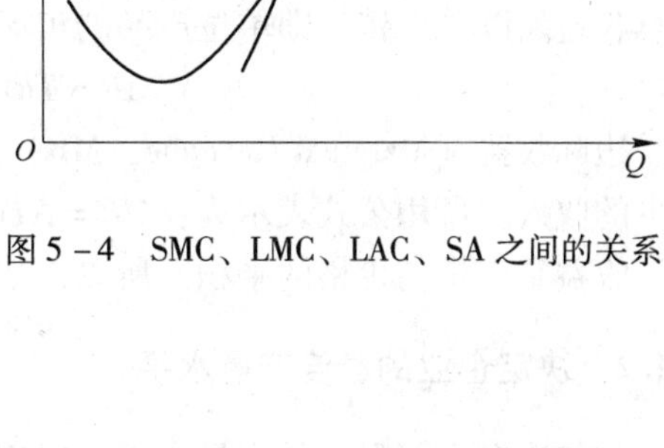

图5-4　SMC、LMC、LAC、SA之间的关系

阅读与思考

降低参展成本技巧

参加海外展会，如何花最少的钱取得最大的经济效益，下面教你几招省钱的方法：

(1) 几家企业联手参展。产品相关联或互补的企业可以在展会上合租一个展位，这样可以大大降低展位的费用成本。如果参展的资金不足，可以选择合适的代理公司，委托别人将自己的产品介绍给海外的客户，也是不错的选择。

(2) 减少不必要的开支。在海外参展的运输费用十分昂贵，在可行的范围内，尽量减少参展实物的数量、重量和体积。仔细检查一个展台的陈列清单，对额外的东西要精减。

(3) “可持续”布置展台。合理分配资金是降低成本的一个重要方面。具体而言，就是将你的人力、物力的使用发挥到最佳状态。如果你打算多次布置和安装展台的话，可以考虑使用一些轻便的、可移动的或标准化的展台，而那些最笨重的、特殊订制的展台可留在大型展览中使用。如果正在准备一个新的展台，则使用那些较轻的便于运输的材料，这样也能大大降低成本。

(4) 自己动手省资金。如今，服务行业已涉及展览项目的每一个方面，但你在享受服务的同时当然得有所付出。因此，在预算资金很紧的情况下，有些需要付费的工作可以自己来做。

（来源：中国会展信息网）

5.4　决定会展企业利润的最大化的产量

研究企业利润最大化状况要借助于成本函数，生产与成本的关系函数即成本函数，以函数形式 $C=C(Q)$ 表示 Q 与 C 之间的关系。企业的产量并非越多越好，因为边际收益会递减，那么，作为企业决策者，如何来决定企业的最佳产量水平以实现利润最大化呢？我们先了解收益。

5.4.1　了解总收益、平均收益与边际收益

厂商收益是指厂商出卖产品得到的全部货币收入，即价格与销售量的乘积。收益中既包括了成本，又包括了利润。收益可以分总收益、平均收益和边际收益。

总收益（Total Revenue，TR）是厂商销售一定量产品所得到的全部收入，它等于产品单价（P）乘以销售数量（Q），可用公式表示为：$TR=P\cdot Q$。

平均收益（Average Revenue，AR），指厂商销售每单位产品所得到的平均收入，它等于总收益除以总产销量即单位产品的市场价格，可用公式表示为：

$$AR=TR/Q=P\cdot Q/Q=P$$

边际收益（Marginal Revenue，MR）是指厂商每增加或减少销售一单位产品所增加或减少的收入。可用公式表示为：$MR=\Delta TR/\Delta Q$，或 $MR=\mathrm{d}TR/\mathrm{d}Q$。

收益是产量与价格的乘积。所以，如果不考虑价格的因素，收益就是产量。

5.4.2　决定企业的最佳产量水平

如何决定企业最佳的产量水平，以实现利润最大化，这就需要比较边际收益与边际成本。当 $MR=MC$ 时，这时的产量规模为最佳产量水平，因为它对企业的利润产生两种情况：

(1) 如果产品的价格高，企业能够赚取利润，那么，按这个产量水平生产使企业获

得的利润最大；

（2）如果产品价格过低，企业必然蒙受损失，那么，按这个产量水平生产可使企业的损失最小。

5.4.2.1　寻找 $MR=MC$ 的产量水平

$MR=MC$ 这个等式所表达的意思是：在会展业中，如果会展企业搭建并销售一个展位带来的收入高于它的成本，那么它就应该去搭建这个展位。如果不是，就不该搭建这个展位。通过成本分析，企业管理者能够准确地决定应该搭建多少展位，或者应该举办多大规模的展会。

5.4.2.2　分析企业的利润最大

对于所有 $MR>MC$ 的每一单位产品，表示这时生产和销售每一单位产品的收入都超过它的成本，也就是说应该生产所有的这些产品，因为这些产品能为企业带来利润。

在 $MR=MC$ 处进行生产，虽然不能保证可以获得利润，但是至少能够保证所生产的产品带来的收益大于它们的生产成本。如果要保证企业获得利润，还需要 $TR-TC>0$ 这一条件，即总收益大于总成本才能保证企业获得盈利。

当然，企业并不能永远赚钱。当企业产品的价格很低时，企业不管生产多少产品，都不可能赚钱，这时，企业能够采取的最好对策就是尽可能地减少亏损。当企业生产满足 $MR=MC$ 时的产量水平并不能保证获利，这时如果企业正处于亏损状态，它能保证企业的损失最小。因为，企业不可能马上改变固定成本，但是可以确保只生产那些边际收益大于边际成本的产品。

如果产品价格高于平均可变成本，在 $MR=MC$ 的产量水平进行生产，意味着生产的那些产品边际收益大于边际成本，此时可以弥补生产成本（即平均可变成本），还可以弥补部分固定成本，使损失最小。因此，也就存在“亏本的生意还可以做”的现象。之所以这样，一是希望这种情况很快有所好转；二是希望产品的价格可以提升；三是希望通过某种办法降低生产成本。如果这些希望都不能实现，最好的办法就是停止生产。所以，对于会展业来说，亏本的展会还能做，前提是会展产品的价格（边际收益）大于平均可变成本（边际成本）。当然，亏本的展会只适合在某个时期内进行，往往是在承办新展会前一两年，如果长期亏损则要重新考虑这个项目的可行性。

如果企业 $MR<MC$ 时，企业的最好对策是停止生产，因为这样企业损失的仅仅是它的固定成本，因此，企业停止生产的决定性因素还是固定成本。

阅读与思考

会展经济初现概念偏离　展馆新建潮背后现隐忧

目前，全国各地都表示将打造大型展览场所，除北京 APEC 相关配套正在建设外，广州市宣布 2020 年将建设三大会展功能中心；石家庄也正式确定正定新区石家庄国际会展中心规划；中国·哈尔滨国际农业博览中心项目于 2014 年 4 月开工。就在各地掀起展馆建设热潮之时，目前场馆存在的高空置率成为了一个无法回避的问题，这些新展馆建成后的运营问题也引起了业内的普遍担忧。

场馆密集恐面临高空置率。北京商报记者了解到，在最近各地公布规划或建设中的会展场馆，一些是为了满足当地的展览市场需求，而另一些并不是从会展经济的角度来进行规划的，且后者恐将给展馆运营带来高空置率的问题。中国会展门户创始人黄勇指出，长三角、珠三角的会展场馆密集程度尤其之高。东莞市几乎每个镇都有一个会展中心，这些会展中心一般仅有一个具有当地特色展会支撑，全年办展不超过10场。会展场馆都处于亏损状态，仅依靠政府的补贴生存。

据资料显示，广州市政府常务会议审议通过了《广州建设国际会展中心城市发展规划（2013～2020年）》，规划中指出将用三年时间打造洲际会展中心城市，分步建设空港、番禺、增城三个特色鲜明、展贸结合型会展副中心。同时，石家庄政府也正式确定正定新区石家庄国际会展中心规划，项目包括展览中心、会议中心及配套设施；亚洲最大的现代高科技农业博览中心——中国·哈尔滨国际农业博览中心项目预计年底建成投用；天津的国家会展中心预计将于2015年下半年正式投入使用；北京雁栖湖国际会都也在建设之中。

对此，一位会展场所负责人向北京商报记者表示，国际上普遍认为会展场馆的利用率不能低于15%。这是一个底线。据估计，一个10万平方米的展馆每年的维护成本约5000万元，甚至更高。而利用率低于15%的情况下，场馆运营将无法覆盖这些成本。但目前很多场馆的利用率都低于15%。

会展经济初现概念偏离。一位会展场所经营者无奈地告诉北京商报记者，随着一些房地产企业开始逐渐涉足会展业，一些会展场馆建设项目的概念范畴也从会展经济转为房地产经济。通过投资建设会展场馆，地产商以低价拿到土地、获得审批与政府支持。展馆建成后，通过展会吸引人流、商流，带动周边配套设施的建设。这样一来，周边地价上涨。地产商由于土地升值，房价上涨获利，而并不太在意展馆的亏损。

对此，有专家认为，目前一些会展场馆的规划中，不仅包含一个场馆，还有相应的配套设施。如一个20万平方米的项目，其中场馆可能占地10万平方米，还有10万平方米的配套设施，这些配套包括酒店、购物中心、写字楼等。这些项目的开发收益很高，或许可以覆盖会展场馆亏损的损失。

根据中国国际贸易促进委员会发布的《中国展览经济发展报告2013》显示，2013年全国室内可租用的展馆面积大于等于5000平方米且能举办两个以上经贸类展览会的展览馆共有132个，合计室内可租用总面积约为572万平方米。

规划应以市场需求为导向。北京联合大学旅游经济系会展专业副教授王春才告诉北京商报记者，会展场馆的建设还是应该回归会展经济。场馆建设首先应该与城市的定位相匹配。该城市是否适合发展会展业、有无一定产业规模、配套资源是否齐全等是决策者应该考虑的问题。其次，城市有无场馆建设的市场需求也是一大因素。场馆建设应根据当地会展产业的发展状况，当地是否有充分的展会来供给展馆这一问题应该列入前期调研之中。针对场馆的后期运营，王春才表示，场馆应与邻近城市进行资源整合与共享，与该区域内的会展场馆进行错位经营。而在空置率的问题上，北京第二外国语学院会展经济与管理系副教授高凌江认为，会展场馆可以多元化经营，构造会展综合体。面对高空置率和热度不减的场馆建设热潮，全国农业展览馆展览中心主任陈军指出，一个城市到底需要多少会展场馆或者多大的展览面积可以满足市场需求，目前没有一个专业的机构或部门进行调研评估。陈军建议，政府淡出市场，将一部分职能交给行业协会。政府制定政策，进行宏观调控；行业协会通过市场调研，进行项目评估，规划场馆建设。

（来源：北京商报）

5.4.3 会展企业的利润最大化原则

只有当企业的产量使 $MC=MR$ 时，企业才能实现利润最大化。当企业生产一定量产品时，如果出现 $MR>MC$，说明企业最后一单位产品赚取了超额利润，那么企业如果增加产出，会进一步增加超额利润，因此在 $MR>MC$ 时，企业为了增加利润应当增加产出；当企业生产一定量产品时，如果 $MR<MC$，说明企业最后一单位产品带来了亏损，通俗一点讲，企业生产最后一单位产品是亏本的，企业如果减少产出，亏损将下降，利润将增加，因此在 $MR<MC$ 时，企业为了增加利润会减少产出；当企业生产一定量产品时，如果 $MC=MR$，说明生产者在最后一单位产品上无超额利润，也没有亏损。在这时，企业既没有出现亏损，又把该赚取的超额利润均赚到了，这时实现了利润最大化。

当然，这里的利润最大化并不是企业一定获得的经济利润，而只是表示企业按 $MR=MC$ 确定产量，对企业一定是有利的。它有三种可能的结果：经济利润最大，亏损最小和经济利润为零。

任 务 小 结

本任务是会展经济学活动操作的第五任务。我们应该明确利润最大化是企业生产的目标。通过合理的劳动投入，发展适度的规模，降低各种成本，选择最佳产量水平来实现企业的目标。

确定劳动力的合理投入是分析在短期劳动的投入与总产量、平均产量和边际产量三者的关系，进而明确边际产量递减规律，并根据产量变动的三个阶段以确定劳动力的合理投入数量。

企业的适度规模战略主要是了解企业发展过程中经历的规模收益递增、规模收益不变、规模收益递减三个阶段，使企业生产规模扩大，产品平均成本下降的基础上扩大经营范围，从而获得规模经济与范围经济。针对不同行业的设备复杂程度、专业分工、产品标准化程度等特点，来发展企业的适度规模。

系统分析企业的成本包括区分经济成本与会计成本、经济利润与会计利润，直接成本与间接成本以及固定成本与可变成本；并计算和分析企业的总成本、平均成本与边际成本，了解短期平均成本的变动规律，重点要关注 MC 曲线与 AVC 曲线和 AC 曲线的交点。

决定企业利润最大化的产量就要明确生产满足 $MR=MC$ 时的产量为最佳产量水平。当 $MR>MC$ 是增加产量使利润增加，当 $MR<MC$ 时，减少产量使亏损减少，当 $MR=MC$ 时，保持产量规模实现利润最大化，这就是利润最大化原则。

本任务围绕分析劳动力的合理投入、企业适度规模战略、企业的成本结构、企业利润最大化产量的活动设计了各环节操作的专门知识。完成本任务后，读者应该能够确定合理的劳动投入，了解适度规模战略，系统分析企业的成本，选择最佳的产量，为实现企业利润最大化目标进行经营决策分析工作。

业务技能自测与实训操作

一、讨论

1. 你了解到的会展企业或展览中心中，哪些企业按规模经济和范围经济去发展？
2. 分析某展会运营的固定成本和可变成本。
3. 分析不同类型展会展出的最佳时间长短。

二、业务知识自测

1. 单项选择：

（1）当边际产量大于平均产量时，平均产量（　　）。

A. 递减　B. 递增　C. 先减后增　D. 先增后减

（2）在 $MR = MC$ 的均衡产量上，企业（　　）。

A. 必然得到最大的利润

B. 不可能亏损

C. 必然得到最小的亏损

D. 若获利润，则利润最大；若亏损，则亏损最小

（3）产量为 9 单位时，总成本为 95 元，产量增加到 10 单位时，平均成本为 10 元，则可知边际成本为（　　）。

A. 5 元　B. 10 元　C. 15 元　D. 85 元

（4）假定某机器原来生产 A 产品，利润收入为 200 元，现在改生产 B 产品，所花的人工、材料费为 1000 元，则生产 B 产品的机会成本是（　　）。

A. 200 元　B. 1200 元　C. 1000 元　D. 无法确定

（5）厂商获得最大利润的条件是（　　）。

A. 边际收益等于边际成本　B. 平均成本等于平均收益

C. 价格等于平均成本　D. 收益等于价格

2. 多项选择

（1）在下列某会展公司的经营成本中，固定成本是（　　）。

A. 公司办公楼租金　B. 办公用品

C. 水电费　D. 公司员工工资

E. 公司经理工资

（2）下列展会的经营成本中，可变成本是（　　）。

A. 场馆租金　B. 租赁的设备　C. 公司员工工资

D. 招展费用　E. 宣传费用

三、实训操作

走访任意一家会展企业，从成本的角度，如何为主办方提供有效降低成本的合理化建议。

【实训目标】通过企业选择，对企业的经营成本进行分析。

【实训组织】学生每 4 人一组，选择不同类型的展会调查。

【实训提示】各组先拟定一份调查计划方案，对调查的地点、内容、时间和各项任务进行分工。小组成员按照计划完成项目作业即撰写一份对某商家经营成本分析的报告。

【实训成果】各组汇报、教师讲评。

任务6　确定会展企业市场竞争策略

能力目标

通过完成本任务，你应该能够：
1. 判断各类企业的市场结构类型；
2. 了解各类企业长期均衡的结果；
3. 明确各类市场条件下的企业竞争策略。

核心能力

1. 运用短期均衡条件分析企业如何实现利润最大化；
2. 明确企业的产量和定价策略。

任务解析

1. 判断企业的市场结构类型；
2. 确定企业市场竞争策略。

6.1　判断会展企业的市场结构类型

企业的生产销售等经营活动必须通过市场来进行，由于每个企业面临的竞争情况和所生产产品的不同而有所不同的市场结构，作为企业决策者如何确定你的企业所处的市场结构类型呢?

6.1.1　了解企业的市场类型

经济学家根据市场上竞争与垄断的程度把现实中企业的市场分为四种类型：完全竞争市场、垄断竞争市场、寡头垄断市场和完全垄断市场，后三者统称为不完全竞争市场，见表6－1。

表6－1　市场结构的类型及特征

市场类型		厂商数目	产品差别的程度	对价格控制的程度	进出一个行业的难易程度	接近哪种市场情况
完全竞争		很多	完全无差别	没有	很容易	一些农产品
不完全竞争	垄断竞争	很多	有差别	有一些	比较容易	香烟、糖果
	寡头垄断	几个	有差别或无差别	相当程度	比较困难	钢铁、汽车
	完全垄断	一个	唯一的产品，没有接近的替代品	很大程度，但经常受到管制	很困难，几乎不可能	公用事业等

6.1.2　明确会展企业所属的市场结构类型

6.1.2.1　市场结构的内涵

市场结构指厂商之间市场关系的表现和形式，对于会展业来说，就是参展商之间、会展企业之间、参展商与会展企业之间以及会展市场中现有的会展企业与潜在进入者之间的竞争关系。

考察市场结构问题，本质上是要考察市场中企业之间的竞争态势与竞争的特性问题，因此，那些影响竞争态势与竞争特性的主要因素就成了划分市场结构的依据。这些因素主要包括：市场中买者和卖者的多寡、商品的同质性、市场进入或退出的自由程度、信息的完全性，即卖方集中度、买方集中度、产品差别化和进入退出壁垒等几个指标。

6.1.2.2　衡量市场结构的指标之一：卖方集中度

在产业组织理论中，常用集中度比率来衡量产业的集中度情况。集中度比率指的是在产业内最大几个企业所占据的市场份额，通常用 CR_N 表示。如 CR_4 就表示产业内最大的四个厂商所占据的市场份额比率，也被称为四厂集中度，同样 CR_8 也被称为八厂集中度，表示产业内最大的八个厂商所占据的市场份额比率。买方集中度指用于买方具有一定垄断势力的市场，对于会展业来说，参展商并不具备垄断势力，因此，会展经济学中重点研究的是卖方集中度。

根据 CR_4 和 CR_8 的数据，我们可以把产业内的企业的市场结构划分为不同类型，见表6－2。其中，原子型属于自由竞争市场，其他的属于不完全竞争市场。

表6－2　贝恩对产业垄断和竞争类型的划分

类　型	CR_4/%	CR_8/%	产业内企业总数
极高寡占型	75		20～40家
高度集中寡占型	65～75	85	20～100家
中（上）集中寡占型	50～65	75～85	企业数较多
中（下）集中寡占型	35～50	45～75	企业数较多
低集中寡占型	30～35	40～45	企业数较多
原子型			企业数极多，不存在集中现象

阅读与思考

根据统计数据，2011年世界商展百强总展出面积1810.5万平方米，单展平均面积18.1万平方米。百强商展主要集中在欧洲的德国、英国、法国、俄罗斯、意大利、西班牙、瑞士以及美国和中国。其中德国独占56席，展出面积1081.2万平方米；中国14席，展出面积199.7万平方米；意大利11席，展出面积215.3万平方米；法国、美国各7席，展出面积分别是141.2万平方米和107.1万平方米；西班牙2席，展出面积27万平方米；瑞士、俄罗斯、英国各1席，展出面积分别为16万平方米、12万平方米、11.1万平方米。按展均面积排序，排位如表6－3所示。

表 6-3 2011 年世界商展展均面积排名情况

排 名	国 家	展均面积/万平方米
1	法国	20.2
2	意大利	19.6
3	德国	19.3
4	瑞士	16
5	美国	15.3
6	中国	14.3
7	西班牙	13.5
8	俄罗斯	12
9	英国	11.1

从德国、法国、意大利等三个国家的会展产业的发展现状或从整个欧洲的发展情况来看，这些国家的会展产业集中度应该较高，会展产业结构类型可能属于中下（或上）集中寡占型。而从中国目前会展产业的发展现状看，如大量的会展公司迅速崛起，各地不断兴建会展中心，各种低水平重复建设现象严重，我国会展产业结构类型偏向低集中寡占型或原子型。

此外，还有许多其他指标，如赫佛因德指数（herfindahl index），洛伦茨曲线（lorernz curve）和基尼系数（gini factor）也可以从不同角度反应产业集中度的情况。

6.1.2.3 衡量市场结构的指标之二：产品差异

A 产品差异的含义

产品差异指的是产品之间的某种程度上具有替代性或者由于消费者偏好的不同导致了同类产品之间的差异。产品差别化能够影响企业的行为和市场绩效，这也是把产品差别化作为市场结构的一个重要方面的原因。

会展业主要为消费者提供会议和展览服务产品，从会议和展览各自的组织和运行程序以及两者的功能和作用上来看，两者之间并不具有替代性。但在会议和展览的实际发展过程中，却出现了会议和展览的相互融合趋势，即“展中有会、会中有展、展会结合”，而且这种趋势随着会展产业的发展日益加强，因此，在一定程度上会议和展览具有一定的替代性或差异性。

B 会展产品形成差异的来源

（1）会展产品主题。由于参展人员具有很强的目的性，所以会议的主题或领域就成为影响参会者参会决议的最重要因素，因此，会议主题是形成会议产品差异的主要来源。

（2）会展产品的品牌。参会者与参展商在选择会展活动时特别重视会展产品的品牌。世界上有很多知名的会议和展览品牌，比如达沃斯世界经济论坛、博鳌亚洲论坛、汉诺威工业博览会等。国际展览联盟（UFI）是国际展览业的权威机构，目前，我国有 60 多个展览取得了 UFI 的资格认证，如北京国际工程机械展览及技术交流会、中国国际机床展览会、中国国际纺织机械展览会等。

（3）公司的营销。促销活动和广告行为对消费者的选择偏好会产生很大的影响。许多品牌的建立都是通过利用各种媒体多次反复地宣传自身产品与其他同类产品之间的差别，从而使消费者在选择上倾向于该公司的产品。会展活动对于参展商来说是一种非常重要的营销手段，而会展产品本身的销售却要依靠会展公司的营销，如在媒体上刊登广告、直接发函、新闻报道、电话营销等。

（4）参展商的偏好。对于会展产品这样生产和消费同时进行的服务产品来说，消费者不能通过事先的直接接触来判断其服务质量的高低，只能通过会展公司对其产品的宣传，了解有关产品的主题、服务对象、参会人员、参展商和专业观众等有关情况。现实中一些会展公司为了扩大所举办会展活动的影响，经常做一些与事实不符的宣传广告，影响展商的偏好，改变展商的选择。为保证参展达到预期的目的，展商一般会选择知名品牌的会展产品和会展公司，而这些则依靠展商的主观印象和心理的认同。

C　产品差异度的衡量

一般用产品之间的交叉价格弹性来度量产品差异度。即一种产品价格的变化对另外一种产品需求的影响。不同产品之间的交叉价格弹性可以反映有关产品或产业间的替代性和互补性，替代性越强，竞争性越强。交叉价格弹性公式为：

$$\text{交叉价格弹性} = \frac{\text{A 产品的数量变动百分比}}{\text{B 产品价格变动的百分比}}$$

式中，A、B 分别代表两家公司的产品，若交叉价格弹性为负，则表明 B 和 A 具有互补性，两者具有合作的可能性。若交叉价格弹性为正，则表明 B 和 A 具有替代性，替代性越强，竞争性也越强。

阅读与思考

打造品牌展会五大招

展览营销简而言之就是创品牌项目。品牌展览会的衡量标准或树立品牌展览会的基本要素是：权威协会和行业代表的坚强支持。

（1）在国际上，政府一般不干预企业办展，展览会的成功与否，多取决于整个行业和企业对其的认可。展览企业若能获得权威行业协会和该行业内主要代表的支持和合作，无疑就增加了该展览会的声誉和可信度，使之规模不断扩大，并带来了巨大宣传效果和影响力。

（2）代表行业的发展方向是品牌化的重要标志，它体现了展览的专业性和前瞻性。能代表行业发展方向的展览会就会有明确的目标市场和目标客户，就能提供几乎涵盖这个专业市场的所有信息，展会提供的信息越全面、专业，观众就越积极，参展企业也越踊跃。

（3）专业的展览服务包括展览企业的整个运作过程，从市场调研、主题立项、寻求合作、广告宣传、招展手段、观众组织、活动安排、现场气氛营造、展后服务，甚至包括展览企业所有对外文件、信函的格式化、标准化，都须具备较高的专业水准和从业人员的严谨处事态度。

（4）获得“UFI”的资格认可。目前全球得到“UFI”（国际博览会联盟）资格认可的展览会有近 600 个，而中国只有 6 个。UFI 对申请加入其协会的展览项目和其主办单位有着严格的要求及详细的审查程序。由于有了这套较为成熟的资质评估制度，那么就令取得了 UFI 资格认可、使用 UFI 标记的企业，成为名牌展览会的重要标志。随着我国加入WTO，面对海外众多实力雄厚的展览企业、名牌展览会的接踵而来，加入 UFI，对规范展览运作，提高国际竞争力，有着不可估量的作用。

(5) 长期规划，坚持品牌战略思维。培养一个品牌展览会并不容易，展览企业必须确立长远的品牌发展战略，从短期的价格竞争转向谋取附加值、谋取无形资产的长期竞争，用先进的品牌营销策略与品牌管理技术强占展览市场的制高点。品牌战略的成功关键是贵在坚持。竞争策略大师迈克尔波特认为：只有在较长时间内坚持一种战略，而不轻易发生游离的企业才能赢得最终的胜利！

（资料来源：中国礼品网）

6.1.2.4 衡量市场结构的指标之三：进入壁垒

A 进入壁垒的含义

进入壁垒即阻止潜在企业进入现有产业的障碍，是一种主要影响企业行为和市场绩效的市场势力，还可解释产业集中度的差异。进入壁垒反映的是现有企业和潜在企业之间的竞争能力的转化关系。

会展产业的进入壁垒不仅包括自然方面和技术方面的因素，如规模经济、必要资本量、产品差别化壁垒，更重要的是还包括制度性进入壁垒。对会展产业各种进入壁垒的深入分析是判断会展产业竞争与垄断关系的关键。

B 会展产业进入壁垒的源泉

a 规模经济壁垒

会展业的规模经济比较明显，只有会展企业规模扩大，才有实力举办大型的展会。一般来说，展会规模越大，会展收入与利润率也就越高。美国《展览》杂志和美国国际展览协会（IAEM）调查数据显示，展会收入越高，各种支出所占的比例就会越低。总收入不大于 50 万美元的展会，摊位费支出为收入的 14%，营销支出为 15%，展览场地费用为 18%，装修费用为 9%；而总收入为 500 万美元的展会，摊位费支出为收入的 3%，营销的支出为 7%，展览场地费用为 7%，装修费用则为 6%。相应的，收入越高，毛利率也就越高；总收入不大于 50 万美元时，毛利率为 32%，总收入为 50 万～150 万美元时，毛利率为 37%，总收入为 150 万～500 万美元时，毛利率为 45%，总收入为 500 万美元以上时，毛利率为 52%。由此可见，会展业的规模经济效应还是比较显著的。

决定会展产业规模经济壁垒高低的因素：一是会展市场容量的大小；二是实现规模经济所必需的生产量的大小，也就是最小经济规模。从市场容量来看，一些经济发达国家在 20 世纪 70 年代就已经形成会展产业，具备相当的规模，因而其会展业比较发达，但进入壁垒也相对较高。而我国会展业发展时间较短，会展业整体规模还不大，市场容量比较小，对潜在进入者的吸引力较弱。不过，由于它是一个朝阳产业和高利润行业，也容易吸引潜在企业进入，而且进入壁垒较低。

b 必要资本量壁垒

必要资本量壁垒即新企业进入市场所必需投入的资本。

如果一个企业达到规模经济所必需的生产量较小，进入企业可以在一个很低的产量就达到规模经济并达到最少的成本，则产业的进入壁垒较低。对于新企业来说，必要资本量越大，筹资越不容易，筹资所负担的利息成本也就越大，新企业在实力较弱或筹资能力较低的情况下进入市场的难度就相对较大，进入壁垒也就越高。对于会展业，由于产业所需资本必要量并不是很大，进入相对容易。

从专业会展公司来看，会展公司从事的主要业务就是承办会议、组展招展，在需要会展场地时可以向会展中心租用，需要餐饮、住宿、物流等专业会展服务时可以与专业会展服务公司签订合同以获取服务，业务性质决定了会展公司的注册资金和营业资本可以在一个较低的水平，因此专门从事组展、招展业务的会展公司的进入相对容易，这也是我国会展产业在短时间内迅速崛起了一大批专业从事会展业务公司的原因。由于，组织小型展会的必要资本壁垒相对较低，所以我国会展产业虽发展迅速，但大多为小规模的展会，低水平重复建设现象十分严重。

从会展中心来看，其必要资本量进入壁垒相对较高。会展中心属于展览的硬件设施，是衡量一个国家会展产业水平的主要标志之一。但由于会展中心属于固定资产，资本投入大，回收期长，投资风险和经营风险比一般的资产要大得多。因此，在会展业发展初期，民营资本或社会资本不愿进入展览场馆市场，这就导致展览场馆资本进入不足和场馆供给不足的现象发生，并严重制约会展经济的发展。为了解决这个问题，世界上大多数国家的会展中心都由政府投资，如德国、法国政府就投资兴建了大量的会展中心，极大地促进了本国会展业的发展。

c　产品差别化壁垒

产品差别也能形成一种进入壁垒。对于潜在进入者来说，产业内的现有企业可以享有产品差别化优势，因为消费者已经习惯或更熟悉原有企业的产品。在产品差异化明显的产业，在位企业因为拥有良好的信誉，或拥有某项专利技术，或拥有庞大的营销网络和客户群体，并已通过持续的广告使在位企业的产品受到了消费者的青睐。在位者与进入者之间的消费者偏好的不同是进入壁垒的重要方面，消费者更愿意选择在位企业产品的这种差异使得进入企业即使有能力进入，也不能使消费者转移到自己的产品上，这就意味着企业在进入之后的一段时间内不能获得市场，只能获得很少的利润甚至亏损。

决定产品差别化程度的一个很重要的因素就是消费者转移成本。消费者转移成本是消费者由一种产品转移到另一种产品所必须支付的一次性成本。对于消费者来说，由一种已经比较熟悉的产品转向新的产品会包括许多方面的转移成本，如搜寻成本、试错成本、风险成本等。因此，参展商倾向于已经熟悉或充分信任的业内一些知名品牌展会，如果潜在进入者想要举办同类展会，参展商对其管理水平、服务质量都不了解，一般不会轻易转化所参加的展会。所以，对于潜在会展公司来说，最好的竞争方式就是差别化竞争策略即开发出新的品牌展会，以争取市场空间。

d　制度性进入壁垒

制度性进入壁垒指除了经济技术之外人为制定的一些政策和管理办法所造成的制度方面的壁垒。在我国会展业，制度性壁垒主要包括两方面：一是会展产业的审批管理办法；二是政府作为会展活动的主办主体对其他会展企业的进入形成了障碍。如2002年11月，国务院取消了关于全国性非涉外经济贸易展览会的审批制，改为登记制。但对外经济技术展和出国展仍实行审批制，从而产生“设租”和“寻租”现象。那些和政府关系密切的企业很容易获得展会的举办权，但却不一定具备办展实力，而那些真正具有办展实力的企业却不一定获得审批。可见，审批制造成人为的市场垄断，增大了会展业的制度性进入壁垒，不利于市场主体的培育和市场秩序的规范。

e 其他进入壁垒

有时，会展企业实施某些策略性壁垒以限制潜在进入者进入。如行为壁垒，即在位者可能保持一个比正常产量大的生产能力以对潜在进入者形成威慑，如果潜在进入者进入，在位企业将会以很快的速度扩大生产能力以占领大部分市场；此外，在位企业还可以实施掠夺性定价或限制性定价以限制潜在企业的进入。

根据上述衡量指标，会展业的市场结构可归纳为：

(1) 完全竞争条件下的会展企业。我国处于分散竞争的会展市场较多，很少能达到均衡状态。随着会展业的不断发展壮大，一时间市场涌现出许多中小型会展民营企业，彼此之间竞争比较激烈。另外，一些省份地区的展馆建设盲目过热，也造成会展企业间的无序甚至恶性竞争，导致压价厮杀，场馆过剩，经营成本提高等，从而压缩获利空间。

(2) 垄断竞争条件下的会展企业。当前，我国会展业的市场开放度低，会展企业对政府的依赖程度较高，从而导致某些地区出现垄断甚至是完全垄断的会展市场。处于垄断优势地位的会展企业通常借助一些策略来维护自己的垄断地位。

(3) 寡头垄断市场条件下的会展企业。对于一些大型的会展企业或场馆来说，他们之间彼此相互依存又存在竞争，企业之间往往通过博弈行为来保持自己的垄断利润。

其中，垄断竞争和寡头垄断都属于不完全竞争市场类型。

阅读与思考

中国会展经济市场竞争结构的基本判断

对于会展业来说，由于其固有的场地规模和规模经济性，展览公司或者展览中心通常要达到一定规模才能生存。在法国、意大利等国家，公司和场馆的数目较少，其市场特征基本类似于寡头垄断市场的特点。中国会展经济发展的规模、水平在各地区很不平衡。像中国香港、上海、北京等局部地区会展市场的发展经历了从小到大的历程，并以年均近20%的速度递增，而且规模逐步扩大，场馆建设日臻完善和专业，成为当地国民经济发展的新亮点，且形成一批有影响力的会展品牌，总体水平已经初步接近国际上会展发达国家与地区的水平，属于垄断竞争市场。但是，内地大部分地区会展活动还刚刚开始，会展业总体上存在场馆规模小、配套服务水平低、品牌展会缺乏、专业人才缺乏、产业综合竞争力不强等问题，属于完全竞争市场。中国的会展业处于发展的初期，而且由于长期以来政府主导色彩浓，场地经营高度一体化，行业协会作用还很弱。

从场馆经营角度看，在一般省市内部会出现完全垄断市场，在某些省市则形成寡头垄断市场，各个展览中心独占地区市场。比如，2012 年上海近 622 个展览会的 90% 以上是集中在三大展览馆内举行的，上海新国际博览中心、上海光大会展中心和上海世博展览馆三大场馆构成了区域内的寡头垄断格局。

从展会角度看，经 UFI（国际展览业协会）认可的中国展会共 60 个，中国港澳地区 16 个，中国台湾地区 3 个。我国现阶段有国际影响的大型展会还很少。展会组织者等经营主体构成的市场呈现出寡头垄断形态。因此，我国会展市场在总体上呈现垄断竞争市场的特征。

（来源：中国会展网）

6.2　确定会展企业市场竞争策略

在会展业中，不同市场类型的企业就要有不同的竞争策略。作为企业决策者，该采用什么样的竞争策略才能实现企业利润最大化呢？

6.2.1　完全竞争市场的策略

6.2.1.1　定义及特征

完全竞争又称纯粹竞争，是指一种竞争完全不受任何阻碍和干扰的市场结构。

完全竞争的条件包括：（1）市场上有许多买者和许多卖者；（2）卖者提供的物品大体上是相同的；（3）企业可以自由地进入或退出市场；（4）市场供求信息获取畅通，不存在供求以外的因素对价格决定和市场竞争的影响。

在形成完全竞争市场的条件中，前两个条件是最基本的。现实中完全符合这些条件的市场实际上是不存在的。目前一些中小会议公司、展览公司、场馆及搭建企业接近这个市场特征。

6.2.1.2　完全竞争市场的产量策略

一般情况下，完全竞争条件下的会展企业，市场的价格由行业来定，企业的均衡通过 $P=MC$ 来决定它的供给。不过，如果处于分散竞争的会展市场较多，很少能达到均衡状态，会展企业间的无序甚至恶性竞争，也会导致压价厮杀，经营成本提高等，从而压缩企业的获利空间。

在短期中，厂商的资本即固定要素投入不变，所以，厂商只能通过调整产量，以求利润最大或损失最小。厂商在短期内实现利润最大化的均衡条件：$MR=MC$（且 MC 上升时）或 $MR=AR=MC=P$。其厂商均衡的五种情况：

（1）当 $P>\text{SAC}$ 时，厂商获得最大利润，见图 6－1a；

（2）当 $P=\text{SAC}$ 时，厂商利润为零，见图 6－1b；

（3）当 $\text{AVC}<P<\text{SAC}$ 时，厂商亏损最小，见图 6－1c；

（4）当 $P=\text{AVC}$ 时，此时厂商亏损固定成本，见图 6－1d；

（5）当 $P<\text{AVC}$ 时，此时厂商停止生产；见图 6－1d。

对一些新展会，短期内很有可能是亏损的，不过，随着规模的扩大，宣传力度的提升，该展会有很大的升值空间，所以，企业在亏损的情况下仍然会坚持办展，以获取后期的丰厚利润。

长期中，完全竞争厂商面临两类选择：一是可选择进入或退出某一行业。二是为实现利润最大化，厂商可对最优生产规模进行调整；因此，完全竞争厂商实现长期均衡时其经济利润为零。

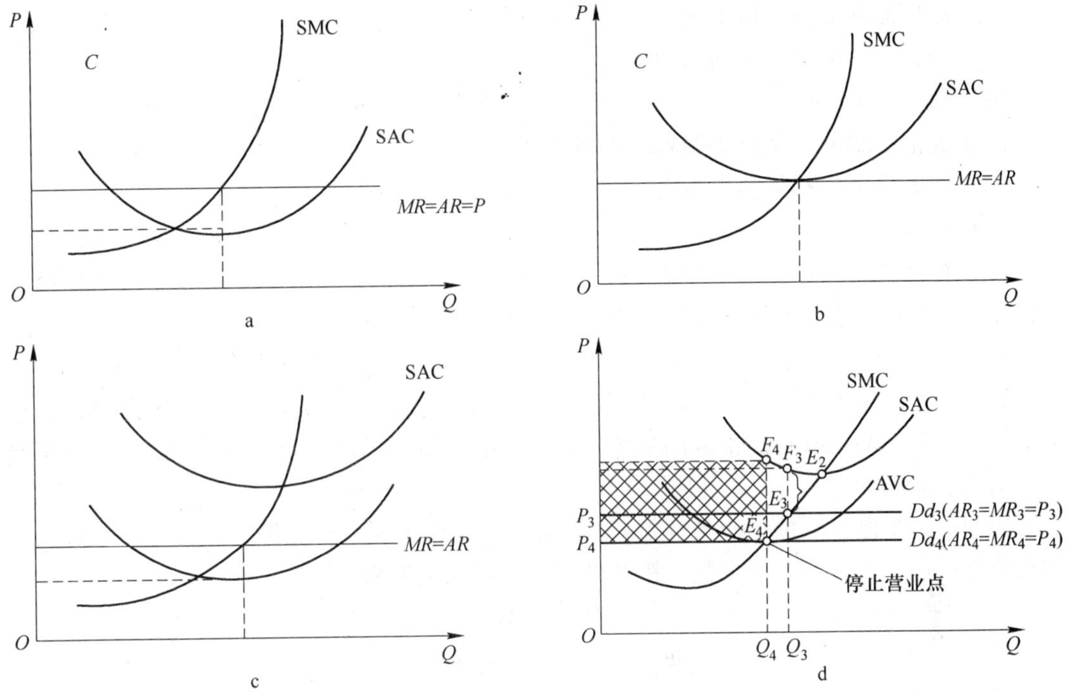

图6-1 完全竞争厂商的短期均衡状态

在实际运作过程中，有些小型会展企业一旦遇到资金周转问题，可能会陷入困境。如非典时期，由于大型活动及展览的取消，一些会展企业处于严重亏损状态，最终导致很多企业倒闭。大多数企业或通过规模扩大，业务拓展来实现规模经济，逐渐使市场结构转向垄断竞争。

完全竞争市场虽然给企业带来公平的竞争环境，但也会带来不利的影响。

（1）各厂商之间的竞争会加大企业的生产成本，有些成本可能转化为社会成本。

（2）企业之间的恶意竞争不利于市场资源的有效利用。

（3）完全竞争企业往往会通过扩大规模等手段来提升自己的竞争力，这样可能会引起垄断。

6.2.2 不完全竞争市场策略

不完全竞争市场主要涉及完全垄断、垄断竞争及寡头垄断市场。在我国有些地区会展对政府的依赖程度较高，从而导致某些场馆完全垄断市场。而有些会展企业凭借其垄断优势通过价格策略或重组等手段可实现企业的最大利润。

6.2.2.1 完全垄断市场策略

A 完全垄断市场内涵

完全垄断市场是指一个厂商独家控制一种产品的生产与销售，这种市场不存在丝毫竞争因素的市场结构。完全垄断市场须具备的几个条件：

（1）市场上只有唯一的一个销售者，企业就是行业；

（2）该厂商所售的商品没有任何相近的替代品；

（3）新厂商不能进入该市场；

（4）厂商可以根据获取利润的需要，实行差别价格。

完全垄断形成的原因主要包括：

（1）关键资源由一家企业拥有（垄断资源）；

（2）独家厂商拥有某种产品生产的专利权；

（3）政府的特许；

（4）自然垄断——由于一个企业能以低于两个或更多企业的成本向整个市场供给一种物品或劳务而产生的垄断或者由于规模经济需要而产生的垄断。

B　完全垄断厂商的长短期均衡

在完全垄断市场中，一个垄断者就是一个市场，它完全可以自行决定价格和产量，可以通过卖少量产品而维持高价或用低价扩大自己的产量，无论哪种选择，厂商的目的都是为了追求最大利润。

短期中，垄断厂商的均衡条件是：$MR = MC$，也就是说，厂商仍然根据 $MR = MC$ 的原则来决定产量，实现利润最大化。短期内厂商的获利情况为：

（1）当 $P >$ SAC 时，厂商获得最大利润，见图 6 - 2a；

（2）当 $P =$ SAC 时，厂商利润为零，见图 6 - 2b；

（3）当 AVC $< P <$ SAC 时，厂商亏损最小，见图 6 - 2c；

（4）当 $P =$ AVC 时，此时厂商亏损固定成本，见图 6 - 2d；

（5）当 $P <$ AVC 时，此时厂商停止生产，如图 6 - 2d 所示。

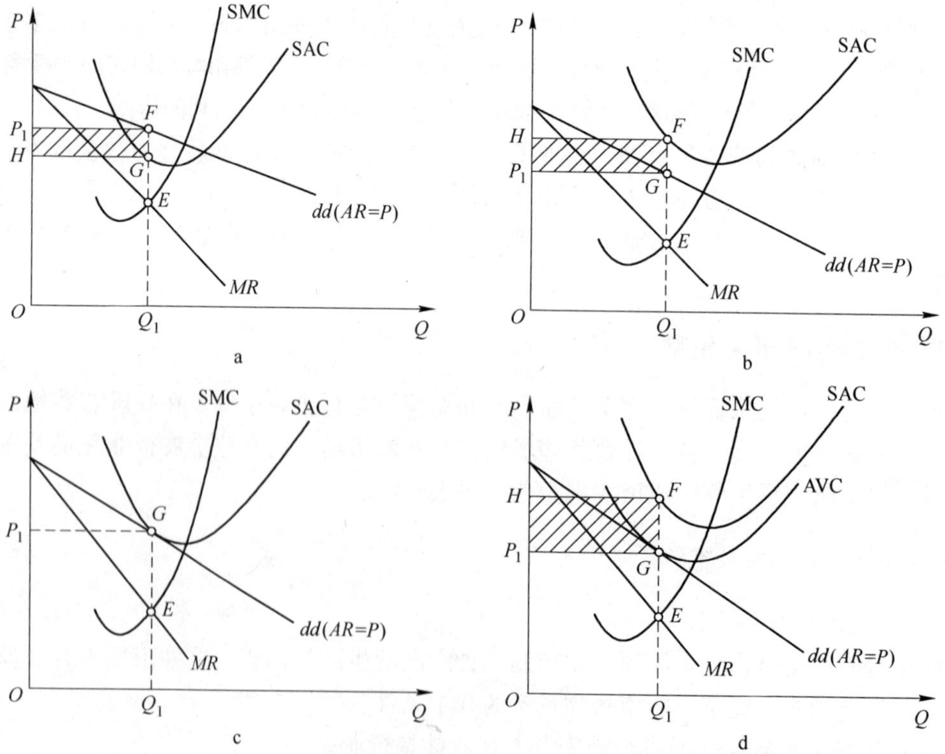

图 6 - 2　完全垄断厂商短期内企业盈亏分析

长期中，完全垄断厂商可以（通过低价多销、高价少销策略选择）调整全部生产要素的投入量，从而实现最大利润。

6.2.2.2　垄断竞争市场的策略

A　垄断竞争市场的内涵

垄断竞争市场指市场既存在垄断性，又具备竞争性。厂商在一段时间内会形成自己的垄断优势，但优势很快就会减弱，又被市场的竞争所替代。垄断竞争市场之所以这样是因为它具有以下特征：

（1）企业数量多：每个企业的市场份额都很小，单个企业的行为不会影响市场。

（2）产品有差别：每个企业都能吸引一些特定的消费者，从而对消费者有一定的垄断力量；但同时，产品之间又具有不同程度的替代性，从而存在一定的竞争。

（3）无进退壁垒：企业进出市场是自由的，因此垄断竞争市场上企业之间的竞争还是很强的。

（4）厂商对价格略有影响力。

B　垄断竞争条件下的长短期均衡

垄断竞争厂商的短期均衡与完全竞争的厂商比较相似，都存在盈利、亏损或不亏不盈。

垄断竞争厂商长期是可以获得正常利润的。在长期中，企业不仅能扩大或缩小生产规模，而且可以决定是否退出这一产品集团，是否进入另一个产品集团。如果出现了正的经济利润，就会吸引其他产品集团的进入。这就隐含地表明，该垄断竞争企业的垄断地位相对下降，从而逼迫原均衡价格下降。这种进入直到经济利润为零为止，才可实现垄断竞争企业的长期均衡。如果经济利润为负，这便使得这一产品集团的部分企业退出，这样就会导致垄断竞争企业的垄断地位加强，从而诱发价格上升。这种退出直至经济利润为零为止，才可实现垄断竞争企业的长期均衡。

由于垄断竞争市场产品是多种多样的，可以满足消费者的不同偏好，而且，垄断竞争市场有利于鼓励创新，因此，西方许多经济学家认为，垄断竞争从总体上看是利大于弊的。而在现实中，垄断竞争也是一种普遍存在的市场结构。

C　垄断竞争市场竞争策略

垄断竞争市场中，企业常采用的竞争策略包括价格策略和产品差别策略。

a　价格竞争

在短期中，垄断竞争企业依靠有差别产品或产品特色形成垄断地位，就可以控制产量与价格，在高价少销与低价多销之间做出选择，实现利润最大化。在长期中，会展企业之间的竞争中经常会出现价格大战现象，价格竞争也是常用的手段，主要包括掠夺性定价及差别价格。

掠夺性定价（predatory pricing），是指厂商一开始时通过降低价格将对手驱逐出市场并吓退潜在的进入者，当这个厂商可以处于限制供给的地位时，再提高价格。长期中，在会展业竞争中经常会出现价格大战现象，一些会展公司为了吸引更多的参展商参展，以极低的展位价格招展，使展览市场处于无序竞争状态。掠夺性定价策略的前提条件：厂商之间存在差异。企业还必须满足以下两个条件：一是在实行低价格的时期，掠夺者必须能够承担因所定低价而引起的损失。二是价格降低会引起消费者需求的增加，掠夺者为了驱逐竞争对手或阻止潜在的竞争对手进入，必须能够满足在低价位上的所有需求。当然，实行掠夺性定价的厂商也面临着一定的风险，即在实行低价策略时要负担很大的利润损失，驱逐策略成功后所获收益极其微薄，不足以弥补损失。因此，一个企业实施掠夺性定价之前一定要确保提高所获得的收益能弥补低价损失，当然，这个收益应该是从长期来衡量的。会展业中，产品价格并不是决定需求的唯一因素，甚至不是最重要的因素。参展商在选择是否参加展会时虽然要考虑展会的价格因素，但更重要的是展会的品牌能否给参展商带来经济效益。像广交会这样的在国内外享有盛誉的展会，一个展位的价格能达到十几万，还是有很多企业想参展却不能获得参展资格，而有的展会价格已经降到倾销的程度，可仍然无人问津。所以，会展公司实施掠夺性价格战不仅不能真正地驱逐竞争者，还会使自己因为在低价位下组织展会而蒙受损失。

差别定价也称价格歧视（price discrimination）是指对不同消费者消费同一商品时收取不同的价格。在现实中，会展业的企业通常具有一定的市场势力，能够在一定程度上决定产品的价格，即实施差别价格。其做法为：

（1）一级价格歧视，是指销售者按市场需求曲线将每一个单位商品均卖给愿意出价最高的消费者。一级价格歧视，又称完全价格歧视。为每单位产品制定不同的销售价格。一级价格歧视实施的条件是销售者必须能具有区分不同消费者的能力。

（2）二级价格歧视，是指销售者对同一个消费者或不同的消费者以不同的价格一并销售若干单位数量的相同商品，二级价格歧视在生活中表现为“数量折扣”。如团体参展，展位会有一定的价格折扣；

（3）三级价格歧视，当垄断者在不同的市场中对同一产品索取不同的价格，三级价格歧视便出现了。如同一种产品，国内市场和国际市场价格不一样，黄金时间和非黄金的广告费不一样等。垄断者实施第三级价格歧视是有条件的。第一，必须能够将一个市场分割成两个或两个以上的子市场。如果市场不可分割，消费者便有可能在低价市场购买商品，然后跑到高价市场抛售，直到两个市场的价格均等为止；第二，两个或两个以上市场的需求价格弹性必须不同，否则，在所有市场中只能索取相同的价格。在我国，目前所举办的一些会展对国内和国外参展商收取不同的展位价格，即价格双轨制，属于三级价格歧视。

b　产品差异化

垄断竞争厂商在短期中靠产品差别引起垄断，可以获得经济利润，但这种经济利润无法长期维持下去。如果总能不断推出有特色的产品，就可以把长期变成一个个短期，所以，垄断竞争企业的竞争策略就是创造自己的特色产品。产品的差异化主要体现在：技术创新、广告和促销活动、服务竞争等方面。

阅读与思考

从2014果蔬展整合推广　看微时代展会营销新勾搭术

过去会展业主要采用直邮、电话销售、短信推送等单调、局限的营销推广手段，如今正在奋力跟上以互联网、社交新媒体为主流的“微时代”3.0营销革命步伐，不断刷新行业及各界看客们的眼球及脑容量。于2014年11月14日至16日在北京国家会议中心成功举办的2014年中国（北京）国际果蔬展览会，就联手会展新媒体整合营销专业机构微展会，通过精心炮制的涵盖专题策划、社交媒体活动、软文营销、SEO搜索引擎优化、EDM推广等多种新媒体传播手段的营销大餐，向目标展商、观众各种“求勾搭”。

网站、专题设计优化，让展会官网去“山寨”化。互联网时代，人们获取信息的渠道、习惯发生了改变，搜索引擎及官方网站成为了解展会信息的主要入口。网站体验的优劣将直接影响受众对展会品牌的判断，通过网站整体视觉设计、功能模块及网站内容的建设优化，打造视觉性、功能性、权威性的网站形象，可以让展会官网去“山寨”化，从而改善用户体验，提升展会品牌形象。网站设计的视觉效果会影响客户对品牌的第一印象及信任度。整洁、清晰，更符合受众浏览习惯的网页架构，能让用户更快速的找到想了解的信息，给客户提供良好的体验感知。中国国际果蔬展网站设计结合了果蔬的特点，以绿色为主调，橙色为辅。整体页面风格体现了果蔬的特点：绿色、新鲜、健康，同时又具有专业展会的特点。网站建设及整体视觉设计优化，是留住用户的第一步，想要提高网站的浏览量、访客量，延长客户在网页更多停留时间，则需要原创及整合更多优质的内容。中国国际果蔬展围绕秘鲁商务团20余家农产品企业赴中国考察，首站访问长城国际展览公司的热点新闻事件，以中国与秘鲁两国南北半球反季节差形成的果蔬贸易空间为话题，在官方网站特别推出了秘鲁专题页，吸引了大量的关注。由热点主题事件策划设计的专题页，可以将用户需要的信息进行集中展示，方便用户浏览与查找，体现网站内容的全面与系统，从而帮助会展企业的官方网站提升 P_r 值及访客体验。

社交媒体活动营销：让展会平台、展商、观众联动起来。展会通过策划举办针对展会行业特性、展商及观众需求的社交媒体营销活动，可以将展会平台、展商、观众三方联动起来，从而提升展商、观众的参展体验，增强展会的目标用户粘性。本次中国国际果蔬展，主办方长城展览通过微展会策划，推出了“疯狂寻宝”的现场微信抽奖活动：现场观众通过到展商展位寻找到由水果组合设计的“密码标签”，发送到果蔬展的微信公共号就可以参与微信抽奖赢取礼品。这不仅带动了观众到展商的展位参观采购，同时也促进了展会平台与展商、观众间的有效互动。据微展会营销总监潘涛经验分享：“社交媒体活动的策划，从内容形式到活动的视觉化设计，都需要考虑社交网络的媒体及受众特性，将行业、展会、展商和观众关联的内容，进行策划提炼、生动融合，并在设计上使其有趣及图形化，通俗易懂、需求关联、富于娱乐的内容，才更有利于社交媒体受众群分享传播。”

低成本的精准营销：软文营销与EDM数据营销推广。互联网时代，一篇或一系列优质的软文，具有多样且有效的传播优势。微展会总结会展企业进行软文营销的优势及效果，认为可包含五大方面：一是，传播力度大、范围广，除能被百度新闻源收录，还会被网友、博客、论坛、社交媒体免费转载；二是，软文营销相对竞价广告成本低，性价比高；三是，结合SEM搜索引擎营销，在文章中合理嵌入关键词，有利于企业找到目标客户，实现精准传播；四是，软文营销能够贡献搜索引擎点击，提高网站流量；五是，可以增强目标受众的信任度，实现二次或多次传播。EDM营销的最大优点在于企业可与数据库中精准的目标用户，建立更为紧密的在线关系，通过EDM图文设计准确传达展会的亮点信息，能提高客户对品牌的认知度，及时了解到活动信息等。由于其具有营销目标精准、低成本高回报率、快速增加网站访问流量等优势特点，这种营销方式正开始像雨后春笋一般成长，成为越来越多会展企业的营销手段。

（信息源自：全球财经网）

6.2.2.3　寡头垄断市场的策略

A　寡头垄断市场的内涵

寡头垄断（又称寡头）是指少数几个厂商控制整个市场中的生产和销售的市场结构。寡头是介于垄断竞争和完全垄断之间的一种市场模型，它是指只有少数几家大型企业控制某种商品的一种市场结构。寡头垄断形成的条件：

（1）行业中厂商数量较少；

（2）厂商所生产的产品可以是无差别的，也可以有差别；

（3）进入寡头垄断市场存在比较大的障碍。

寡头垄断市场在经济中占有十分重要的地位。例如在美国，钢铁、汽车、炼铝、石油、飞机制造、机械香烟等重要行业都是寡头垄断市场。这些行业中大都是四五家公司的产量占全行业产量的70%以上。在日本、欧洲等发达国家也存在同样的现象。在会展业中，各地的场馆之间，大型的会展公司之间的市场结构接近寡头垄断。

B　寡头垄断市场上产量的决定

各寡头之间有可能存在相互之间的勾结，也有可能不存在勾结。在这两种情况下，产量的决定是有差别的。

当寡头之间存在勾结时，产量由各寡头协商确定。而协商的结果对谁有利，则取决于各寡头实力的大小。这种勾结产生的协商可能是对产量的限制，也可能对具体产量做出限制，此外，规定各寡头的市场范围，即对销售市场进行瓜分。这种相互之间的勾结往往是暂时的，当寡头的实力发生变化后，就要求重新确定产量和市场，从而引起激烈的竞争。

各寡头之间不存在勾结时，根据其他寡头的产量决策来调整自己的产量，以达到利润最大化的目的。这种产量决策首先要考虑竞争对手的反应和对策，这就使厂商的决策很难有一个确定的结果。为了推测其他寡头的产量和价格，就要根据不同的假设条件进行分析。

C　寡头垄断市场上价格的决定

寡头垄断市场上，如果一个寡头企图通过降价来争取顾客，就会很容易地引起竞争对手采取更大幅度降价的报复，这种降价竞争会持续到某一方从市场退出为止，或者双方都无力接受亏损时停止价格战，也可能最后双方达成某种协议，使价格逐渐恢复到原来的水平。因此，一家厂商在作任何行为的改变时，都得预先考虑其他厂商可能的反应。在现代经济学中通常用博弈论来分析寡头之间的这种行为。

博弈论指的是一种策略思考，以猜测他人的行为，作为判断的决策依据。寡头市场上的企业正是这种情况，通过博弈论来分析寡头市场上的价格战，价格战是寡头市场上常见的一种策略，目的是通过低价格把对手赶出市场，提高自己的市场份额。

a　非勾结性寡头垄断市场上价格的决定

寡头市场上，并非总发生价格战，一般情况下有以下两种决定价格的方法。

第一，价格领先制，又称价格领袖制。即由一个行业最大的或最有影响力的一个寡头率先制定价格，其他寡头厂商追随其后制定各自的价格。作为价格领袖的寡头根据其地位和实力制定价格，如果地位稳固，它会按照自己的均衡点确定价格，否则，它会寻求一个所有寡头都能接受的价格。其他寡头的地位和实力使其预测能力也较弱，若不跟随定价，就会面临流失顾客或引起价格战的风险，若跟随定价能获得合理的利润，并可以避免自定价的风险。

第二，成本加成法。成本加成法是寡头垄断市场上各家企业力量相当时的一种最常用的方法，即在各寡头估算的平均成本的基础上加一个固定百分率的利润。由于各家企业力量相当，平均成本相近，全行业利润率各家企业也都知道，定出的价格是相近的。这种定价方法虽然不一定能使各个寡头都能得到最大利润，但可以避免各寡头之间的价格竞争，使价格相对稳定，为避免竞相降价，各寡头厂商也乐于采用这种方法。

b　勾结性寡头垄断市场上价格的决定

在存在勾结的情况下，寡头垄断，厂商出于对各自垄断利润的追求，往往通过正式的或非正式的协议组成卡特尔。价格卡特尔即价格合谋，是指竞争性厂商合谋把价格提高到竞争价格以上，避免发生价格战以获取垄断利润的行为。

卡特尔组织虽然形成了操纵市场、分享利润的协议，但是这一协议并没有法律约束力，各卡特尔成员出于各自的利益，往往违背协议，使协议的执行非常困难。因此，大多数卡特尔往往是不稳定的，难以长期存在。

寡头垄断在经济中是十分重要的。一般认为，它具有两个明显的优点：第一，可以实现规模经济，从而降低成本提高经济效益。第二，有利于促进科学技术进步。各个寡头为了在竞争中取胜，就要提高生产率，创造新产品，这就成为寡头厂商进行技术创新的动力。此外，寡头厂商实力雄厚，可以用巨额资金与人力来进行科学研究。当然，各寡头之间的勾结往往也会抬高价格，损害消费者的利益和社会经济福利。

D　寡头垄断企业的竞争策略

在我国，存在大量的会展公司，很多会展公司在对外营销时都尽量压低价格，一般不大容易发生价格合谋行为。由于寡头垄断者不会贸然改变场地价格，而是多倾向使用一些非价格方式来竞争。如会尽量利用完善会展服务，专业化的会展和品牌会展制造差别，以维持自己的市场占有率。一般来说卡特尔难以形成长久维持。不过，有些场馆却属于完全垄断或寡头垄断，还是存在非价格竞争的。除了寡头行业之间的合谋外，行业协会也有类似的行为表现。有的地方性和行业性协会在某产品市场或某地域性市场上拥有组织垄断权，最容易达成垄断性合谋。

会展业中的寡头垄断企业既联合又竞争，企业可以通过资产重组、参股、控股或兼并收购来组成会展企业集团或联盟，并通过合理的专业化分工来实现会展业规模的经济效益。在寡头市场条件下，实现会展企业的一体化较为明智。

阅读与思考

从会展立项到真正举办，会展机构一般都会根据自身的资源和优势，并结合会展题材所在产业的发展特点和现有同类会展的状况等，给每个会展一个合适的发展定位。在不同的市场竞争条件下其营销策略为：

一、政府主导型定位的会展

在市场经济条件下，政府直接介入会展业，采取直接办展的模式，造成政府既当“运动员”又是“裁判员”的“角色错位”。尽管政府办展在我国展览业起步阶段也对展览业的发展起到了一定的推动作用，但毕竟这是一个过渡性产物，政府应从会展业中全面退出，实行角色转换。

(1) 建立统一的会展监管机构，制定相关产业政策。

(2) 构建统一的会展业管理办法，杜绝政出多门、互不协调的混乱现象。

(3) 明确政府在会展活动中的职能定位，理顺政企关系。必须坚持分类管理，不能搞“一刀切”，对那些具有较高社会效益的“公益会展”，如建设成就展、计划生育展等，这些活动是非营利性的，仍需要由政府主办，但具体的运作方式，如展馆场地租赁、展台设计等应采取市场化的招投标方法等；对于具有明确营利性的“商贸会展”，政府必须全面退出，“只当裁判员，不当运动员”，以维护行业的自由公平竞争，为企业营造良好的经营环境。从世界会展业发展规律来看，在会展业的发育、发展过程中，政府的角色不是微观的具体的会展活动的组织者与参与者，而是在宏观上对会展活动进行管理和调控，包括制定产业规划、产业政策，进行基础设施、会展法律法规建设、维护会展产权以及提供相关服务支持，等等。

二、市场领先型定位的会展

市场领先型定位，又称王者定位，就是会展机构通过对自身的优势、劣势分析，将会展的发展目标定位为行业的主导或先导型会展。其定位策略的核心就是守住自己的阵地。市场领先型定位会展的营销策略：面对实力渐强的挑战者，市场领先型定位会展企业应采取一些营销策略以巩固自身优势。

(1) 进攻型策略。扩大会展规模，形成规模效益效应，其他同类会展就无法与之进行竞争。

(2) 防御性策略。处于市场领先地位的会展必须时刻提防其他竞争者的挑战，要时刻注意保护自己的市场份额。保住了市场份额也就基本保住了会展在市场上的领先地位，如展览规模领先、参展商数量领先、到会专业观众数量和质量领先等。办展机构可以通过防御性的竞争策略来保住传统的市场份额。

三、市场挑战型定位的会展

市场挑战型定位是指在会展市场上紧追市场领先者的会展企业，并试图夺取更大的市场份额，改变现有市场地位的一种发展定位策略。市场挑战型定位会展的营销策略：市场挑战者在选定挑战对象后，还要注意采取适当的营销策略。一般来说，挑战者有五种可供选择的营销策略。

(1) 全面包围策略。挑战者凭借自身掌控的优势资源对对手进行全面的围堵，从而战而胜之，取而代之。其主要方式包括：价格折扣、服务创新、产品改进、渠道拓展和密集促销等。全面包围策略是一种全面进攻的策略，它往往会引起对方激烈的反应，如果不拥有绝对的优势，这种策略往往较难成功。

(2) 正面挑战策略。挑战者集中全部精力向对手的主要市场发动进攻，进攻的重点是对方的强项。正面挑战的胜负取决于双方力量对比。挑战者必须有强大的实力，并且在展位的定位、运作、服务以及客户关系管理等方面大大强于对手时才有取胜的把握，否则，就不要采取这种挑战策略。正面挑战的一个最常见的攻击手段就是打“价格战”，挑战者往往以比对手更具有竞争力的价格向对手发起进攻，争夺对手的顾客群。

(3) 侧翼进攻策略。挑战者集中自己的优势力量瞄准对手的弱项，各个击破。侧翼进攻有两种办法：一是进攻对手较弱的某细分市场，如对对方目前做得还不够的某一细分市场的客户进行重点招展，将对方逐出该细分市场；二是攻击对方较弱的某一地区，将该地区的客户据为己有。侧翼进攻比较隐蔽，对手往往较难发现，等到发现时已为时过晚，因而，侧翼进攻往往更易达到目标。

(4) 迂回包抄策略。这是一种间接的挑战策略。它完全避开对方现有市场而进行迂回包抄。例如，尽管和对方会展同在一个产业但自己的会展包含比对方更多的展览题材，尤其是包含那些对方会展所没有包含的题材；或重点在对方目前还没有进行招展的地方进行招展；或将自己的会展定位与对方会展相区别，与对方进行差别化竞争，等等。迂回包抄策略比侧翼进攻策略更隐蔽，也更易成功。

(5) 游击战策略。这是通过以一种小型规模的间断性的进攻来攻击对方的薄弱环节以达到挑战目的的策略。实施这种策略的目的往往有两个：一是通过消耗对方来为自己赢取立足点，二是在消耗对方的同时壮大自己。尽管游击战争往往难以将对方完全击倒，但这种策略对于那些力量较弱的挑战者却非常适用。

四、市场跟随型定位的会展

市场跟随型定位是指一些在市场上处于弱势地位的会展，主动地跟随处于市场领先型会展的后面，并与之和平共处的一种定位策略。市场跟随者定位会展的营销策略：市场跟随者定位在跟随市场领先者时不是简单地跟随，它必须找到一种不至于引起市场领先者的报复性竞争策略，否则，就会得不偿失。一般市场跟随者定位策略为：

(1) 有选择跟随策略。就是在跟随市场领先型定位会展的同时，有些方面有自己的特色和创新，是一种择优跟随策略。采用这种策略的跟随者往往是模仿市场领先者某些成功之处，借以分享市场领先者的某些资源和办展经验，同时，还应根据自己的特点扬长避短，开拓创新，使自己的会展不断发展壮大。

(2) 有距离跟随策略，就是除在办展时间、展览范围、观众定位和办展营销组合策略等方面模仿市场领先者外，在其他方面保持一定程度差异的营销策略。距离性跟随与选择性跟随有些相似，只不过它缺少了有选择跟随的自主开拓和创新，是一种被动性的跟随。

(3) 全面跟随策略，就是在尽可能的细分市场上及相应的市场营销策略上仿效市场领先者的策略。例如，在办展策略、展览时间、观众定位、展览范围等各个方面跟随市场领先型定位会展，尽可能分享它的某些资源和办展经验。

五、市场补缺型定位的会展

市场补缺型定位是一种避开强有力的竞争对手进行会展市场定位的模式，因而又称为避强定位。这种定位的一些会展往往只专心服务于某类题材展览市场的某些细小部分，通过专业化经营来营造一种差别化竞争优势。其定位策略的核心就是补缺。

市场补缺型定位会展的营销策略：实行专业化经营，即在会展定位、观众结构、展商类别或市场导向等方面进行有别于市场领先型等会展的经营。

(1) 会展定位专业化。市场补缺型定位应有别于市场领先型会展的定位，从而抢占市场空隙。若市场领先型会展主要面向国内市场的时候，市场补缺型定位可将自己的会展定位为“出口导向”，主要招揽那些面向出口的企业来参展。

(2) 观众结构专业化。市场补缺型会展应将自己的目标观众同市场领先型会展的观众分开，让自己的会展只专门服务于某一类或几类的观众，使自己的会展更专业化。

(3) 展商类别专业化。市场补缺型会展应只专门服务于某一类或几类的参展商，这些参展商可能是市场领先型会展主动放弃的，或是它在无意中忽略的。

(4) 市场导向专业化。市场补缺型会展只服务于某一个或几个细分市场，如在展品范围方面只包括市场领先型会展所遗漏的题材，或者是它暂时还做得不太成熟的题材。

（摘自：周爱国．不同竞争条件下会展定位的营销策略．2009 中国会展经济研究会学术论文）

任务小结

根据会展经济学分析活动的顺序，本任务是经济学分析活动操作的第六项任务。应该明确企业利润最大化必须确定企业的市场竞争策略。根据市场类型的特点，明确企业的市场类型，从而确定企业的市场竞争策略。

判断企业的市场结构类型是分析完全竞争、完全垄断、垄断竞争、寡头垄断等四种市场类型的特点，并根据这四种市场类型的特点来判断企业所属的市场类型。重要的是会利用企业数目和产品的差别程度这两个最基本的特点来比较判断，以及对面向某个区域范围内服务的企业其市场类型进行判断。

确定企业市场竞争策略就是要明确完全竞争、完全垄断、垄断竞争、寡头垄断等 4 种市场类型主要是采用产量还是价格或是产品特色等市场竞争策略。通过对完全竞争、完全垄断、垄断竞争等 3 种市场类型的短期均衡和长期均衡的分析来确定企业的市场竞争策略。

本任务围绕判断企业的市场结构类型、确定企业市场竞争策略的活动设计了各环节操作的专门知识。完成本任务后，读者应该明确企业的市场结构类型，为会展企业确定市场的竞争策略进行经营决策分析工作。

业务技能自测与实训操作

一、讨论

1. 根据卖方集中度估计我国会展产业的市场结构类型。
2. 会展产品差异化主要来源？
3. 试用产业进入壁垒理论来解释我国会展业低水平重复建设的现象十分严重。
4. 什么是价格双轨制，其意义及局限性？

二、案例分析

阅读与思考

外资展览巨头逐鹿中国市场　扩张进入新阶段

自 2004 年展览业开始对外资开放，至今已有 10 余年。期间，外资展览巨头在中国市场完成了一轮又一轮的战略布局。记者调查发现，京沪穗一线会展城市的大型专业展会，几乎都有外资展览巨头强势进驻。也就是说，专业品牌展几乎都与外资展览巨头有合作。2014年外资展览巨头们又完成了一轮区域市场布局。这一次，较为亮眼的是以英国展览巨头为首的“英派”——励展博览集团（以下简称励展）、塔苏斯集团（以下简称塔苏斯）和以德国几大展览集团为首的“德派”——法兰克福展览有限公司（以下简称法兰克福）等之间的较量。这其中，中国本土会展组织方、会展企业的身影已被巨头们的气势淹没。

珠三角密集布控。据知情人士透露，塔苏斯将整合全球资源，将与深圳合作的两个展会项目升级为全球市场的专业“母展”，并陆续推动“海外子展”的举办，使这两项展会成为世界级贸易平台。2014年11月下旬，排名全球“老大”的“英派”励展大中华区与上海扩展展览服务有限公司（以下简称上海扩展）达成合作，双方主办的中国国际触摸屏博览会（C-TOUCH）2014年5月在上海、11月在深圳两地举办，标志着励展再次入驻珠三角。“英派”的另一巨头——亚洲博闻（以下简称博闻）即将于2014年11月底在珠海国际会展中心举办中国（珠海）国际游艇展。2014年12月初，另一个入驻珠三角的展览巨头，是“德派”的法兰克福。其与广东省玩具协会正式合资成立广州力通法兰克福展览有限公司，共同运作老牌玩具专业展——广州国际玩具及模型展览会和广州国际童车及婴童用品展览会。这是法兰克福在广州成立的第二个合资公司，第一个合资公司——广州光亚法兰克福展览有限公司（以下简称光亚法兰克福）主办的“照明展”规模已居全球同类展会首位。

长三角“混战”。2014年12月中旬，法兰克福、中国汽车工业国际合作总公司联合主办的2014上海国际汽车零配件展维修检测诊断设备服务用品展览会（Automechanika Shanghai，以下简称法兰克福汽配展）在上海新国际博览中心举办，规模达22万平方米，令其成为仅次于德国法兰克福母展，排名全球第二大的汽配展，德国法兰克福市市长在参展商招待晚宴上的出现，说明，对法兰克福而言，中国市场具有继续扩张的潜力。随后，法兰克福汽配展组委会宣布，由于受到展馆场地限制，2015年在国家会展中心举办。除了法兰克福汽配展规模的增长，对汽配行业来说另一大看点是10月中旬，由河南励展宏达展览有限公司（以下简称励展宏达）主办，在上海新国际博览中心举办的上海国际汽车后市场博览会（SIAAF，以下简称汽车后博会），此举被业界看作是“英派”励展终于以合资公司励展宏达的身份进驻上海新国际博览中心，与“德派”汽配展老大——法兰克福短兵相接。尽管，法兰克福汽配展和汽车后博会的展览内容有所不同，但在业内参展商看来，两个展会的产品还是有重合之处。

坚守华北市场。与珠三角、长三角市场相比，没有那么大硝烟的华北市场，仍是外资展览巨头不舍放弃的区域。“德派”的科隆、汉诺威、慕尼黑，仍在努力开拓北京市场。2014年11月下旬，由中国工业节能与清洁生产协会协同科隆主办的2014国际节能环保技术装备展示交易会在北京中国国际展览中心（老馆）举办。展会期间，以“绿色工业，重塑蓝天”为主题的2014节能环保产业高峰论坛引人关注。 6月初，由汉诺威与中国钢铁工业协会、中国铸造协会、中国机械工程学会、中国贸促会冶金行业分会等共同主办的中国国际铸造博览会、中国国际冶金工业展览会、中国国际工业炉展览会、中国国际耐火材料及工业陶瓷展览会在北京举办，从2015年起，将在上海、北京交替举办，上述展会将移师上海国家会展中心。

西部成必争之地。成都是进入中国西部市场的重要门户，是连接中国与亚欧大陆丝绸之路的重要结点，也是外资展览公司的必争之地。2014 年 5 月底，博闻与成都市博览局签署了战略合作谅解备忘录。双方将加强展览业务的全方位合作，其中包括加强国际展览市场信息的交流与沟通、双方管理人员和业务人员的交流与培训，以及双方在成都共同合作举办相关展会项目等。博闻方面表示，合作协议的签署意味着其西部战略迈出了坚实的一步，未来博闻将加大在成都地区的投资。博闻中国集团首席代表萧鸿飞表示："将通过和成都的紧密合作，发掘最契合成都行业特点和资源优势的展会项目，将该展会打造成世界级展会品牌。" 2014 年 8 月上旬，上海博华在成都举办了首届上海国际酒店用品博览会（成都）及中国清洁（成都）博览会。亚洲博闻主席及行政总裁爱新克表示，在二线城市推出新展会项目，符合在中国的发展战略。中国是一个巨大的市场，强大的需求源自全国不同区域。博闻经过数十年的努力，会把在中国的展览项目发展成为全球领先的品牌。

渗透三线城市。在 2014 年青岛会展研讨会上，上海万耀企龙展览有限公司（以下简称万耀企龙）执行总裁毛大奔表示，外资展览公司在中国的市场布局已经渗透到三四线城市。2013 年 9 月，上海博华与广东省中山市古镇镇政府签署合作协定，管理及统筹自 1999 年创办的中国（古镇）国际灯饰博览会（以下简称古镇灯博会）。于 2014 年 10 月下旬举办的第 14 届古镇灯博会扩大至 60 万平方米，分别在古镇会展中心及四个照明行业商场共五个场馆举行。博闻在二线城市的展会还包括于 2014 年 11 月在辽宁沈阳举办的中国沈阳国际家具展览会，规模超过 12 万平方米。另一项目则是 2014 年 11 月 14 日至 17 日在广东珠海市举办的中国（珠海）国际游艇展。励展的战略布局更是延伸至江苏的苏州，举办了全国药品交易会（春季）、全国医疗器械区域博览会、中国康复展览会，以及昆明的全国新特药品交易会、中国药店展览会和重庆的中国国际医疗器械（秋季）博览会、中国国际医疗器械设计与制造技术（秋季）展览会，此外，还在青岛举办了中国兽医大会 &amp 中国兽医用品及药品产业博览会。汉诺威的武汉国际汽车展览会（下称武汉车展）是自成都车展之后，其又一品牌展览项目。

（摘自：中国贸易新闻网 2014 年 12 月 30 日）

试分析当前中国展览业市场竞争态势。

三、实训操作

观察会展业，分别举例说明接近完全竞争市场、完全垄断市场、垄断竞争市场和寡头垄断市场各一家企业，分析其特点和市场竞争策略。

【实训目标】通过实地认知企业的市场结构类型，并能对其市场竞争策略进行分析，加深对本任务内容的理解。

【实训组织】学生每 4 人一组，选择会展企业进行调查和了解。

【实训提示】各组对任务进行分工。小组成员应做到既要分工又要合作，按计划步骤完成项目作业，即撰写一份对商家市场竞争策略分析的报告。

【实训成果】各组汇报、教师讲评。

任务7　了解会展业中的政府与市场

能力目标

通过完成本任务，你应该能够：

1. 了解会展市场失灵及原因；
2. 了解政府干预政策。

核心能力

1. 掌握会展业市场失灵现象及原因；
2. 合理运用政府干预政策。

任务解析

1. 判断市场失灵；
2. 明确政府干预政策。

7.1　了解会展市场失灵

阅读与思考

会展经济发展迅速　品牌展会遭仿冒市场待净化

目前，中国国内会展经济蓬勃发展，名目繁多的展会充斥市场，良莠不齐、真假难分，让企业无所适从。2014年8月15日中央电视台财经频道晚8点半经济信息联播节目播出了名为“蹊跷的展会”的10分钟调查节目。展会十几家上当企业根据中国家纺展主办方提供的相关信息联合在一起通过央视曝光，详细介绍了家纺展仿冒展会的来龙去脉。这已不是家纺展首次遭遇仿冒。同时，被仿冒的展会不仅仅是家纺展，一些展览效果好的品牌展会总是不断遭遇仿冒展会的侵扰，这让品牌展会名誉受损，被骗参展的企业更是直接遭受经济损失。

据展览行业业内人士介绍，目前行业骗展情况很普遍，一般分为三种情况：第一种属于展会主办方的招商手段不规范，展会实际情况与招展书不一致；第二种是主办方虽在早期规划了很好的展会方案，但后来的招展招商达不到预期要求，主办方展会前卷钱跑路；第三种是仿冒在行业内有影响力的展会，如央视财经频道报道的“蹊跷的展会”。据中国国际家用纺织品及辅料博览会主办方介绍，仿冒在行业内有影响力展会的这种伎俩，会采用仿冒展会名称、展会logo、展会工作人员名字、展会平面图、展会申请表甚至展会网站等等多种手段，如正规展会名称为“中国国际家用纺织品及辅料博览会”，而假冒展会名称则是“中国（上海）家用纺织品及辅料展览会”；正规展会logo为intertextile，假冒展会logo为intertextle；

正规展会工作人员名字为“林泽文”，假冒展会工作人员名字为“林则文”等等。

中国国际家用纺织品及辅料博览会主办方还透露，现在的展会一般都有行业协会或是权威机构作为主办单位。有些展览公司办展得不到主办单位的支持，为了骗取参展企业的信任，就编造一个子虚乌有的主办单位。如：本来这个行业只有一个“某某协会”，但展览公司请不到该协会来主办展会，又要取得参展商的信任，就在招展书的主办单位一栏写上仅有一字之差的“某某学会”，而参展商一般不会注意到这一字之别。

业内人士呼吁，在各种展览公司良莠不齐、鱼龙混杂的情况下，亟待成立一个具有监管职能的会展行业协会，加强对组展商的资质管理、制定展览评估体系、强化培训和诚信道德教育，以帮助企业提高会展管理水平。有的专家提出加强会展公司资质认证，对会展公司可以采取类似酒店的星级制度，规定新公司只能办一些小的展览；两三年后，如果他们办展较成功，就可以加星，提高等级。也有业内人士认为，要想降低“骗展”情况发生的可能性，关键是要使会展信息对称与透明。

对于企业如何防范“骗展”，中国国际家用纺织品及辅料博览会主办方提出如下建议：一、参展企业必须谨慎甄选，尤其是那些初次参展的企业，更要擦亮眼睛，明辨真伪，选择有品牌的展会，并要求对方出示展会批文，明确展会时间、地点、主办单位信息、了解往届展会情况等等，经过多方考察方可作出决策；二、在展会现场与主办单位工作人员取得联系，获得相应参展资料，保持与固定主办单位工作人员的联系，明确展会进度，获取更多展会信息；三、品牌展会展位、展区、价格相对固定，企业不要轻易听信好的展位、折扣多多等谎言；四、与已经参展或者曾经参展的同行朋友多交流，互相交换信息；五、收到展位通知及付款通知后，与主办单位再次确认账号及付款方式。

（中国会展信息网，2014－8－28 信息来自中国商报）

在会展业中，价格对会展市场充分发挥着调节供需的作用，直到展商、观众与会展企业各得其所，达到最高的经济效益，这是一个完全竞争市场的理想状态。但不完全竞争时价格调节不能达到预期的状态，上述会展业欺诈现象的存在主要源于会展市场的信息不对称，其结果就是市场失灵的表现。当然，导致会展市场失灵的还有其他因素的存在，本任务需要我们掌握市场失灵的原因及其相应策略。

7.1.1　了解市场失灵

7.1.1.1　市场失灵的含义

市场失灵是指市场机制（即价格调节市场的机制）不能实现资源的有效配置，也就是说市场机制造成资源的配置失当。市场失灵也称市场缺乏效率，具体表现为公共产品、外部性、信息不完全和垄断等问题。

7.1.1.2　形成市场失灵的原因

A　外部性

a　外部性内涵

所谓外部性是指单个家庭或厂商的经济活动对其他家庭或厂商的影响，亦称为外在效应或溢出效应。按照外部效应产生的影响不同，把外部效应分为外部经济和外部不经济。

外部经济即正外部性，是指某个家庭或厂商的一项经济活动给其他家庭或厂商无偿地带来的好处，这项经济活动私人利益小于社会利益，私人成本高于社会成本。例如，随着会展业的逐步扩大，会展教育资源的增加，给会展企业带来了正的外部经济。

外部不经济即负外部性，是指某个家庭或厂商的一项经济活动给其他家庭或厂商带来无人补偿的危害。这项经济活动私人利益大于社会利益，私人成本低于社会成本。例如：国际乐器展上，其他乐器噪声就会给某展商带来外部不经济。

b　外部性问题解决

外部性的私人解决方法包括：道德规范和社会约束、慈善行为、外部性的内在化以及签订合约。

当私人协商无效时，政府有时可以起作用，政府可以通过界定产权、征税或补贴、立法和行政手段。在许多情况下，外部性导致资源配置失当，多是由产权不明确造成的。如果产权完全确定并能得到充分保障，就可杜绝一部分外部性发生。因为在产权明确的条件下，通过市场交易就可以解决一部分外部性问题。产权明确之后，可以使外部经济通过市场交易来解决。这样，通过产权交易，可以为实现资源配置的帕累托最优创造条件；政府对造成外部不经济的家庭或厂商征税，对造成外部经济的家庭或厂商进行补偿，直至社会的利益等于私人的利益，或社会的成本等于私人的成本，从而使资源配置达到帕累托最优。

此外，将具有外部经济的企业和具有外部不经济的企业合并，从而使外部性“内部化”，容易实现资源配置的帕累托最优；通过立法和行政手段，也可发挥政府的职能，降低社会付出的成本。

B　公共物品

a　公共物品的内涵

公共物品是指像国防、立法、交通这类不通过市场交易，由政府提供的商品与劳务。它具有非竞争性和非排他性。所谓非竞争性是指增加一人消费不影响他人的消费。所谓非排他性是指无法从技术上或经济上把不交费的人排除在消费之外。

公共产品会带来“免费搭车”（free - rider problem），即人们享用某些产品或服务时并不减少其他人享用，即使后者不付钱。这种生产的外部不经济导致供给太少甚至没有，即私人不愿意提供这种物品，而这些物品又是一个国家或社会所必须的，如国家安全、社会稳定等。如果缺乏这些公共物品，我们的生产和消费便要受到相应的影响。在会展业中，有一些公益性质的展会或活动也属于公共物品，这些展会及活动目的在于提升居民的文化素质，仅仅依靠市场机制，展会及活动很难开展。

b　公共物品问题的解决

由于没有交易，没有市场价格，私人企业不愿意提供公共物品，这样，市场调节就不能提供足够的公共物品。公共物品就会出现供小于求，也就是资源配置无法通过市场机制来调节，这就是市场失灵。公共物品的提供影响到几乎所有居民的生活，政府必须对公共物品的建立做出选择。因此，公共物品通常由政府提供。但并非所有的公共产品都是由政府提供的。如果能找到解决免费搭车问题的方法，有些公共产品就不需由政府提供。制度的变更和技术的改进能避免某些免费搭车现象。

现在，人们在公共产品中分解出两种，纯公共产品和准公共产品。所谓纯公共产品就是同时满足非竞争性和非排他性的产品，它只能由政府依靠税收组织生产。准公共产品是指有竞争性，但没有非排他性的产品，即排他性成为可能。一旦如此，准公共物品就不一定非要由政府生产不可，它也可以由私人企业生产。目前国内一些民营的美术馆等展出的艺术展很多属于准公共物品。

C　信息不对称与市场失灵

a　信息不对称内涵

信息不对称是指市场上买卖双方所掌握的信息是不对称的，即一方掌握的信息多些，一方掌握的信息少些。

信息不对称包括两种情况：有些市场卖方所掌握的信息多于买方，商品市场和要素市场上都有这种情况；有些市场买方所掌握的信息多于卖方，保险与信用市场上有这种情况。在信息不对称条件下，如果卖方知道的信息多于买方知道的信息，降低商品和生产要素价格不一定刺激消费者对该商品的需求；如果卖方知道的信息少于买方知道的信息，提高商品和生产要素价格不一定刺激生产者的供给，这就导致了市场失灵（即价格无法有效的调节供给和需求）。

需要说明的是，信息的不对称不仅是指人们常常限于认识能力不可能知道在任何时候、任何地方发生的或将要发生的任何情况，而且更重要的是指行为主体为充分了解信息所花费的成本实在太大，不允许他们去掌握完全的信息。

b　信息不对称问题的解决

信息不对称会产生逆向选择和道德风险问题。其中，逆向选择问题即买卖双方在信息不对称的情况下，差的商品总是将好的商品驱逐出市场。因为，买卖双方信息失衡时，使得好坏无法区分，迫使信息较少的一方只能做出不利的选择，如展商对展会的不了解，可能会使展商倾向于选择贵的品牌展会。道德风险是指由于信息的不对称导致市场中的欺诈、刻意隐瞒交易信息等风险的可能性越大，市场的交易成本也就越高。这不仅降低了经济活动的效率，交易者也因此损失了利益，如会展市场的各种欺诈现象。

逆向选择问题可以通过有效的制度安排和有力措施加以排除。非对称信息在许多领域存在，但并不一定都产生逆向选择问题，产生逆向选择也不一定都需要进行行政干预。借助有效的制度安排和有力措施是可以摆脱逆向选择问题的。

D　垄断与市场失灵

垄断产生的原因主要是生产的物质技术条件、人为因素及自然条件等，所以自由的市场经济不可避免的会产生垄断。虽然，垄断对于一些行业来说可能比过度竞争更有益，但垄断往往会使价格偏高，因而导致效率低下。同时，垄断行业中的技术停滞、寻租等现象，又会造成更大的社会成本。

针对垄断造成的市场失灵，政府可采取经济的、行政的和法律的手段限制垄断行为，其中包括行业的重新组合、经济和行政处罚以及实施反垄断法等。

7.1.2　了解会展业中的市场失灵问题解决现状

7.1.2.1　各国会展管理的概况

政府对会展业的宏观管理和政策扶持，是会展业协调健康发展的重要保证。目前各国对会展业的管理模式可分为三种：政府支撑型模式、政府市场结合型模式和市场主导型模式。

A 政府支撑型模式

德国是世界展览业强国，其会展业的突出特点是专业性、国际性展会数量多、规模大、效益好。德国是政府支撑型模式的典型代表，政府在当地会展业发展中发挥着极为重要的作用。其表现为：

（1）政府鼎力支持。德国地方政府将会展业作为所辖区域的支柱产业，在制定经济发展战略和城市发展规划时，首先考虑会展业发展的需要，积极调配资源，优先扶持会展业发展，形成会展产业链。以汉诺威为例，汉诺威是德国下萨克森州首府，也是北德重要的经济文化中心，曾承办过两届世界博览会，拥有全球最大的展览中心——汉诺威博览中心。世界十大展览会有五个在汉诺威举办，而全球排名第一的展览公司——汉诺威展览公司也在该市。汉诺威会展业发达的原动力来自于政府的高度重视和扶持，该市几个大的展览公司都有政府背景，如汉诺威展览公司的两大股东下萨克森州政府和汉诺威市政府就分别持有其49.8%的股权。在政府的大力支持下，汉诺威展览公司不断发展壮大，也带动了整个城市会展业的蓬勃发展。

德国地方政府对展馆及其配套设施和交通建设均予大力支持，几乎所有的展览中心都拥有先进的设施，为举办高水准展会打下良好的基石。为办好每个展览，政府会出面协调各有关方面的工作，举全城之力保证展会顺利举办，如交通管理部门增派人员、延长工作时间、加强现场疏导、保证道路畅通；公交部门增加车次、临时开辟从市中心各主要路段到展览馆的公交线路；机场大巴不停穿梭于机场和场馆之间，以方便参展商、观众参加展会；场馆配套设施便利、齐全，场馆内常设有邮局、银行、通讯、宾馆等服务设施。展会期间整个城市犹如一个巨大的场馆。

（2）协会作用显著。早在1907年，德国就成立了专门的贸易展览业协会（AUMA），总部设在科隆。AUMA系由德国政府授权，由参展商、采购商和展览会组织者三方力量组合而成的联合体，在处理全国性的展览事务方面具有统一性和权威性。AUMA的主要职能包括：审定年度会展计划；严格审查和评定会展的名称、内容；监督会展服务；核查会展组织者的能力和信誉；统计调查会展效果；支持中小企业到海外参展等。作为全国性的和最具权威的展览行业协会，AUMA以政府伙伴的身份在会展组织与协调中扮演着重要角色。

阅读与思考

德国的会展产业政策

德国之所以能成为世界会展强国，毫无疑问与其政府强而有力的会展产业政策密不可分。但是，由于德国会展经济运作模式的特殊性、资料查阅的艰难性，在此只能对德国政府对会展产业的扶持政策的主要特点作一归纳。

（1）将发展会展业提高到实现国家经济和国际贸易战略的地位。作为国家经济和国际贸易发展战略中的一个重要环节，展览业受到德国各级政府的高度重视，将汉诺威、法兰克福、科隆、慕尼黑、杜塞尔多夫、纽伦堡、斯图加特、柏林和莱比锡等城市的展览业作为支柱产业加以扶持。德国从联邦政府到各州有多个部门和组织推进展览业发展。直接对出国会展提供财政支持的部门是联邦经济科技部。2001 年至今，该部为出国会展提供的财政支持都在 3400 万欧元以上。国家级的展览管理机构——德国展览委员会每年推出“官方出国参展计划”。各州经济部或经济促进机构、农业部、消费者保护部、食品部等都提供帮助企业开拓国际市场的鼓励政策。

(2) 制定清晰的会展产业政策目标。德国展览业产业政策的目标是，保持德国展览业在全球范围内的领先地位，促进德国展览业的国际化进程。除了巩固和发展国内主要展会，德国政府还大力资助企业赴国外参展。联邦政府以联合展台的形式帮助德国企业进入国外市场，并设立信息咨询中心，定期举办专业研讨会。自 2003 年开始，德国年补贴企业国外参展的项目预算达 3600 欧元，此额度将保持到 2009 年。德国对新兴市场的开拓不遗余力，2006 年举行的年度展览业论坛就以印度市场作为重要的探讨题目。2007 年德国组织国家展团、补贴中小企业参加国外展览达到 242 场次，其中中国 53 场（包括中国香港)、俄罗斯 54 场、北美 23 场。其重点放在东亚、东南亚、中亚，共计 96 场。2007 年到德国参展的观众 20% 来自于欧洲以外的国家，其中中国观众有 35000 人，在过去的 4 年内增长了 2 倍。除了每年组织上千家德国公司参加国外多个专业展览会外，还在国外主要的经济增长地区定期举办近 160 个展览会。这不仅帮助德国公司树立了公司品牌形象，拓展了国外业务和市场，也使德国会展业进一步走向国际化。

(3) 确定会展产业扶持政策的对象。

1) 对中小企业尤其关注。联邦政府每年组织中小企业参加国外展览。2005 年共有 6700 家中小企业随德国国家展团赴国外参展 232 场，资助项目整体预算达 3600 万欧元。州一级政府则主要落实国内展览，集中针对中小企业，帮助无能力独自参展或开始创业的企业借助展览会这一有效的营销手段来开拓业务和市场。

2) 重点扶持科技企业。德国政府将展览业的扶持与其科技企业发展支持结合在一起。自 2007 年起，德国联邦政府推出了促进德国新生科技企业参加德国国内展的项目，目的是推动德国创新科技产品的出口。此项目单独预算金额在 1 万～500 万欧元之间。由德国展览委员会负责协助德国经济与科技部确定该项目的具体规划。

(4) 对会展业的资助政策。德国展览委员会是德国唯一的中央级展览管理机构。其职责包括：制定全国性展览管理法律条例和相关政策，支配使用政府展览预算，代表政府出席国际展览界的各种活动，规划、投资和管理展览基础设施。其主要资助政策为：

第一，企业参展资助政策。德国联邦经济部、各州经济部、经济促进机构等，积极帮助企业开拓国际市场。2003 年列入德国政府出国参展计划的展览会有 200 多个，拨付扶持企业参加国外展览的预算资金为 3500 万欧元，资助了约 5000 家企业，其中 95% 是中小企业。各州扶持企业参加国外重要展览活动的支出也大致相当。一般情况下，如果联邦和某一个或几个州同时参加同一展会，各州的扶持措施则仅限于联邦扶持措施没有涉及的领域，避免重复补贴。各州出国参展扶持政策视行业发展情况各有侧重，且与联邦有所不同。例如，各州大多重点扶持企业在欧洲邻国的参展活动，可扶持规模较小的参展小组甚至扶持单个企业。此外，各州补贴的数额不一。以巴符州为例，州经济促进局推出的集体参展扶持措施中规定，上年营业额在 500 万欧元以下、员工少于 250 人的巴符州企业参加在欧盟国家、冰岛、挪威、瑞士举办的展览，以及上年营业额在 3000 万欧元以下的企业参加在全球各地的展览，均可享受参展补贴。在国外具有法人地位的德国分公司则不在补贴之列。同时，集体参展或参加研讨推介活动的企业数量不得少于3家，可跨州组团。每家企业每年可享受1次参展补贴，最多5次。参加在欧盟国家、冰岛、挪威和瑞士举办的展览最多可补贴直接展览费用（展位费、布展撤展费、展品运费、翻译及集体宣传费等）的50%，或最高金额5000欧元；参加在其他国家举办的展览最高可补贴8000欧元。

第二，参展企业退税政策。德国对各类参展商和组展商都可以办理退税。退税需要经过严格的审批，由德国联邦税捐处专职负责，除书面申请方式外，还可以在网上申报。

第三，资金管理。德国政府非常注重扶持资金得到有效使用：严格挑选项目执行公司，通过执行公司参展的企业优先得到实现优惠的系统服务；加强对参加在市场环境较为复杂、参展条件较差的国家和地区举办展会的企业的扶持；在特别扶持政策框架内，重点扶持可再生能源产品参展和市场开拓；在扶持中小企业的同时，鼓励行业龙头企业一同参展，突出德国技术和质量的国际领先地位，达到广泛吸引客户、提高参展效果的目的。

第四，官方出国参展计划。德国展览业协会出国参展工作委员会负责制定年度出国参展计划。出国参展计划每年讨论两次（5月和10月），经认真考察、精心筛选后，由德国展览业协会对外发布。各有关部委，主要是经济部、农业部及各州政府据此组织和扶持企业参加国外展会。为了更好地实施政府资助的官方出国参展计划，德国经济部与劳动部招标确定了22家项目执行公司，授权其负责出国参展的具体承办工作。根据德国官方出国参展计划有关规定，凡德国企业，不论大小、所属的行业和协会及其所在地（包括德国企业国外分公司）等，只要展示德国产品，均可申请参加官方扶持的展览，获得比较优惠的参展条件。企业可向授权的执行公司报名申请。直接向展览会报名参展的企业不享受扶持政策。德国政府扶持出展的资金来自公共财政，补助的资金不直接拨给参展企业，而是按参展项目提供给授权的执行公司统筹使用。参展企业间接受益，既可降低参展成本，同时又可提高参展效果。此外，德政府扶持资金也可用来支持德国经济界，自己在国外举办的展览会等推介活动。享受德国官方出国展览扶持政策的参展形式主要有集体参展、专业研讨会、行业特别展、信息台、信息中心等。其中，集体参展是官方出国参展最常见的形式，其特点是规模相对较大，展位相对集中，且每个展位统一标志，尽可能突出“德国制造”的效果。

第五，降低签证限制。德国对重点会展扩展市场解除或降低签证限制。例如从2005年开始，德国对符合一定条件的中国参展商采取了较为灵活的签证措施，德国工商总会北京代表处开展“为赴德人员传递签证申请”办理业务，受理商务签证。即持有因私护照的申请人符合一定条件，就可以不用去德国大使馆面试签证，而是通过该处将申请资料送到使馆，这样既免去了电话预约、到北京面试的麻烦，又节约了时间和金钱。随着欧盟与俄罗斯的展会经济交流成为重中之重，德国展览业协会呼吁德国外交部和德国驻莫斯科大使馆简化俄罗斯商人申请赴德签证的手续。

(5) 市场推广政策。支持德国展览组织者进行国外扩张的营销活动，以“德国的展览业”为主题，制作系列广告和宣传海报等。推广宣传影片《德国的展览业》从2004年开始，每年拍一部。这些推广活动都是由德国在世界各地的工商总会和展览公司来协助完成的。在国外的展览宣传广告，由遍布世界130个国家的当地意见领袖约500人以及德联邦政府经济部的官员代表推广。2007年，发行宣传册13万份，同时提供德、英、法、西班牙4国语言的版本。为了拓展欧洲以外的市场，在德国商会及其他组织的协助下，以阿拉伯语、中文、希腊语、韩文、葡萄牙语（针对巴西市场）、俄语、日语发行超过4万册宣传资料。针对日本市场专门设置在线数据库（www. fairs - germ any. jp）。总之，任何对德国展览有兴趣的人都可以在德国商会、大使馆、展览公司在各地的代表处以及其他德国代表机构获得最新的德国展览业的信息。

（6）鼓励中小型企业参展。2007年，德国展览业协会推出"只有展览助你成功"的推广活动，鼓励中小企业通过展览展示最新的成果。这项活动仍在继续，并将进一步扩大范围。

（摘自：《中国会展经济发展报告（2012）》，社会科学文献出版社2012年3月出版）

B　政府市场结合型模式

美国政府对会展业的管理实行市场主导、政府提供间接支持的政府市场结合型模式，其表现为：

（1）没有会展审批制度。与计划经济体制国家或由计划经济向市场经济转轨的国家由政府专设部门审批会展项目不同，美国不存在会展审批制度，任何商业机构和贸易组织都不需要特殊的审批程序就可以进入会展业。作为典型的自由主义市场经济国家，美国拥有众多健全的会展市场主体，而且会展主体具有较强的会展行业自律性，加上发达的会展信息传递系统，所以美国对会展项目基本不需要审批，而是由市场来主导和协调的，也没有专门的政府部门通过行政手段管理会展业，而是由会展行业协会负责协调和规范会展业发展。

（2）政府间接支持。美国政府不介入会展业的直接管理，其管理职能主要由行业协会来执行。联邦和州政府在会展业发展中的主要职能是编制产业规划、开展行业统计、制定政策法规和提供配套服务。政府在会展业发展中不是不作为，而是通过一些间接手段进行扶持，如通过实行"贸易展认证"计划和实施"国际购买商项目"等措施，实现对展会质量和展会组织水平的监控。

（3）行业协会系统完善。美国的行业协会系统发展得十分完善，为推行会展业政府市场结合型模式奠定了基础。在美国，事件产业的各个领域都有全国性的专业协会，如展览行业有国际展览管理协会（IAEM）；会议行业有专业会议管理协会（PCMA）和国际会议专家协会（MPI）；有代表所有参展商利益的贸易参展商协会（TSES）；各个城市还成立会议与观光局等，上述协会在业内都有足够的权威。完善的行业协会系统对实现行业自律，协调行业内部关系，促进行业持续健康发展发挥着重要作用。

C　市场主导型模式

我国香港地区会展业的市场化程度很高，其会展业发展模式与政府支撑型模式迥异，也与以市场为主导、政府提供间接支持的政府市场结合型模式略有不同，属于市场主导型模式。

（1）特区政府不介入会展业。中国香港将会展活动视为纯粹的商业活动，政府可以提供必要的财政支持以改善外围环境，创造有利于会展业发展的运行条件，但绝不过多介入和插手对会展行业的管理。中国香港特区政府基本上对会展业不做任何限制，也从不直接参与展会的组织与管理，绝不干涉会展企业的正常经营活动。例如，中国香港贸发局是香港会展中心的拥有者，但它并不直接参与管理，而是指定专门的管理公司来经营；即使是贸发局自己主办的展会也要全额交纳场租，贸发局只是按出租的展馆面积提取很小一部分数额作为其投资回报。特区政府的职能主要是对会展业发展提供必要的支持，如场馆建设投入、支持行业研究机构发展、制定会展长远战略规划、为企业提供参展经费支持、协助配合会展公司开展展会推广工作等。

(2) 行业法规健全且市场环境规范有序。中国香港会展业在法律法规和制度建设方面，对市场准入机制、行业规范、知识产权保障体系、诚信自律机制等都进行了明确规定，有效地确保了会展业的规范运作，使会展业发展有法可依，有章可循。

(3) 通过统一的行业协会实施行业自律管理。在中国香港这个高度开放的市场经济体中，没有专门管理会展业的政府部门，其对会展业的管理主要通过非政府的行业管理协会——中国香港展览会议业协会来实现。该协会制定了一整套会员必须严格遵从的行业规范和自律规则，维护行业公平竞争秩序，实施行业自律管理。

7.1.2.2 我国会展业市场失灵问题及其管理状况

我国会展业正处于“市场与政府”职能转化的过渡期。在这一时期，典型的特征是传统计划经济机制已经打破，但同市场经济相适应的各种游戏规则还没有建立起来。在这种状况下，市场缺陷表现得更为明显：

(1) 逐利行为导致了盲目竞争和资源的低效率配置。目前我国会展业低效率配置状况主要表现为以下几个方面：首先，展会数量过多，主办单位过多，重复办展数量过多，品牌展会少、专业人士少，有实力的办展公司少，成交额少。其次，场馆越建越大，包袱越来越大，展会规模偏小。第三，政府、企业办展的热情过高，调子过高，管理水平低，运作水平低。

(2) 缺乏区域规划，地区间重复投资现象突出。由于缺乏区域规划，导致地区间重复投资现象突出，在会展场馆建设方面表现得尤为突出。目前，就我国场馆的建设面积来看，已经超过世界展览头号强国的德国，但展馆的使用率普遍不高，平均使用率仅为10%左右，使用率较高的北京也只有35%左右。同国外好的展馆相比，还有很大差距，因为他们的利用率指标大多能够达到70%以上。由此看来，这种缺乏统一规划、盲目投资的现象，已经导致了展览馆相对过剩的状态，为场馆经营者的恶性竞争埋下了祸根。

(3) 缺乏信誉机制，导致欺骗行为盛行，知识产权侵权事件屡屡发生。在信息不对称的条件下，会展市场的欺诈行为难以避免。由于这种欺骗行为是展会组织在缺乏规则条件下的“理性选择”，是同自由市场机制相伴而生的，因而无法依靠市场机制来解决。所以，必须依靠市场以外的“第三方”力量来检验信息的真实性，减少信息的不对称状态，这一过程中虽然协会等机构会发挥重要的作用，但政府的角色同样不可或缺。另外，由于会展业是一个特殊的行业，参展商要把最新的商品和技术在展览会上展示并寻求市场机会，但展示的过程通常也是信息披露的过程，如果此时知识产权问题得不到有效保护，将为企业带来很大麻烦甚至经济损失；另一方面，从展会产品本身的特点看，品牌在招商过程中发挥着重要作用，在缺乏有效保护的情况下，展会品牌的侵权表现得同样突出。这些问题依靠市场的力量显然是无法解决的，政府需要通过立法程序加以保护。

(4) 改革相对滞后，市场化程度低，破坏行业的自由竞争。由于我国会展市场同一般商品市场相比，改革相对滞后，市场化程度低，从而导致了会展业中的不少大型企业不仅带有“相对垄断性”，而且带有一定的“政府背景”。行业垄断和政府干预不仅破坏了行业的自由竞争，而且降低了会展业的服务质量。

阅读与思考

中国企业出境展览知识产权纠纷注意事项

什么是知识产权？知识产权就是对人类从事智力性创造活动获得的成果依法进行保护，如商标、专利、著作权等。

一般来讲，知识产权有以下几个特点：第一，独占性，或者称为排他性、专有性。即除了权利人合法使用以外，其他人都不能使用，使用就是侵权，非经合法授权使用就构成侵权。第二，地域性。不是说在某一个国家申请了知识产权，就可以在全世界都受到保护，而是在哪个国家申请就受哪一个国家保护。第三，时间性。人类一方面要保护发明创造，另外一方面也要反对垄断，反对阻碍技术进步，所以任何种类的知识产权保护，都有时间的限制，只在其有效期内受法律保护。

当前我国企业出国参展，特别是到欧洲国家参展，遇到的问题比较多，以赴德国参展为例，企业遭遇以下四个方面的知识产权问题，且由于企业对于这些问题提前并不知晓，在展会上突然被人指控，所以可以形象地称之为“四个暗器”。

第一，展会现场的刑事查抄。刑事查抄是一种警察和海关官员的刑事执法行动，企业不能对抗，只能配合，但可以认真核实执法的文件，明确封查的范围，同时注意留下查扣物品的底单，以备日后通过法律程序维权时使用。

第二，警告函，或者叫律师函。内容一般为告知对方侵权，要求赔偿损失，并要求对方签署停止侵权协议。如果收函方对此置之不理，或者双方未达成协议，发函方则可能向法院申请临时禁令，或者起诉，一旦如此，被指控方展台可能遭遇查封，影响参展，损失较大。所以，企业如果收到律师警告函，一定要予以重视，并请专业人员帮助甄别，根据自身情况有针对性地作出响应。

第三，临时禁令。临时禁令是我国企业在展会上遭遇较多、“杀伤力”也较强的一项“暗器”。临时禁令并非如其名称之含义仅在展会期临时有效，只要被指控方不通过法定的程序将临时禁令撤掉，它将永远有效。临时禁令因申请容易、程序简便、证据简单、执行灵活，且对于被指控侵权方的打击效果立竿见影，能够比较理想地实现权利人制止侵权的目的，所以常被权利人采用。

第四，海关边境扣押。与中国企业利用海关备案保护知识产权的意识薄弱相比，欧美国家的企业普遍比较重视通过海关边境扣押保护自己的知识产权，不仅备案量大，而且与海关保持良好的合作关系。知识产权权利人在展会前将自己搜集到的侵权信息向海关通报，海关根据这些信息及时在边境扣押涉嫌侵权的展品，提前阻断涉嫌侵权的产品进入展会现场，从而达到及时有效地制止侵权的目的。

在展会期间，出展企业在应付知识产权方面要特别注意两件事情。

一是陷阱取证。陷阱取证就是知识产权权利人在尚没有掌握对方侵权证据、无法判断对方是否构成侵权的情况下，诱使参展企业为其提供侵权证据。有时他们会冒充客户，到参展企业展台进行“套话”，诱骗参展企业主动提供涉嫌侵权产品的研发、性能、宣传推广、生产、销售等方面的情况，并有目的地进行拍照、录音或者录像，从而留下证据，尔后再据此对参展企业提出侵权指控。

二是网络取证。绝大多数企业都有自己的网站，并在其网站上进行产品宣传与展示，有的企业为了达到吸引客户、推广产品的目的，在自己的网站上进行一些夸大甚至虚假的宣传。这些信息一旦被他人所复制，便可作为在境外展会上打击参展企业侵犯知识产权的证据，有时权利人为了取证，还会在网上假装购买，通过QQ、E－mail等进行取证，所以，参展企业在日常的网站宣传上，一定要实事求是，不要弄虚作假，以防弄巧成拙，“偷鸡不成蚀把米”。

（信息源自：中国会展门户）

7.2 明确政府干预政策

在某些经济领域或许存在市场失灵，但政府的介入可能使情况变得更糟，这便是政府失灵（government failure，又称为“政府失败”）。

政府对垄断和寡头产业的管制能够把垄断和寡头产业的垄断利润，转化为政府的财政收入，然后进行再分配。但是，如果规制是对竞争产业进行的，则会为私人企业带来垄断利润。能够带来超额垄断利润的权力本身可以被视为一种稀缺的、排他性的资产，而这一资产所能带来的垄断利润，事实上构成了一种租金（rent）。因此，对垄断权力的追求，特别是对政府规制的种种保护就被称为寻租（rent seeking）活动。寻租活动包括院外游说、广告宣传、资助政治家竞选、贿赂政府官员等等。寻租活动显然是要花费成本的，竞选资助费、广告宣传费、贿赂金以及其他时间、金钱上的支出，都属于这种“寻租成本”。私人企业就是以这种成本来“购买”政府管制和由此而产生垄断利润的，这事实上也是政府规制的需求价格。由此可见，市场出现问题需要由政府来进行适当调节，但政府不能完全替代市场的功能。

7.2.1 会展业中政府职能分析

现代市场经济下，政府对经济的干预不应采取行政直接干预的方式，而应该采取经济和法律的手段间接干预经济。但是，从会展活动的经济属性来看，会展产品具有一般性商品所不具有的特征，尤其是对会展产品的“经济属性”的界定方面存在分歧很大。有人认为，会展产品是一种“公共产品”，政府提供理所当然，但也有人认为，会展产品无异于其他商品，应该走完全市场化的道路。

目前，会展产品应该划分为两类，商业会展和非商业会展，政府在不同种类会展中应扮演不同角色。商业会展属于市场经济中的竞争性行业，在商业会展中，企业是具体从事会展运作业务的经济主体，具有独立的经济利益和行为能力。而非商业会展具有一定的“公共产品”特征，是为了实现一定的社会目标而举办的。例如国家建设成就展、戒毒展等等。非商业会展办展目标的这种社会属性，决定了其作为“公共产品”的市场属性，通常其具有明显的社会效益，供给不足可能引发一定的社会问题。在这种背景下，政府自然应担当非商业会展的办展主体直接办展，或者通过向营利组织提供一定数额的财政支持，由营利组织承办。

由于商业会展与非商业会展具有不同的市场属性，因而，政府在上述两类会展中也要相应地体现不同的职能定位。具体说，非商业性会展的"公共产品"属性，决定了非商业会展直接供给，或者给予提供非商业会展的营利组织相应的财政补贴。而商业会展的供求属于纯粹的市场行为，因而对商业会展运用中的政企关系，要根据市场经济的运行规则进行界定。

7.2.2 会展业中的政府干预行为分析

7.2.2.1 我国会展业中政府与企业关系现状

A 会展业中政府定位

在过去很长一段时间中，会展业一直被视为一种需要政府控制的"特殊行业"，会展业的主要职能在于展示国家建设成就、提高国民科学文化素养等，没有认识到不同类型会展的市场属性的差异，没有认识到商业会展在促进商品和交易方面的重要意义，因而对会展业的开放与改革进程相对滞后，至今没有理顺商业会展中的政企关系，会展业的市场准入机制仍沿袭政府层层审批的传统体制，重复办展、盲目竞争、政企不分等问题由此产生。

在我国商业会展的实际运行过程中，政府职能主要存在如下两大问题：一是应该由政府做的事情没有做好，如法律法规的完善、公共产品的提供、产业政策的制定、城市形象的宣传等。二是做了许多本不该做的事情，如直接参与举办商业会展、对商业会展实施层层审批等。

与政府职能定位不清相对应，我国商业会展微观主体行为目前还缺乏规范化，一是大多数从事会展业务的企业市场意识差，渴求政府背景或与政府合作联合办展以谋求通过审批或得到财政资助及低廉的会展场馆使用权，尚没有成为真正的自负盈亏的市场主体。二是从会展企业的组织化程度看，虽然在巨大的市场需求拉动下，会展业出现"遍地开花"的繁荣景象，但会展企业规模小，会展市场秩序乱，参展商成交效果差的这种"小、乱、差"市场格局也相伴而生，有规模收益、品牌效应和经济实力的大型会展企业集团尚未形成。

总之，我国会展业的政府多层审批制度，是导致商业会展行业政企不分、重复办展、资源浪费的重要根源。政府对商业会展的直接参与，不仅破坏了商业会展行业的自由竞争和基本的市场法则，而且抑制了整个商业会展行业的发展。法律法规不健全，会展从业人员缺乏有约束力的行业行为标准，是导致会展业短期行为，盲目竞争甚至"骗展"的根源。这些因素结合在一起，共同决定了我国会展业在世界会展业中的弱势地位。

B 会展业中政府管理能力

尽管会展产业在中国发展迅速，并显示出强大的经济带动作用，但会展产业发展规划还只是出现在全国性的文化产业发展规划中，对会展产业的综合性缺乏认识。《中华人民共和国国民经济和社会发展第十一个五年（2006~2010年）规划纲要》，是中国经济社会发展的宏伟蓝图，然而在此文件里，却未能就会展产业的发展作出全局性的宏观发展规划，未能从国家经济发展战略的高度来认识和确定会展业的地位。只有个别地方，如北京、上海、杭州等将会展业列入了“十一五”规划。这直接导致了中国各区域会展产业发展缺乏统一性和协调性。

就目前我国会展产业管理机制来看，审批手续还有待简化。我国的会展业目前还没有一个统一的权威管理部门，各级政府部门、展馆、行业协会、金融机构都具有展会审批权，存在严重的多头审批、重复办展现象。出境展和国内展根据展览主题又有不同的管理部门。当不同的主办单位举办同一或相似主题的展览会，又经不同的部门审批后获批，就可能出现重复办展，分散了有限的会展资源，导致会展质量降低。例如，对于“国际展”，外经贸部、科技部、贸促会这三家审批部门就都具有各自的审批权。这样的多头管理使任何一个部门都无法从宏观上把握会展业的发展，无法有效地对其进行协调、管理工作。

就会展产业的管理理念和产业政策来看，还有待完善。中国对于会展产业的管理还带有某种计划经济的色彩，体现得最为突出的就是展览审批制。在会展业发达的国家中，企业可自主决定参加国外展览，或组织参加国外展览，不需项目审批。另外，中国会展产业政策的制定，基本上是各自为政，即地方政府根据当地的社会经济发展状况，决定是否将其作为支柱产业。例如，北京市制定了《北京会展业发展规划（2004~2008年）》、《北京市“十一五”时期旅游业及会展业发展规划》，杭州市制定了《杭州市会展业“十一五”发展规划（2006~2010年）》，大连市制定了《大连会展业“十一五”发展规划》。由于缺乏权威的会展协调机构，以致各地的会展产业难以独具特色，往往呈现你中有我、我中有你、重复办展严重的现象。

中国政府对会展产业的扶持力度有限，仅国务院外经贸委设立了“市场开拓资金”项目。即便如此，该项目中也仅有极少资金，用于对出国参展的中小企业的出国展览费、公共布展费和大型展品运费予以资助，以帮助中小企业开拓国际市场。德国会展业在国内外都堪称行业老大，即便如此，德国政府对其支持力度仍然保持强劲势头。例如，政府鼓励企业到国外参展，为此每年出台一个官方参展计划，除对国外参展工作加以指导和协调外，还对参展企业给予较大的、持续的资金补贴。此外，政府对会展政策扶持倾向也有所不同。由于我国会展产业还处于发展初期，各会展城市还处于扩大产业规模的阶段，所以政策倾向于扶持较大型的展览，倾向于吸引大展览公司。例如，大连市规定专项资金扶持的重点项目包括：国家部委在大连市举办的规模在1万平方米以上的全国性展览项目和相关会议，与国外著名展览公司联合举办的规模在1万平方米以上的展览项目和相关会议，以及具有地方特色、专业性强、办展历史超过10届、规模在2万平方米以上的展览项目。虽然深圳市有专门针对处于成长期的企业的优惠政策，但总体而言，中国对中小企业及处于成长期的企业培植力度不够。

7.2.2.2 优化我国会展业中政府干预行为

重复办展、企业市场化程度低、办展过程中的欺诈行为等，都是由于政企不分带来的。因而，理顺我国会展业发展过程中的政企关系，已经成为推动我国会展业健康、快速发展的关键环节之一。优化政企关系，政府应该做到如下几点：

（1）政府及其直属机构由于其特殊身份，最好不要直接或间接参与展会的组织工作（除少数国家级展会外）。它既容易产生不公平竞争，同时政府展会在财务上经常失控，会展不但未能给社会带来实效，往往还要财政补贴，既浪费财力，也浪费人力。更重要的是严重损害和扼杀社会会展力量的积极性。

（2）面对市场竞争局面，政府不要干预，也无需协调。其协调工作由同样在市场中运作的会展中心管理者进行，这是最有效也是最现实的做法。以中国香港会展中心为例，政府没有任何的干预，中心管理者制定的游戏规则是凡是每年在中心举办的大型展会(30000平方米以上者)，保证其每年的展期，其他入行者必须在相隔半年才能订场；一般的展会最少也相隔3个月。这样，所有主办方均有则可循，避免不必要的无序竞争。展览中心方面也达到求取最大利润的目的。

（3）根据城市发展规划及产生需求提出会展业方向性指引。因为每个城市都有其产业规划与重点投资和发展的项目，这些都是会展市场所迫切需要的资源。

（4）设立会展推动机构，有条件的可设立一定的基金。

阅读与思考

展会运作政企分开　政府展会转型带来市场新机遇

日前，商务部发布了《2014中国会展行业发展报告》（以下简称《报告》）。《报告》指出，2013年，全国开展了对各级政府主办展会和论坛活动的清理规范工作。政府主办的展会开始去行政化，市场化运作力度加大。在业内看来，对会展公司而言，这也将成为新的市场机遇。

展会运作政企分开。2013年，随着“八项规定”、“新会风”等政策的陆续出台，全国开展了对各级政府主办展会和论坛活动的清理规范工作。2014年初，北京市清理和规范节庆论坛展会活动工作领导小组发出通知，47项节庆论坛展会活动被取消，共节约经费6701万元。“转型升级”成为国内展览业的首要关键词，以往偏重于政府主导的中国展览业将逐步向市场化、专业化迈进。对于一些保留的政府主办展会，也开始市场化运作。《报告》指出，2013年国内展会的市场化运作程度加大。继上海工博会、沈阳制博会成功委托专业化会展企业经营后，2013年，武汉光博会和新疆亚欧博览会也尝试采用了政企分开的运作模式。政府办展市场化进程进一步加快。值得一提的是，中国－亚欧博览会将展会期间的广告资源进行了拍卖，包括志愿者服装、证件、门票广告位冠名权，4个广告位总成交价为618万元。这不仅开创了国内展会广告资源进行拍卖的先河，也是中国－亚欧博览会首次尝试市场化运作。武汉光博会也将承办权面向市场招标，最后由民营会展企业负责具体的办展工作。

市场化运作下展会更加专业化。据商务部会展业典型企业调查统计，2013年全国共举办各类展览7319场，同比增长1.8%；展览面积达9391万平方米，同比增长4.5%。好博塔苏斯展览有限公司高级经济师张凡表示，上海世博集团与德国汉诺威公司合作承办三年来，上海工博会逐渐市场化、专业化。第12届上海工博会“政府展”的色彩虽未褪尽，但变化明显。在张凡看来，本届上海工博会组团参展比例大为减少；与汉诺威合作组展的机床与金属加工、工业自动化和能源与电力电工装备3个展题，在9个馆中占了6个馆，而没有了以往的汽车、航天展馆；实行了专业观众登记，普通观众难以随便进馆。察看上海工博会最初几届的资料，观众总数号称多达20万人次，但专业观众只占四成；本届上海工博会，凡预先在网上预约且自行打印回执的观众方可免费换证入馆，而没有预约的观众必须花费10元钱购买专业观众登记表，还须填写登记项目才能获证入馆。与展会配套的活动多是展商自办的技术交流会议；原政府热衷的经贸洽谈、产权交易活动却未见踪影。

政府主导型展会成为新市场。数据显现，2013年国内展览面积增长快于展览项目增长，单位项目规模扩大，展览效益较好。据统计，2013年会展经济直接产值达到3870亿元人民币，较2012年增长10.6%。会展企业经济效益明显好转，三项费用指标（管理费用、财务费用和销售费用）较2012年下降13.3%，亏损面大幅减少，盈利面大幅提升。在业内看来，未来会展业的发展趋势是官退民进，政府主导型展会需要进行市场化转型，这也是目前会展行业的新趋势。十八大以后，各地政府主办的展会在减少或者压缩规模，或者由一年一期改为两年一期。中国会展门户创始人黄勇告诉北京商报记者："目前，对于会展公司而言，承办政府主导型展会是一个机遇。政府主导型展会向市场转移是行业趋势，这类展会发展势头好，具有一定市场潜力，更为重要的是，政府更倾向于将这类展会转给本土会展企业运营操作。"

（来源：北京商报）

任务小结

根据会展经济学分析活动顺序，本任务主要了解政府与市场的关系，包括市场失灵、政企不分等问题。市场不是万能的，市场失灵需要政府干预。市场失灵的原因表现在外部性、公共物品、信息不对称、垄断等方面，针对市场失灵，政府的干预政策可以通过实行收费、界定产权、征税或补贴、制定相关法律来解决。本任务还围绕中国会展业中的政府职能进行了分析，指出目前我国会展业政企定位不明晰，政府的管理机制不健全，存在各级政府部门、展馆、行业协会、金融机构都具有展会审批权，存在严重的多头审批、重复办展现象；展览审批制显示中国对于会展产业的管理还带有某种计划经济的色彩；会展产业政策的制定，基本上是各自为政，对会展产业的扶持政策力度有限，政策倾向于扶持较大型的展览，倾向于吸引大展览公司。

理顺我国会展业发展过程中的政企关系，已经成为推动我国会展业健康，快速发展的关键环节之一。优化政企关系，政府应该做到如下几点：不要直接或间接参与展会的组织工作（除少数国家级展会外）；面对市场竞争局面，政府不要干预，也无需协调；政府要根据城市发展规划及产生需求提出会展业方向性指引；设立会展推动机构，有条件的可设立一定的基金。

本任务围绕分析市场失灵与政府干预政策，设置了相应的操作知识，完成本任务后，读者应该能够了解市场失灵与政府干预工作，为会展业有序发展奠定良好基础。

业务技能自测与实训操作

一、讨论

1. 举例说明会展业中的信息不对称现象及其影响？

2. 举例说明会展业中存在的市场失灵现象？针对这些现象，政府或相关机构采取了哪些措施？

二、案例分析

背景资料：

“国八条”或成中国会展重大拐点

第九届中国国际会展文化节于 2013 年 8 月 18 日在武汉举行，沪穗蓉等 15 城缔结中国会展城市联盟。会上传出消息，“国八条”或将成为中国会展业由政府主导向市场化转型的重大拐点。在这场被业内誉为“全体会展人的节日”上，焦点始终在“国八条”是否会对耗资巨大的会展业产生重创。

一直以来，从广交会、上交会、京交会到武汉本地的机博会，为了擦亮城市名片，“各地政府不惜成本，不仅管搭台，还要管唱戏”。国际展览局名誉主席吴建民指出，在国际上，大型会展均由企业主导而非政府，会展只有市场化才能赚钱、才可持续。他认为，“国八条”不仅不会重创会展业，反之将加快会展业向市场化转型。有人说，中国展会 80% 的展台为一次性，木材浪费惊人，也产生了大量垃圾，与绿色、低碳、环保的办展理念相悖甚远，“如果放手让市场操办，企业就会心疼这个钱”。另一位与会代表直接陈述，从前，广交会就像城市大联欢，各地不仅带着企业去，有的还带表演团。“国八条”后，广交会连开幕式都省了，参展单位直接进场洽谈，效率倍增。记者注意到一处细节：武汉操办本届会展文化节，预算仅为 200 万元，“按从前标准，至少得 800 万元”。当天中午，所有工作人员均在食堂吃盒饭，一会务人员称，预算大幅降低，但办会水平却不准降，大家为省钱“想破了脑壳”。

据悉，武汉现有会展企业 200 余家。国际博览中心、国际会展中心、科技会展中心三大展馆可供展览面积 27 万平方米。武汉市商务局局长李作清认为，武汉会展的“家底”并不差，关键在经营。每办一次大型展会，投入产出比可达 1：9，即投入 1 元钱，可为餐饮、住宿、旅游等相关产业创收 9 元钱。2012 年，武汉共举办各类会展活动 521 场，逾 435 万人次参会参展，会展产值逾 30 亿元，拉动消费 230 多亿元。据最新统计，2014 年上半年，武汉市共举办各类展会活动 338 场，预计全年展会数量将达到 600 场次以上。按照《武汉市会展业发展规划》，未来 3 ~ 5 年，展会数量将突破 1000 场次，向中国会展城市第一方阵发起冲刺。

（信息源自：湖北日报，中国会展信息网，发布时间：2013 - 8 - 22）

试根据上述案例分析会展业中政府的政策及影响。

三、实训操作

通过报纸杂志或网络，查询近期当地政府出台的相关会展业的政策，说明这些政策的目的以及可能产生的效果。

【实训目标】通对政府出台政策目的的分析，加深对本任务内容的理解。

【实训组织】学生每 4 人一组。

【实训提示】教师提出活动前的准备及注意事项。

【实训成果】各组汇报、教师讲评。

任务8 明确会展消费与投资的经济效应

能力目标

通过完成本任务，你应该能够：

1. 了解会展消费的经济效应；
2. 明确会展投资动机；
3. 了解会展投资行为；
4. 明确会展投资的收益及风险；
5. 了解会展投资的经济效应。

核心能力

1. 会展消费经济效应分析；
2. 明确会展投资的影响因素；
3. 明确会展投资的经济效应。

任务解析

1. 会展消费的经济效应；
2. 明确会展投资主体及投资动机；
3. 了解会展投资行为；
4. 明确会展投资的经济效应。

8.1 明确会展消费的经济效应

8.1.1 会展消费

8.1.1.1 会展消费支出

会展消费支出可以分为三类：本地居民或本地企业的消费、旅游者或引致企业的消费、当地政府的消费支出以及由政府引致的消费❶，上述可表示为：

$$S_t = \sum_j S_j + G_f + G'_f$$

式中，S_t 表示会展总消费支出；S_j 表示各会展主体在特定消费类型 j 上的总花费支出；G_f 表示与特定消费类型 j 有关的政府消费和公共开支等；G'_f 表示由政府引致的消费支出。

---

❶ 杨勇．现代会展经济学［M］．北京：清华大学出版社，148．

8.1.1.2　会展消费乘数

一般而言，会展的直接经济效应来自消费主体在产品或服务购买上的开支，而间接效应显示了会展所引起的产品或服务销售所导致的产业链之间的销售数量的增加；会展引致的销售效应则主要是由于本地居民家庭收入的上升导致其关于本地产品或服务的需求增加，及其对销售所产生的总体影响。这里我们用“乘数”来衡量会展对本地经济所产生的整体性波及效应。

由于会展乘数作用的发挥依赖于特定的产业体系，因此，会展乘数随产业和地区的不同而有所不同。相关产业体系的健全与否和效能高低必然会影响到会展乘数作用的发挥。设会展相关产业体系的效能水平为 $\phi,\phi\in[0,1]$，则实际的会展乘数水平为：

$$M_{\text{actual}}=\phi M$$

在会展乘数效应的实际作用途径和机制方面，投入产出表发挥着基础性作用，且乘数效应因不同经济体系、不同产业及不同形式的产业联系而不同，并与会展消费主体及其他相关产业的消费模式及边际消费倾向 ρ 有着密切的联系。设会展及相关产业体系内的平均边际消费倾向为 ρ，则实际会展乘数水平为：

$$M_{\text{actual}}=\phi\times 1/(1-\rho)$$

会展乘数对经济的作用还受到一个前提条件的影响，即会展举办地的生产能力未获得充分的利用，存在多余的生产能力。因为，如果举办地的生产能力已获得充分的使用，本地产品或服务供应商无法通过增加额外的人员雇佣或资本投入来增加产品或服务的供给，那么，随着消费主体消费总量的增加，其对当地经济的整体性波及效应也将不复存在。

8.1.2　会展消费的经济效应

会展业的发展因其能够引发一系列“会展经济连锁反应”而受到各国的广泛关注，在我国，会展业也逐渐受到人们的重视，被称为“朝阳产业”、“无烟产业”，并在政府的重视下成为当地经济发展的助推器。

就会展经济的拉动作用来看，直接服务“三驾马车”是会展业促进经济发展的重要途径。“三驾马车”，即拉动经济增长的三个主要因素：投资、消费和净出口，这“三驾马车”就是组成衡量 GDP 的四个基本要素中的三个。可用公式表达和衡量一个国家的国民经济：

$$Y=C+I+G+NX$$

式中，Y 为国民经济总收入；C 为社会消费；I 为社会投资；G 为政府支出；NX 为净出口（即出口减去进口）。

国民经济总量都是由这四个方面的数字相加得到的。之所以只说“三驾马车”，是因为政府支出 G（主要包括政府采购、转移支付等）一般在国民经济中占有较小的一部分，其他三个因素的增长的重要性就显得非常重要了。

其中，会展消费的经济效应表现为直接消费与拉动消费。如举办展会，可在广泛的产业范围产生直接消费和拉动消费，对相关产业的经济拉动系数甚至高达 1∶9。简要地说，会展对消费的拉动至少表现在六个方面：首先是举办会展的直接消费，如展会场地、展会期间餐饮、展会设施设备、广告宣传、运输工具、包装用品、办公用品等的消费；其次是消费类展会对消费需求的刺激和拉动，如糖酒会、房交会、服装博览会、汽车博览会等，厂家商家通过现场订单、消费者通过现场购买的方式增加消费；再次是对交通、通讯业的带动，在会展活动举办期间，大量的人流出行，会增加交通运输业的收入，增加了人们之间通讯联系的频率，为城市通信业创造了收入；第四是对旅游业的带动，会展的举办为旅游业带来更多的客人，延长客人的逗留期，增加旅游业淡季时设施设备的利用率；第五是对酒店业的带动效应，在展会的举办期间，酒店的入住率和就餐人数会大幅度增加，除了为展会参加者提供必要的住宿与餐饮服务外，酒店业也可通过进一步的宣传来带动店内其他辅助设施的利用，促进就餐和入住者对店内其他服务的消费；第六是对零售业的带动效应，会展活动期间，大量的人流涌入会增加对生活用品和服务的需求，促进举办地零售业的发展。

8.2 明确会展投资行为

会展投资是指在一定时期内，根据宏观经济状况及会展市场的总体发展情况，国家或企业将一定数量的资金投入到其发展的项目中，以满足会展发展的需要，并从中获得一定的会展收益的整体经济活动。

8.2.1 明确会展投资动机

8.2.1.1 了解会展投资主体

投资主体一般是指具有一定资金来源，有自主经营和决策权、能享受投资利益的同时承担投资风险的法人或自然人。投资主体包括政府主体、企业投资主体及其他投资主体。

A 政府投资主体

中央政府主体其投资主要以社会公平稳定、扩大就业为宗旨；地方政府投资主体，一般从地方利益出发，进行地区性投资，以促进区域内产业平衡发展，经济水平不断提高；会展业中政府投资主要涉及的是那些非营利性的，能获得较大社会效益的会展，如某些特定公益主题的宣传展，弘扬民族文化的艺术博览会，为传播历史、科技和军事等而投资建设的各种展馆，当然还有宣传运动精神的大型体育运动会等，政府投资会展业还包括许多大型国际会议如 APEC 会议、博鳌论坛等。

政府投资对于会展业来说是必不可少的，具有十分重要的意义：首先，政府投资会展业是企业和其他投资主体的非常重要的补充。政府投资所涉及的会展内容是企业和其他投资主体不愿涉及甚至是无法涉及的，但这些内容又是我国社会发展所必需的，是人民文化生活的重要组成部分，政府投资则正好弥补了这一点。其次，政府投资对经济发展起到了巨大的带动作用。尽管政府投资会展业的目的不是追求利润最大化，然而政府投资的会展却必然会拉动宏观经济的发展，而且其力量要远远超过企业和其他投资主体所投资的会展。例如，2010 年在中国上海举办的世博会，大大推动了上海，长三角乃至全国各行业的发展，这种能量，是企业或个人投资办几个大会展所远远不及的。此外，政府投资能够创造巨大的社会影响。政府投资于会展的出发点就在于此，而且政府投资规模大，影响大，因此，带来的社会效益也较其他投资主体多，如对城市知名度的提高，对知识、文化的传播力度，其增加的就业岗位，城区的建设步伐等都足以证实这一点。

在会展场馆投资上，政府的作用还是非常明显的。德国会展场馆的投资主体还是以传统的政府为主导，德国政府直接投资场馆建设，坚持“一个展览公司等于一个会展城市”，德国政府对会展场馆的职责主要是为其发展提供必要的基础配套设施建设与政策支持，如德国的汉诺威展览中心。该中心在初期建设阶段时，政府主要为其提供了相关的周边配套的停车场、公路交通线路、交通网等基础服务设施建设，目的是方便以后该展览中心拥有良好的背后支撑体系，从而使汉诺威展览中心成为国际市场交流的最佳场所。除此外，德国政府还通过授予行业协会德国展览业的最高联合会 AUMA 的绝对权威，利用行业协会职能来对汉诺威展览中心实施有效的协调与管理，保证了展览中心的持续发展和有效运营。

B　企业投资主体

企业单位投资主体，即营利性投资机构，具体有国有企业、三资企业和私营企业，他们主要进行行业性投资，以利润最大化为目标；企业在遵守政府有关法律的前提下，自筹资金，自主决定投资方向和规模，独立承担投资风险。企业投资活动所发生的各种经济关系都体现在商品货币关系上。

在会展行业中，企业主要投资于商业会展、商务论坛等，与其他投资主体相比，企业拥有专业的市场专家及管理人员，因此是最具有活力的微观市场主体。在会展业中，应鼓励民营、合资、股份、外资等多种经济成分的企业参与商业性会展活动。在国际上，会展业的激烈竞争体现为会展公司在资金、人力、国际网络各方面的竞争，大型会展公司凭借着自身的优势，通过兼并、收购中小企业整合会展业，使得会展企业呈现规模化、集团化的趋势，而我国目前有很多小型会展公司，有独立办展能力的很少，往往都要依附于政府，这样的企业在与世界集团化的会展企业竞争时，显然缺乏实力。因此，使会展企业集团化、品牌化是我国会展业未来必需要走的道路。

企业作为会展投资主体的主角，起了不可替代的作用：首先，企业作为最靠近市场的投资主体，最了解市场动向、消费需求，因此，其提供的会展服务能更好地满足各大参展方、参加方的需求。其次，企业投资的会展大多数为商业性的产品展，不仅能为自身获取盈利，而且还帮助参展商提高了知名度，并在同一时间内将供给者与需求者“聚集一堂”，大大降低了交易成本并提高了交易效率。此外，尽管企业作为会展投资主体其最终目的是追求利润最大，但不可忽视大量会展企业对整个国民经济发展的促进作用、对各产业的拉动作用及对社会效益的提高所作的贡献。

C　其他投资主体

非营利性单位及个人投资主体，其投资主要为了行业自身发展或从自身利益出发，以资金增值为目的。在会展业中是指个人承办展览、行业协会承办会议、展览等。

在国内一些大中城市里，经常有知名艺术家、收藏家等自筹经费举办的各类书法、绘画或艺术品收藏展等；一些民间艺术协会举办的各种剪纸、刺绣等民间艺术展览；一些国内外相关学会、学术机构举办的研讨会等也属于此类范畴。这类会展是会展经济不可或缺的一部分，其意义在于：首先，这些投资主体对会展业的投资是市场经济发展到一定阶段的产物，它们是经济发展中不可或缺的重要力量，是政府和企业投资的重要补充。其次，它对于文化、知识、艺术的传播具有不可忽视的力量。很多珍贵的文化艺术，政府、企业无力顾及，但又值得去传播和学习，这时，该投资主体就弥补了这一不足。此外，还可丰富人民的业余文化生活，为提高市民精神文化水平作出了应有的贡献。

D 多元化投资主体

在会展业中，有些投资主体并非一方的单纯投资，如上海新国际博览中心就是由德国汉诺威、杜塞尔多夫以及慕尼黑三家展览公司与上海浦东土管局联合打造的。从世界会展经济发展情况看来，各国会展场馆的投资主体逐渐开始市场化，打破了传统的以政府为主的投资方式，如中国香港会展场馆的投资，政府不再全权负责大型会展场馆的投建，而将主要注意力放在为场馆提供规划用地方面，中国香港政府提供规划用地，并且通过提供土地、资金等其他优惠政策，然后委托地产公司建设场馆。例如，中国香港最具有代表性的会展场馆——香港会展中心的第一期工程就是由中国香港政府出面规划专业场馆用地面积给社会公司——香港新世界集团，委托新世界集团进行投资建设，建成后政府拥有其中的若干展览场馆面积。中国香港的这种创意做法目前也已经得到世界各国经营者的广泛认同，各国政府也开始逐渐突破全额投资的做法，通过多元化融资渠道来投建会展场馆。

8.2.1.2 明确会展投资动机

会展投资主体进行投资活动时，其投资动机一般可以分为营利性动机和非营利性动机。后者包括取得经济上的控制权的动机、获取经济和社会效益动机、占领市场份额的动机等。会展投资主体因其在国民经济中的地位及自身性质的差异，其动机也各不相同。

A 政府投资动机

政府投资于会展业，其目的是促进国民经济持续、稳定与协调发展，因此，其动机并非追求利润或产值最大化，而是利用会展经济的扩散效应来达到其希望的经济效益和社会效益。

政府投资会展业的经济效益包括：

（1）通过政府对会展业的投资，起到抛砖引玉的作用，吸引更多的民间资本进入该产业，“以会养会”，有意识地扶持、培育，促使整个地区会展业的平衡发展。

（2）通过政府投资办展，为本土经济发展搭建平台，把外地的资源吸引进来，又把聚集的资源有效地输送出去，从而做到资源的有效配置和流动。

（3）由于会展产业带动经济的系数效应，政府投资于该行业不仅可以帮助培育新兴产业群，而且可以直接或间接地带动一系列相关产业的发展。

政府投资会展业的社会效益包括：

（1）短期内可以增加就业机会，缓解就业压力，保证社会稳定，帮助传播信息和观念，促进新产品、新技术、新观念的推广；从长期看，可以丰富人们的生活，提高人民的精神文明水平。

（2）有助于提高城市的知名度，促进城市建设，借着对会展业的投资促进所在城市基础设施的完善，美化市容市貌。

当然，政府投资会展业也存在着“盲目跟风”、“追求功利”的不合理的动机，不顾自身地域、经济等特点和条件限制，盲目发展会展业，甚至斥巨资建设大型场馆，搞“形象工程”，而建成后使用率却很低。

B 企业投资动机

在市场经济中，各种类型的企业投资于会展业，其动机主要有：

（1）战略动机。企业投资于会展行业，可以走多元化经营的道路，这样既能使企业获得更多领域的收益，又降低了企业的经营风险。此外，企业投资于会展也可扩大经营规模，降低经营成本，增加收益，并且能扩大声势，产生品牌效益。

（2）经济动机。目前，会展业在我国还属于新兴行业，基本处于成长期阶段，在这一阶段进入该行业不仅可以获得大量的超额利润，而且在没有大量竞争者涌入时可先获得大量经验，为今后的竞争打下良好的基础。另外，会展业属于劳动密集型产业，技术要求低，行业壁垒低，因而进入的成本低，并且像场馆投资等，虽然初期投资额巨大，但一旦建成便可反复使用，生命周期长。当然，也有企业为了“赶时髦”投资于会展业，不过在不考虑市场需求、竞争者状况及自身实力的情况下，盲目从众，造成很多会展企业规模小，效益低，经营差。

C　其他投资动机

其他投资主体如个人、行业组织、学术机构等，因此，其动机也较为多样化，归纳起来主要有以下几类：

（1）宣传动机。无论是个人还是各类行业组织举办各种会展，其重要目的之一就是通过会展起到宣传作用，既包括对投资主体的宣传，提高其知名度，提高投资主体在其所属领域中的地位，也包括对会展内容的宣传，如一些民间艺术展出，历史文物展览、革命历史展等，目的是通过会展让更多的人更便捷的了解相关内容。

（2）交流动机。其他投资主体进行会展投资的另一动机是交流信息，共同促进发展。比如个人举办的收藏展，艺术作品展，引来的观展者多数为这一领域的专业人士或业余爱好者，他们可以为投资者提供很多有益的建议，甚至可以在收藏品、艺术品等方面互通有无，达到多方的效益最大化。对于一些学术机构和民间组织，可以通过学术会议、展览等方式相互交流和学习，以达到共同进步的目的。

（3）荣耀动机。这一动机主要是个人投资者所特有的，个人办展者期望通过会展的宣传功能使自己一夜之间家喻户晓，受万人瞩目，使马斯诺需求层次理论中的“受人尊重”的心理需求得以满足。

（4）成就动机。这一动机是指投资者通过投资会展业，将自己成果拿来与观展者分享，并从中得到赞赏和好评，通过会展使自己的努力成果被大家认知，肯定和接受，从而满足对马斯诺需求层次理论中渴望“自我实现”的心理需求。

（5）收益动机。这是最根本的一层动机，即通过投资办展，最终获得经济上的回报，如取得高额的入场费收入，以及通过展览出售展品，如作品、收藏品等，以使投入的资金增值。

阅读与思考

只与艺术有关——苏富比副总裁谈艺术品投资与收藏

目前，是中国艺术品市场发展的黄金时期，艺术品已成为全球的一个最热门话题。中国的艺术品市场更是以极快的速度走向成熟。西方媒体越来越多地报道中国的藏家在国际市场上，在国际拍卖行回购中国的艺术品，中国也有了很多发展迅速，经营状况良好的拍卖行。西方艺术圈内的投资人对中国的当代艺术品给予了越来越多的关注，西方现在的顶级机构和优秀的画廊，对中国的当代艺术品收藏在逐渐增多，并不断地向西方介绍中国的艺术作品。

中国当代艺术的快速增长，背靠的是一个国家稳定持续增长的经济形势。中国当代艺术已经有了自己固定的观众群和喜好的群体，并且这个整体具有持续的、相对的个性，能持续地投入其中，这都是很好的预兆。进入国际性、投资性主流领域的序曲已经奏响，在过去5年的时间当中，中国的艺术品市场以及艺术行业已经壮大起来。随着一个国家的发展，人们的生活环境、生活质量越来越好，大家在选择买房、置地，改善生活环境，拥有了富足的生活之后，自然对奢侈品的需求就会不断增长，紧跟而来的就是对精神层面的充实。这是一个发展规律，也是艺术市场发展的契机，中国社会的发展，精神层面的充实才刚刚启动，中国艺术品市场的发展也处在上升的阶段。相信中国艺术品的价格达到当今西方领军的艺术品拍卖的价格，相信仅仅是时间问题。

“中国艺术品市场泡沫化”的说法近来一直不绝于耳，有专家认为中国艺术品市场呈现出的良好状况完全不是一种泡沫，而仅仅是一个上扬的开始，中国作为一个大国，拥有悠久的历史文化，而且在20世纪，大量艺术家涌现出来，这些艺术家在一定领域内是非常优秀的，西方市场对这些艺术家的作品有非常大的兴趣。可能20世纪，中国的艺术现象和艺术活动，在某种程度上受到了一定的限制或者说是一定的挤压，直至现在大量有才华的艺术家涌现出来，表现在市场上会有隐藏的时间，也就是市场的滞后期，但这个时间很短。“中国的藏家也要拓宽思路，扩展投资领域，如今艺术品收藏的领域已经不仅仅单指可以挂在墙上的东西，展览预报，书报，以及瓷器，非洲艺术，意大利的当代艺术等都已经纳入现代藏家的兴趣范围之内。过去许多不被关注的门类如设计、摄影等的价格也在上扬，一些独特的艺术品价格，已经超过了油画或者是雕塑等传统意义上艺术品的价格。西方一位藏家艾德华·威利斯收藏的摄影作品已经达到了80万美金。“二十世纪的设计”作为一种新型的收藏门类，除具备欣赏价值，也兼备实用价值，因此考虑购买20世纪设计大师的作品，必定会在一定的时期内保值，还会在更长时间内增值。中国的藏家中相当一部分是中国新生代或者是第八代艺术的主要藏家，多元化自己的资产也很必要，在多元化的过程中，并不一定把资产放入同一个投资领域，中国的藏家可以慢慢接触西方艺术，成为收藏西方艺术的先锋，拓展自己的收藏方向。不过，这可能需要一些条件，一个是西方艺术品在中国的曝光程度及其对中国公众的影响程度；另外一方面就是中国国内的藏家对国外藏品的关注程度，还有艺术家对自己这些艺术品的自信程度。对于中国的收藏家来说，如果没有太多出国的机会，就很难接触到国外的艺术品展览及信息，因此对艺术有兴趣的各位藏家要尽量多看优秀的艺术品和传统的作品，在多看的基础上培养对艺术的感受力。

艺术品收藏建议：一件艺术品达到的市场价格，并不是某一个人的一种很随意的行为，而是一件严谨、谨慎的投资行为，投资确是一个很繁杂的过程。如果一个行家或者一个投资人，单纯为了投资而买艺术品，并且在极短的时间之内把它卖出去，通过这种方式想在短期内套利往往是很危险的，相反如果一位藏家收藏一幅作品是因为他自己对这件作品有很浓厚的兴趣，而且这幅作品质量也是非常上成的，在一定年头之后他就会因为这件作品而得到很多的盈利。画廊并非大家获取艺术品的唯一途径和手段，许多很好的经纪人在艺术品的交换和交易的途径当中起到了非常重要的作用，以全球的发展眼光来看，也有许多很好的积极的画廊在从事这项工作。收藏家要扩大自己的信息量，从地缘上，在中国比如北京还没有成为像纽约、伦敦或者巴黎这样的世界艺术中心，在信息流通渠道上，如果不能很快得到具有高时效性和可靠性的消息，藏家收藏作品的难度就会增大。而如今信息的交流可以通过各种手段实现，比如互联网，电话，画廊的新闻发布会，以及很多出版图物和相关的一些资料，藏家应该利用这些渠道，做好事前调查以及相关工作，来确保所买的作品是真作，并且保障买到的作品的价格不会与国际通行价格相差巨大。

收藏中如何规避风险？20世纪80年代，很多印象派的作品经唐冠科先生的手到了日本，那时参与投标的人群中有40%是日本的收藏家。当时也有很多的日本经纪人并没有好的参考经验或者是外部的信息，他们从很多纽约或者是伦敦的画廊，买进了绘画，因为当时没有这种辨析真假的工具和技术，所以他们在真假优劣上没有太多的经验。造成当初很多作品的价格可以炒到与真正好的作品等额的价位，但是，这些作品当中并没有靓丽的动人之处。如今信息的流通更加便捷、快速与透明，并且有了日本藏家的这种前车之鉴，在今后的艺术商业中可以更好地避免这种情况，但更需要藏家自己擦亮眼睛。

艺术品短期内转手的投资方式不可取，艺术品的短期套利是艺术市场一个潜在的问题，这种运作对于整个市场的发展来讲是非常不健康的，尤其对艺术家而言。现今这个艺术市场，当代艺术热度比较高，比如说纽约和伦敦，也因为市场的过热，存在着这样的一系列问题，但是长远来看会带来不好的影响。收藏艺术最重要的还是从自己的感觉或者从兴趣出发，而不是单纯从升值考虑。怎样判断一个画家的真正潜力口碑和大众的品位，确实非常重要，许多当时评价很好的画家，可能经过十几年之后，就会沉寂下去，收藏家们对他们作品的兴趣也会减弱。某些一线画家他们继续能画多好是藏家关注的最大问题，如果他们能持续一些创新的、有序的东西，将来走向应该是更好，只是有些画家他们在风格形成之后，很难突破自己原有的风格，这对于一线画家来说是一个不好的趋势。

中国当代艺术的价格还可以走多远？中国的一线画家相比国际同等级画家的市场价格还有差距，有专家认为中国画家，尤其是一线艺术家作品的质量是绝对没有问题的，投入市场的时间还太短，很多国际投资人的事业不过五年的时间，他们需要时间发展，对于中国艺术家来讲也因为进入投资市场的时间太短，他们的影响或者说他们的历史价值，还没有完全被国际市场消化吸收，但这会在不久的将来实现。决定的因素有三点，一，需要对艺术家的本身充分了解，而且对于他的作品，一定要有充分的把握；第二点，就是在购买或收藏时，尽量选择某位艺术家最好的作品；三，艺术品要有一定时期的保存期，留在自己手中。针对刚刚进入艺术品市场的机构投资者，唐冠科认为不同的公司，不同的投资机构，应该有不同规模的投资方式，像比尔盖茨，他对达芬奇之类古迹、手稿和画册都进行收集，他的规模非常大。但是一般的投资对象不同，首先要把投资的资产进行规划，可以在不同的领域有相应的选择，另外当代艺术品收藏，应尽量从熟悉的领域做起。

（摘自：王葳．只与艺术有关苏富比副总裁谈艺术品投资与收藏．东方艺术．2006（1））

8.2.2 了解会展投资行为

8.2.2.1 掌握影响会展投资的因素

尽管会展业是利润大、见效快、壁垒低的新型行业，被专家学者及商家纷纷看好，但投资会展所需资金庞大，转换成本高，且其他行业发展与其有很大的关联性。因此，投资者决定是否投资于这一领域仍需考虑诸多因素的影响。

A 客观因素

从客观环境来看，对会展业的投资主要受经济环境、市场环境、政治环境、政策环境及城市环境等因素的影响。

(1) 经济环境。国家或地区的经济运行情况对会展业的投资会产生较大影响。经济运行良好的时候，会展业的投资规模会增加，当经济萧条的时候会展业的投资量会减少，甚至许多已经进入该市场的企业还会纷纷撤出。

(2) 市场环境。包括一地区会展行业的供给和需求两方面。当一个地区对会展服务的需求已经达到饱和状态时或者当某地区会展业的竞争对手相当多，且已经具备相当规模、相当实力时即该地区会展业的发展已接近成熟期、无法获得超额利润时，投资者再进入则无利可图，也无任何竞争优势，理性的投资者会选择不进入；而反之市场有需求，且供给不足，投资者会考虑进行投资。

(3) 政治环境。一个国家的政局稳定与否会直接影响到各行业投资量的大小，尤其对于外资的进入，影响更为明显。一旦投资国政治动荡，甚至战争爆发，投资者绝不会轻易在该地区投资；相反一国时局稳定，并鼓励投资，则各投资主体会考虑在该国或地区投资。

(4) 政策环境。主要指一国或地区制定的各项经济政策如税收政策、土地政策、银行利率等是否有利于投资主体在该国、该地区投资，若各项政策对会展投资而言是积极的，则投资量会有所增加，反之，则会减少。

(5) 城市环境影响。包括地理环境的影响、基础设施建设情况的影响及该城市劳动力的供给情况，即是否有良好的城区建设，是否有完善的物流、食宿、通讯等设施，是否有举办和管理大型会展所必需的人才。这些条件都是投资主体进行决策时考虑的重要因素。

B 主观因素

(1) 投资主体对投资风险的分析及其风险取向。若一个风险中性型的投资主体进行会展投资，在进行投资决策前，分析出在某地区投资风险过高且回报率无法弥补这一风险，或风险过低，没有超额利润时，该主体不会选择在该地区投资；如果一个风险厌恶型投资主体进行投资时，一定会进行各地区的横向投资比较及该地区以往投资的纵向比较，选择风险最低、最有把握的地区进行投资；而一个喜好风险的投资者则会选择高风险、高回报的地区进行会展投资。

(2) 对投资收益的情况进行预计也是决定投资与否及投资量大小的重要因素，如果预计的投资收益按固定的贴现率折为现值，与投资额进行比较，其净现值大于零，投资者才会考虑进行投资，否则是无意义的。

此外，影响会展投资的还有会展业自身所处的发展阶段，跟其他任何行业一样，在成长期的会展业，投资量最大，而到了成熟期、衰落期投资量就会逐渐减少直至为零。另外，一些突发事件比如自然灾害、经济危机等在短期来看也会对会展业的投资产生巨大的影响。

8.2.2.2 了解会展投资行为

由于会展业自身的经济连带作用，它与旅游业、房地产业一起被经济学家们称为21

世纪的三大经济产业，许多大中城市都以会展业的发展来推动地方经济，目前已基本形成华北以北京为核心，华东以上海为核心，华南以广州为核心的三大会展活动中心城市。西部的许多城市如重庆、成都、昆明等也都加大在会展方面的投资力度。

就单个会展投资主体而言，只要投资净现值为正，增加投资便能增加投资者的总盈利。从这个意义上可以说，净现值为正的投资越多越好，然而从社会的角度来看，一味的增加投资，却不一定是科学合理的。例如，目前的中国会展业由于宏观管理力度不够造成结构不合理，场馆利用率低下，会展存在数量多，规模小，档次低，重复率高等弱点。因此，保持什么样的投资规模和结构才适宜、合理是会展经济中的重要问题。

A 明确会展投资规模和结构

a 会展投资规模

所谓投资规模就是指以价值形式表示的投资建设活动的工作量，是反映建设规模的综合性指标，在我国，计划和统计部门通常用一定时期内的投资额及其增值速度来表示。对于会展业而言，其投资规模分为对会展场馆的投资建设规模及会展公司的投资经营规模。

对于整个国家或地区，会展投资的规模究竟多大才能适宜？由于国民经济在不断地发展，会展业自身的贡献率也很难预测，很难有一个准确的量化标准。因此，我们必须合理预测年度总投资，因地制宜地考虑各种影响会展投资的因素及所有投资项目之间的轻重缓急关系，确定会展业投资占总投资规模的合理比例。

年度投资规模合理的标准既不是与国民收入等速增长，也不是某一固定的积累率，更不是某一绝对的增长数量，而是折旧再投资额之和，而年度净投资合理增加额等于边际投资率与国民收入增加额的乘积，而边际投资率也是国民收入增加额的函数，所以，年度净投资合理增加额是国民收入增加额的复合函数。其数学表达式为：

$$\text{年度净投资合理增加额} = G_0(g_0 n_0 + \Delta g n_1) \tag{8-1}$$

式中，G_0 表示上年国民收入；g_0 表示平均国民收入增长率；n_0 表示平均的固定资产净投资率；g 表示考察年份国民收入增长率升降幅度；n_1 是政策变量。

因此，决定年度净投资增加额的主要因素是国民收入升降幅度和有政策决定的追加投资率。年度折旧再投资合理增加额可用式（8-2）表示：

$$\text{年度折旧再投资合理增加额} = G_0(g_0 z_0 + \Delta g z_1) \tag{8-2}$$

式中，z_0 表示平均的折旧再投资率；z_1 表示追加的折旧再投资率；其他变量含义同式（8-1），将式（8-1）和式（8-2）相加，得：

$$\text{年度投资规模合理增加额} = G_0[g_0(n_0 + z_0)\Delta g(n_1 + z_1)]$$

$$\text{本年度合理的投资规模} = \text{上年的年度投资规模} + \text{本年度投资规模合理增加额}$$

会展的投资规模是年度总体投资规模的一部分，但其具体占多大比例合适，还应当综合考虑其他各方面的影响因素：其一是会展经济对国民经济增长、社会进步的贡献度。若贡献度比其他同类行业明显高，则可以考虑优先发展，适当扩大投资规模；其二是国家或地区的产业结构中服务行业所占的比重对会展业的投资规模起到控制作用；其三是会展业的整体市场容量对其投资有约束作用；其四是会展投资所需各种资源的供给情况影响其投资的规模。这里指的是除资金以外的如人力资源、土地资源、交通、住宿等条件的供应情况。

b 会展投资的结构

会展投资结构是指投资于会展业的总量中各分量之间的比例关系。包括会展投资的主体结构即不同投资主体的投资在投资总额中所占的份额、会展投资的资金来源结构即不同资金来源的投资在资金总额中所占的比例、会展投资的使用结构即用于会展业服务的各部门、各行业以及社会生产的各方面的投资比例关系。

会展投资结构的合理性取决于它对国民经济发展的经济效果，或者它要服从或达到的目的来判断。从静态看，社会经济发展的目标是资源的充分利用及优化配置和经济的稳定发展。因此，静态方面投资结构合理的标准就是看，在会展投资规模一定的情况下，能否通过改动其结构来增加国内生产总值。如果可以，则说明原先的投资结构未达到最优化水平，还有改进的余地；如果不能改动其结构使国民生产总值增加，说明现有结构已经合理；从动态看，投资结构的优化标准是那种能够使国民经济在较长时间内持续保持最快增长速度的结构比例。方法是看能否通过对现有结构的调整，使经济增长的速度提高。如果能，则说明从动态上看现有结构不是最优，需要调整。

各地区要想充分发挥会展业的经济拉动优势，带动整个城市经济的蓬勃发展，就要科学合理地安排其投资结构，因地制宜地将各种因素考虑进去，如所在地区产业结构状况、会展所涉及的各部门间产品的周期关系、消费结构及其变化、各部门间的国际竞争力和各地区的相对竞争优势等。

一般来说，本地区产业结构中谁的比重较大，谁是最具特色的产业，会展业就应多服务于这一产业，起到相辅相成的作用；由于会展能起到宣传、推广、帮助销售的功能，因此要与所展产品的生产周期相配合；对于不同的消费结构类型，需求量大的会展类型投资比例要大些，而对于在该地区的冷僻行业，会展业投资数量较少；对于本地区较有优势的行业，其相关会展投资力度加大，为其跨地域国界发展起到促进作用。一些有发展潜力，但市场竞争力还不够的产业，也应借助会展力量进行进一步发展。而对于一些既没有竞争优势又没有发展潜力的行业，会展应避免涉及。

B 明确会展投资的资金来源及筹措

一个展会项目的成功运作一般会涉及规划、设计、建筑、衍生产品开发、策划、招商招展等各个方面，这需要大量的资金支持。

从投资主体的角度看，以中央政府为投资主体的投资资金多来自国家税收、发行国债或近年来流行的发行各种彩票等方式筹集的资金；地方政府投资主要依靠地方税收、中央拨款、发行债券等方式。

企业融资方式一般较为灵活，可分为如下几种形式：

（1）自有资金。企业可以用于建设项目投资的资金有折旧基金、企业留利和出售闲置资产的资金，也可以用实物、工业产权、非专有技术、土地所有权等作价出资。对于后者，必须经过有资格的资产评估机构依照法律法规评估作价。以工业产权非专利技术作价出资的比例不得超过资金总额的20%。

（2）外部资金。企业可以利用的外部资金主要分为国内资金和国外资金，国内资金指向国内各类银行、非银行金融机构贷款，向国内发行债券吸收民间资本，国内融资租赁和地方财政贷款等。而国外资金一般指国外政府贷款、国外银行贷款、国际金融机构贷款、吸收国外企业在当地国家进行直接投资。

（3）企业上市资金。当企业达到在国外或国内资本市场上市的条件时，企业可以通过股票上市为拟建投资项目筹集所需资金。当然，通过这种方式筹措资金，不是所有企业都能如愿以偿，因为能够达到上市条件的企业毕竟是少数。

此外，在资金的来源及额度的选择上，要注意以下几点：一是要按切实的资金需要量来定筹资额，既要防止资金筹措不足，又要避免高估冒算。二是资金来源渠道，实现筹资方式的最优组合，以降低综合资金成本，并且要确保项目筹资渠道的合法性。三是避免利率风险与汇率风险的不利影响，正确选择筹资方式和币种。总之，在投资项目的资金筹措过程中，既要考虑资金的可能性，又要确定资金来源的可行性；既要满足项目对资金的需求，又要考虑使资金成本最低，风险最小。

8.2.3　明确会展投资的收益及风险

8.2.3.1　会展投资收益

由于会展业自身的意义与作用，我们不能简单地把它的投资看成是企业或个人的孤立行为，其收益可分为微观的企业收益和宏观上的国民经济收益。微观企业收益指以企业自身为出发点，在一定时期内将一定的资本经过投资而最终从所投资的项目中取得的收入，它是投资项目自身盈利水平和生存能力的评价依据。国民经济收益是指一个项目对国家长远计划的基本发展目标的贡献，它不仅仅表现在项目自身的财务效果上，还表现在国民经济其他部门和单位产生的影响上，因此，在计算时，不仅要考虑项目自身的直接财务收益，而且要确认项目对国民经济其他部门和单位的间接收益。

从会展企业的角度出发，根据股价现行财税制度、现行价格和有关法规，分析和预测某会展项目投资结束后能给企业带来的具体收益，并根据预期和实需的投入作比较，来决定投资项目的取舍。

会展企业投资收益指由投资的项目所引起的企业现金流入量减去企业现金流出量之后的净现金流量。

A　现金流出量

现金流出量指由该投资方案引起的企业现金支出的增长额。对于会展企业而言其现金支出主要包括土地使用权的购买、付给建设公司的费用、会展公司对场馆的租用费用、设备的购买费用、场馆或各种设施的维护保养费用、投入运营后所发生的一切费用如人员的工资和培训费用等。

B　现金流入量

现金流入量指该投资方案所引起的企业现金收入的增加额，对于会展企业而言，其现金流入量包括营业现金流入、出售或转让场馆或其他固定资产的收入等。

净现金流量就是指一定期间内现金流入量和现金流出量的差额，流入量大于流出量时，净流量为正值；反之为负值。由于我们所作的收益分析是在投资之前进行的，所以未来每年运营的现金流入量和流出量都是预计的，这种预计可以通过企业与企业之间的横向比较和企业自身不同时期的纵向比较得出。

在做横向比较时，若某投资主体第一次投资于这一类型项目时，可以参考其他竞争对手在投资类似项目时的投资额及每年的现金流量；在做纵向比较时，如某投资主体当年要投资某一项目，它可以参考近5年内乃至更长时期内，其投资与会展行业发生的收入和支出情况。企业预测出每年现金净流量之后可利用净现值法将每年的净流量折算到期初，然后与期初的投入相减，其值就称作净现值，用公式表示为：

$$净现值 = \sum_{k=0}^{n} I_k/(1+I)^k - \sum_{k=0}^{n} O_k/(1+I)^k$$

式中 n——投资涉及的年限；

I_k——第 k 年的现金流入量；

O_k——第 k 年的现金流出量；

I——预定的贴现率。

若净现值大于零，表明该项目在财务上而言是可以投资的；若净现值小于零，则表明投资该项目在财务上无意义。

8.2.3.2 会展投资风险

会展投资风险是指投资过程中或投资完成后投资者发生经济损失或不能收回投资及不能达到预期收益的可能性。投资风险是由投资回收的不确定性所致。时间越长，投资越大，不确定性就越大，投资风险自然也就越大。投资该选择项目进行投资之前需要对该项目的风险类型、风险程度以及防范措施进行分析、衡量。而投资者是愿意承担较大风险而追求更大的收益，还是牺牲收益而少担一些风险，取决于投资决策者的风险性取向以及避险成本。按照投资风险形成的原因，可将风险划分成以下形式：

(1) 项目完全风险。对于会展业而言，这种风险主要存在于展馆建设阶段，其主要表现形式为项目建设工期延长，项目建设成本超支，项目迟迟达不到验收合格标准等。由于技术或其他方面原因，可能会使项目完全停工甚至放弃。

(2) 价格风险。指投资项目所需各种物质价格的变动。投资项目确立后，项目所需的物资价格提高，尤其是当经济状况不正常，出现通货膨胀使投资者的货币购买力下降，使得投资者要么追加投资，要么压缩规模，影响投资收益和回收。

(3) 市场风险。市场实现的价格水平能否与预期水平相符，市场的需求量能否与计划的供给量达成均衡，都是市场给投资者带来的风险。

(4) 自然风险。是指由于自然界突发灾难，如地震、洪水、瘟疫等给项目投资者带来的无法避免的巨大风险。

(5) 政治风险。主要针对国外投资者，如在国外投资会展业，一旦投资国政治经济和社会变革，造成政治动荡，经济混乱，甚至投资者的投资项目被征收，或者投资国对外投资政策变化都会给投资者带来风险。

(6) 金融风险。指利用外资的项目或向国外投资的项目由于汇率的变动而遭受的经济损失。

阅读与思考

展览场馆投资运营及管理模式

一、展览场馆投资模式

1. 政府投资方式

一是政府全额出资。展馆公共产品的性质和色彩较多，政府不以展馆直接营利为目的，关注的是展览对卷地经济的带动效应。在我国经济发展的现阶段，这种场馆较普遍，它对政府公共财政的压力较大，加上许多城市展览场馆建设缺乏充分的市场调研和准确的规模定位，规划的制定带有很大的盲目性，且投资者对展览场馆的基础性设施功能和投资回报期长认识不足。同时很多展览场馆作为城市标志性建筑进行建设，设施外观豪华，营运成本较高，造成投资、土地资源在一定程度上的浪费。这种模式经营上由政府下属机构经营，以维持盈亏平衡为经营目标，因此发展是有限的，各地政府应根据城市的规模和现实需要适当建设。

二是政府部分出资。由于会展中心建设一般投入的资金巨大，不可能完全按公共设施由各地从公共财政支出，完全按照市场化原则由企业投入会使政府无法对其加以控制，因此部分政府采取的变动方式是场馆建设政府立项，投入部分资金，同时在规划土地和其他政策上予以相应支持，空缺的资金通过引入其他投资主体共同建设解决，这样使大量投资并不全部压在政府身上，建成后的展馆归政府和出资人共同所有，并根据出资额获得相应的资产回报。其经营按照规范的商业运作方式，由资产所有者决定经营管理者入选。

2. 商业投资方式

场馆由商业机构投资，包括中资（国有）和外资、中外合资、民营投资，如上海新国际博览中心（SNIEC）由上海陆家嘴（集团）有限公司与德国汉诺威展览公司、杜塞尔多夫展览公司、慕尼黑展览有限公司联合投资建造。广州的保利世贸中心由国有企业（保利集团）与民营（锦汉展览公司）合作投资，锦汉会展中心、中洲展览中心、国际采购中心则是民营企业全额投资。这类会展中心进行商业运作，以营利为目的。这种方式产权关系清晰、责权利明确，是完全按市场化方式运作的。

二、展览场馆运营模式

1. 基本运营模式

全世界展览场馆的基本运营模式包括：一是纯场馆经营模式，即法律法规只允许场馆所有者经营场地出租及其相关业务，而不能从事自办展，这种模式符合公平化的竞争原则，但场馆经营利润有限，难以偿还场馆的投入。二是纯场馆经营模式加自办展结合模式，即除场地出租及其相关业务外还能从事自办展，其利润来源主要是自办展，这种模式使场馆本身将好的档期给自己，对其他展览组织者不公平。另外现各展览场馆注重多种经营的结合，如新加坡博览中心、中国香港会展中心等将大型活动、演出、婚宴等各种经营结合起来。

2. 具体运营模式

一是民有民营，如广州益武国际展览有限公司，拥有广州中洲展览中心，同时旗下有中国（广州）编织品展览会、CacFair 中国（广州）礼品、装饰品展览会、中国（广州）卫浴民用工业、中国茶叶博览会，其中 2007 年 CacFair 中国（广州）礼品、装饰品展览会、中国（广州）编织品展览会通过 UFI 认证。展览中心主要经营收入来于自办展，展览场馆为其自办展服务。

二是民营公助，展览场馆可以从民间和政府财政收入中获得相应的补助和津贴，可减少展览场馆部分经营风险，从而为其盈利创造条件。如新加坡展览场馆周边的酒店和餐馆必须拿出收入的10%补贴场馆。

三是公有国营，政府直接委派下属机构经营管理（国资委），展览场馆经营公司的盈利与亏损都由政府承担，不注重市场开拓，目前我国大部分的政府投资的展览场馆都是这一模式。

四是公有托管，政府并不直接经营和管理，而是委托一个专业委员会或专业管理公司从事管理和监督，这也被称为“委员会管理模式”。如德国的展览场馆大都是这一模式。

三、展览场馆管理模式

1. 直接管理

一种是政府机构直接管理，由政府部门直接设立一个事业单位来管理展览场馆，管理机构主要由国资委成立国有公司代表政府管理；也有由政府商务部门或其他部门管理的以及贸促会代表政府管理的情况，如中国国际展览中心、深圳会展中心、青岛会展中心就属于这种类型。由于展览业与社会公共事业的特殊关联性，这种方式的优势是：政府直接管理能够有效的整合会展整体资源，有效利用城市整体公共服务平台。但是这种方式的劣势是限制了展馆市场意识、竞争意识、服务意识的发挥。

另一种是成立合资企业或民营公司经营管理，如上海新博览中心，德方拥有50年的经营管理权。对成立合资企业来说，优势是能引入先进的管理模式和引进相关的展览项目，劣势是当地政府对管理的控制即话语权的问题，上海新博览中心因德方拥有50年的经营管理权，对德国进入中国市场的同类型展览会实行保护，不利于民族产业的发展，同时也不利于上海市政府对上海会展业发展进行有效控制。对民营公司管理的优势是管理灵活，符合市场化的要求，但劣势是民营公司力量有限不能有效地整合资源，尤其是政府资源。

2. 委托管理

政府投资建设，产权归政府所有，政府作为股东，委托或授权商业机构从事经营，与经营者有明确的经营责任和义务的规定，经营者应遵循市场经济规律，按商业模式操作，避免官商作风和垄断经营。包括两种形式。

一种是委托本地企业管理，中国香港会议展览中心（管理）有限公司自1988年起就管理营运中国香港国际会议中心；厦门国际会展中心就是由政府投建完成后交由厦门建发集团管理；宁波国际会议展览中心现在则交由民营企业家为主投资组建的宁波国际会议展览中心管理有限公司实行租赁与管理。这种模式的优势是能整合本地资源，但劣势是由于立足本地市场，国际化程度不高。

另一种是委托外地或国外企业管理，例如由宁波市政府投资建设的宁波国际会展中心就曾委托上海国际展览中心有限公司管理，南昌会展中心委托安徽会展中心输出管理。天津滨海国际会展中心由天津开发区投资建设，建成后委托天津泰达集团与新加坡展览集团合资组建的展览公司来共同经营管理。郑州香港会展管理有限公司（香港展览会议场地管理中国有限公司和上海国际展览中心有限公司合资组建）管理运营郑州国际会议中心。这种模式的优势是能借鉴先进的管理经验，劣势是双方的管理理念难以达成一致，一方面输出方强调规范化管理和经营管理的独立性，而输入方（当地政府）往往不放弃对一定行政手段的行使；另一方面是输入方（当地政府）对输出管理的期望偏差过高，对当地政府来说，引进输出管理就意味着要带展览项目，但品牌展会移植并不是主办方就可以决定的，要考虑到产业和市场的需求，同时还要征求参展商和采购商的意见。所以往往输出方并不能按输入方要求的带来展览项目，这将导致合作的不成功。

（刘松萍。国内外展览场馆现状与投资管理模式分析《中国会展经济发展报告》，中国经济出版社，2009 年）。

8.3　明确会展投资的经济效应

投资一个项目，目的在于最大限度地获取经济效益和社会效益，任何投资决策的盲目性或失误，都可能造成重大的经济损失和资源浪费。本节将探讨会展投资所带来的经济效应。

8.3.1　会展投资乘数

8.3.1.1　投资乘数

投资乘数是指在一定的边际消费倾向下，新增加一定量的投资经过一定时间后，可导致收入与就业量数倍的增加，或导致数倍于投资量的 GDP，用公式表示为：

$$\Delta GDP = \Delta I \cdot K \tag{8-3}$$

$$K = 1/(1-\Delta C/\Delta Y) \tag{8-4}$$

式中，ΔI 为新增投资；K 为投资乘数；$\Delta C/\Delta Y$ 为边际消费倾向 MPC。从上述公式可以看出，当投资乘数一定时，投资越多，则国民收入增加量也越大。而且，乘数大小和边际消费倾向有关，边际消费倾向越大，则乘数就越大，乘数与边际消费倾向成正比。

按照凯恩斯宏观经济理论，一定数量的投资额会带来国民收入若干倍的增加，这是因为某部门的新增投资，不仅使该部门的收入增加，而且通过“连锁反应”，引起其他相关部门的收入增加，促进其他部门追加新投资获得新收入，致使国民收入总量的增长若干倍于最初那笔投资。由会展活动引起的投资会刺激有效需求，因此，投资的增加将会带动整个经济的成倍增长，这个倍数即称之为乘数效应。

8.3.1.2　会展投资乘数效应

从凯恩斯主义经济学的乘数效应来看，投资和消费刺激有效需求增加，使国民收入呈倍数增长。会展业作为一种新兴的第三产业，其联动能力非常强，在发展过程中体现出强大的乘数效应。首先，会展场馆和基础设施的投资，将刺激建筑材料、劳动力、资金和设备的需求，由此促进建筑和装潢等行业快速的发展，产生会展投资乘数效应。其次，在会展期间，参展商和参展者对产品和服务的需求，形成一个庞大的消费市场，进而体现出会展消费乘数效应。例如，作为级别最高的会展，世博会，其联动行业多，并且对基础设施的要求高，引起的投资乘数和消费乘数也就越大，对经济发展产生巨大的推动作用，因此，各国都尽力争取对世博会的举办权。国际展览局有针对性地对 1985 年筑波世博会进行跟踪调查研究，研究表明世博会对日本茨县经济的拉动相当明显，投资乘数高达 0.7，显现出较强的乘数效应。

8.3.2　会展投资的经济效应

8.3.2.1　会展投资的经济效应

会展的投资效应主要体现在直接促进投资和间接促进投资两个方面。直接促进投资方面，会展业为投资提供产品、技术展示和投洽方面的交流，通过在会展现场的展示、考察和比较，达成投资意向，而现场或随后签订投资协议。间接促进投资方面，会展通过全面展示所在地的经济、文化和社会风貌，扩大对外的影响力和知名度；参与塑造城市形象，传播创新文化，在理念、标准、技术、经营、品牌、资本、渠道、人才等方面，为城市发展积聚实力；改进政府工作，根据会展活动的需要，政府及其各相关部门从大局出发，积极主动地为展会、为经济发展提供良好的服务；扩大对外开放，有效地缩短举办地与外界的距离，扩大与国外的交流合作领域；影响社会风气，举办地民众以主人翁的姿态，迎接并热情服务于国内外的宾客，社会治安井然有序，树立了良好的区域形象。

以“渝洽会”为例来看会展的投资效应，如2010年5月举办的“中国（重庆）国际投资暨全球采购会”（简称“渝洽会”），共签约投资项目258个，项目总投资406亿美元（折合人民币2772.75亿元人民币），较上届增加91%，利用境内外资金1609.26亿元，签约项目再创新高。从项目资金来源来看，签约项目中外资项目44个，拟引进外资107亿美元；市外境内项目102个，拟引进资金620.65亿人民币；市内项目112个，利用资金近259亿元人民币。从项目行业分布来看，签约项目中农业项目28个，占签约项目总数的11%，利用资金84亿元人民币；工业及建筑业项目158个，占签约项目总数的61%，利用资金1171亿元人民币；服务业项目72个，占签约项目总数的28%，利用资金354亿元人民币。外资项目中，投资1000万美元以上的外资项目29个，占外资项目数的六成以上。不仅如此，进场参加对接洽谈的企业达2860家，达成采购合作意向的980对，意向金额共计5.6亿美元，分别较上届增加64.8%、14.9%、16.5%。参加采购对接的既有惠普、富士康、华硕等全球IT巨头，也有国内外中小企业，采购成效显著。

8.3.2.2　会展投资的关联效应

会展业具有综合性特点，与会展密切相关的部门包括旅游、服务、交通、餐饮、通信、住宿、边检、海关等部门，会展业的投入或举办通过与旅游、交通等部门的关联关系带动相关产业发展，体现出关联效应。据麦肯锡的统计显示2000年全美会展业总体经济效益达到579亿美元，会展直接收入对相关产业的拉动系数达到1∶9。由于目前国内经济发展水平与美国之间存在差异，所以，国内对会展直接收入对相关产业的拉动系数并不能按美国标准定，上海抽样调查显示会展直接收入对相关产业的拉动系数目前为1∶8.8。

阅读与思考

北京奥运场馆投资及运营机制风险分析

对于奥运会主办城市来说，最难以“可持续发展”的就是赛后奥运场馆资金投入回收。由于奥运前期场馆建设是一种非生产性投资，举办国在奥运会后常会出现经济增速突然递减的现象，从而往往在不同程度上出现体育场馆闲置、基础设施使用率不高、投资难以收回等问题，这就是所谓的“奥运会后遗症”。尽管蒙特利尔奥运会的火炬在 40 年前就熄灭了，但是脱离现实的财政预算和投资计划，奥运会后蒙特利尔公民承担了一个新的税种——奥运特别税，而且一交就是 30 年，直到 2006 年 11 月才还完 1976 年欠下的税务。虽然从洛杉矶奥运会开始，奥运会就开始走向商业纯运作，但是每一届奥运会的主办国还是或多或少会被奥运会连累。如 2000 年奥运会举办国澳大利亚，被萨马兰奇称之为“最好的一届奥运会”，因为每年都要花费 3000 多万欧元用于维护场馆；而 2004 年奥运会举办国雅典，目前为维护奥运场馆的每年资金花费高达 1 亿欧元。据估算，这笔费用需要全体希腊纳税人用 10 年才能偿清，“后奥运效应”已经成为各国体育学者关注的一个新问题。根据首都大学经济研究室的研究报告，在我国举办的历届全运会新建的所有场馆在建成之日起就存在着亏损问题，经营收入根本无法与日常维护持平。因此，奥运会后的重点工作就是要解决好体育场馆的后续利用问题，否则仅其养护费用就会成为举办城市的沉重负担。下面是北京奥运场馆建设的投资风险分析。

1. 政府投资的风险

因为受传统体制等因素影响，我国体育产品长期以来都是作为一种公共产品来提供，体育场馆往往也由政府出资兴建。而举办奥运会需要巨额的资金投入，这其中又以奥运场馆的建设为主。由于其开发规模庞大、资金投入密集、投资回收时期长、利润收益不可预测，所以场馆建设后的金融风险非常大。根据申办预算，北京 2008 年奥运场馆建设经费为 115. 5 亿美元。对于我国这样的发展中国家而言，完全依靠国家财政拨款将势必给政府背上沉重的财务负担。由于中央和北京政府负责大部分的工程建设，这样政府就成了体育场馆等基础设施的所有者。在奥运会结束后，所有者将立即或在一段时间后承担收益下降的风险。在我国体育作为福利事业由政府掌控并享受全额津贴，在国家经济转轨的过程中，我国体育设施的经营管理方式上，仍处在由计划向市场经济转变的阶段。如果奥运会后仍采取原有的管理体制和运营机制，那么奥运场馆连正常的管理运转都难以维持，更谈不上进一步发展了，这也必将使国家背上沉重的财务及社会负担。

2. BOT 投资方式

对于普遍缺乏资金的发展中国家来说，政府部门是很难满足大量基础设施建设所需的资金的，因为许多发展中国家开始重视并鼓励以 BOT 方式兴建基础设施项目。所谓 BOT，是 Build（建造）、Operate（运营）、Transfer（移交）的缩写，其含义为：投资者（非国有部门）从委托人（通常为政府）手中获取特许权，单独或与政府公共部门合作共同成立特许经营公司，然后从事该项目的融资、建设和经营，并在特许期内（一般为 15 ~ 20 年）拥有该项目的所有权和经营权，通过对项目的经营取得合理利润收入，特许期结束后将项目无偿转让给委托人。BOT 项目属于我国统称的特许经 BOT 项目，在我国主要分为两种形式，一是项目的法人负责项目投资、设计和管理，因此也被称为 DBFO（设计、建设、投资、营运）；另一种是由政府负责组织项目的规划和设计，项目人只负责建设、营运及移交。以国家体育场“鸟巢”为例，“鸟巢”的中标人中信联合体出资 42%，同时也获得了“鸟巢”30 年的特许经营权。但经营“鸟巢”的难度无疑非常大，因为“鸟巢”一年各项支出将达到 5000 万人民币，而且由于“奥运瘦身计划”，“鸟巢”现在已经失去一些商业优势，如果将来经营效果没有达到预期，经营方无疑压力会非常大。

（张广德，北京奥运场馆投资及运营机制风险分析西安体育学院学报，2008）

任务小结

根据会展经济学分析活动顺序，本任务主要是确定企业或个人会展投资策略，树立一定的投资观念，了解企业投资行为，并根据不同的会展产品来确定投资策略及把握投资风险。

本任务围绕会展投资策略设计了各环节操作的专门知识，希望读者完成本任务后能够及时进行会展投资的风险分析，明确会展投资的经济效应，并作出投资决策。

业务技能自测与实训操作

一、讨论

1. 试比较政府投资动机与企业投资动机的差异。

2. 影响会展投资的因素有哪些?

二、案例分析

背景资料

上市公司投资会展业受挫

武汉市汉商集团股份有限公司（下称汉商）2003 年半年报显示，集团经营的武汉国际会展中心（下称武展）1 ~6 月实现收入 630. 33 万元，亏损 1370. 69 万元。一年多以来，汉商一直在为这家勉强维持的会展中心寻找新的管理者，但乐于接手这“烫手山芋”的显然不多。在与新加坡笔克公司谈判破裂之后，9 月 8 日，汉商常务副总经理兼董事长秘书张晴不得不承认与新加坡国际展览公司合作一事再次受挫。除此之外，汉商还准备将这一国际会展中心办成一个商店街加汽车超市，以增加收入。而汉商经营会展业的不愉快经历在内陆城市并非独一无二。

企业化运作之困。武展 1995 年由外商投资兴建，1997 年因资金不足停工，1999 年 10 月外方撤资。为了把这个半拉子工程继续下去，当年 11 月，武汉市政府首开国内会展业先河，决定采用企业化方式运作武展。此时，一直寻求在主业外扩张的汉商决定进入。2000 年 1 月，由汉商集团牵头，联合清华同方、凌云集团等 6 家企业，发起成立了“武汉国际会展中心股份有限公司”，成为武展的建设主体单位。公司共募集股本金 2. 26 亿元，其中汉商集团投入资金 1. 2 亿元，持有53. 1% 的股份，占绝对控股地位。武展地处武汉市中山大道繁华闹市区，拥有全市唯一一家大型的展览馆，所以从复建之日起，它就被市政府锁定为形象工程。武展原预计总投资 6. 57 亿元，到 2001 年 9 月工程竣工之时，实际投资已达到 8. 5 亿。据知情人士透露，尽管后来追加的近 2 亿投资市政府承诺负担，但由于资金紧张，这笔资金只到位了 3000 万元。致使武展一开业，便背上了沉重的债务包袱，每年仅利息支出一项就高达 1600 万元。2001 年，武展开业三个月共实现营业收入 1669 万元，主营业务利润率高达 80%。但汉商集团年报同时显示，武展由于巨大的债务利息支出，连同成本折旧，会展业宣告亏损。2002 年，武展全年共举办展会 203 个，营业收入 2200 万元，但仍摆脱不了亏损的阴霾。当年汉商年报显示：“武展全年折旧增加 596 万元，无形资产摊销增加 45 万元，财务费用增加 673 万元。”这与汉商集团当初控股武展时所预测的"实现 15% 的年收益率，5 ~ 6 年收回投资"的目标相差甚远；而与政府预期的"3 年之后会展业营业收入将达 7000 万 ~ 8000 万元"的目标，则更为遥远。在今年上半年召开的 2002 年度股东大会上，汉商董事长张宪华表示，公司今年将采取多项措施启动武展，争取尽快改变其"资产巨大但只带来很少收益的不利局面"。张称，今年将重点抓好三项措施：一是抓好会展主业，必要时引进国际专业化会展公司经营，保持武汉展览市场 80% 以上的份额；二是着力打造会展中心时尚商店街，延伸商业主业；三是利用会展中心部分区域，引进有实力的汽车销售商，开办汽车展示中心，建成专业化的汽车展销市场，力争成为武汉市三大汽车销售中心之一。武展总经理熊秋平称，武展的规划是通过 3 ~ 5 年的培育，打造会展产业链，形成广告经营、广场经营、车场等多种盈利模式。再利用资本运作，力争通过 7 ~ 8 年的时间，收回投资。但武展与新加坡笔克公司、新加坡国际展览公司的合作谈判先后告吹，主要原因是外商无法承诺汉商所要求的营业额。作为上市公司，汉商为了确保盈利，2002 年 11 月，曾将投资 1442.61 万元的千步滩度假村工程，以 2600 万元的价格出售给唐山海港兴嘉物贸有限公司。而在迟迟不能带来实际回报的情况下，武展也可能成为汉商的地产交易项目。一高层告诉记者，武展有 14 万平方米的房子，又处在城市繁华中心地段，还有几万米的广场，很多投资商都看好武展，有购买意向，汉商甚至想出手持有武展 53.1% 的股份。这位高层表示，如果把这些股份出手，可以卖 2 亿多元的价钱，一下子可把近 2 年的亏损补回来，也可保证股东近期利益。

二级城市之困。汉商经营会展业的不愉快经历在内陆二级城市显然可以找到不少知音。资深会展专家、《中国会展》主编朱立文认为，武展开业只有 2 年，按照国际惯例，一个展馆若要打出品牌，至少需要 7 ~ 8 年的培育期。再加上武汉地处内陆，经济相对落后，在办国际展会上的市场化环境先天不足，只能作为区域展览中心。而国际展则为会展业利润的主要来源。在北京、上海等大型城市，国际展会的收入占其总收入的一半以上。仅仅依靠国内会展，业务是吃不饱的。对朱的观点最好佐证是：2002 年，武展共办展 56 个，占全市展览市场份额的 56%，但场馆的使用率仍不足 40%。而据业内人士介绍，杭州、合肥等更多城市由企业运作的会展中心，经营亦是步履维艰。朱立文认为，企业投资展馆，与进军会展业实际上是两个不同的概念。由于展馆及其配套设施的建设资金投入十分巨大，一般都在数亿元甚至十几亿元。会展业之所以称做朝阳产业，是因为它对其他行业有 1∶9 的拉动力，所以在会展经济较发达的一些国家，其展馆建设的投资主力一般是政府，在展馆建设完成后，通过招标由企业来经营展览相关业务。朱直言，企业投入展馆后的主要收益来自于展览业本身，而仅用展览来实现对展馆高额投资的回收是很难办到的。对此，朱立文认为："不知企业的盈利点何在？2001 年，红塔集团退出昆明世博园经营的前车之鉴，或许应对热衷投资会展业的企业有所启发。"

（信息来源：广州会展网）

试分析该企业投资会展的收益及风险。

三、实训操作

假如你有 500000 元的资金进行理财或创业，试着设计一份投资方案，并进行可行性分析。

【实训目标】通过会展投资可行性分析，加深对会展投资的理解。

【实训组织】学生每4人一组。

【实训要求】各组可借助网络或实地收集资料，并对各项任务进行分工。小组成员应做到既要分工又要合作，按计划步骤行事，完成项目作业，即设计一份投资方案并进行可行性分析。

【实训成果】各组汇报、教师讲评。

任务9　了解宏观经济运行，预测会展发展趋势

能力目标

通过完成本任务，你应该能够：

1. 判断国民经济景气程度；
2. 了解通货膨胀和失业对经济的影响；
3. 掌握解决通货膨胀和失业的基本措施；
4. 区分财政及货币政策。

核心能力

1. 能够分析财政政策对会展经济调整的影响；
2. 能够分析货币政策对会展经济调整的影响。

任务解析

1. 了解国家宏观经济运行；
2. 掌握政府宏观调控手段；
3. 预测会展业发展趋势。

9.1　了解国家宏观经济运行

作为企业的决策者，学会判断国民经济好坏，了解国民经济状况，为未来的投资、消费做准备，是非常重要的，同时，它也为会展行业的发展趋势提供了分析依据。

9.1.1　了解企业所面临的国民经济情况

在宏观经济形势的分析中，判断一国经济运行情况可参考的一系列指标有GDP、CPI、就业率及国际收支平衡等指标。

长期以来，我国基本上都以“增长速度”为标准，即形势好坏是以速度来衡量的。一般认为，高增长就意味着经济形势是好的；而低增长，就意味着经济形势是坏的。不过，这种以经济增速本身来判断宏观经济形势，实际上是不科学的，因为经济增长函数在不同的发展阶段是不同的。其实，判断经济形势好坏的临界值指标应是就业的状态。只要劳动力趋向充分就业状态，即使经济增长趋缓下行，也说明经济形势良好。就业状态指标比国内生产总值指标更具有综合性，包含经济增长、社会状况和收入分配等方面的信息，比增长曲线变化更全面地反映了经济、社会的趋势，为政府宏观抉择提供的依据更科学、更准确、更可靠。

9.1.2 明确国民经济好坏与会展企业的关系

除了通过上述指标来判断目前国民经济的状态外，国民经济的萧条或繁荣由企业投资及群众消费的活跃程度也可见端倪。一般在国民经济循环的过程中，大多数的经济影响因素也会呈现相同的变动方向。

在经济繁荣时期，消费者会因收入增加及对未来前景看好而增加消费，使得企业的生产销售量增加，利润也随之增加，因而累积更多的资本去投资建设，进而需要雇佣更多的人力，使就业人口的比例上升；同时企业为了适应过多的消费需求而调高售价，于是物价上涨。

在经济萧条时，消费者对未来前景较悲观，消费者支出的意愿低落，购买量减少，使企业的生产量及利润降低，因而大幅削减投资、裁员缩编的状况比比皆是，造成社会上失业人口增加，使经济低迷的状况雪上加霜。

可见，国民经济好坏对人们生活影响至深，同样对会展业会产生很大的影响。在经济繁荣时期，企业效益好，展商会因企业预算增加、消费者会因收入增加及对未来前景看好而参加展会或各类活动。与此同时，会展企业收益可能会增加，利润也会随之增加，因而累积了更多的资本去扩大展会规模或承办新的展会，进而需要雇佣更多的人力，使就业人口的比例上升，并使当地的旅游、餐饮等行业的就业人数的上升；同时，企业为了适应过多的参展需求有可能会调高会展产品的价格，从而导致物价的上涨。反之，在经济萧条时期，展商及观众对未来前景较悲观，其支出的意愿低落，减少参展及参加各类活动的次数，使得会展企业的收益及利润降低，因而会削减投资、裁员缩编甚至企业倒闭，造成社会上失业人口增加，加重经济的低迷状况。

9.1.3 分析通货膨胀、通货紧缩及失业对会展企业影响

9.1.3.1 通货膨胀

A 通货膨胀的内涵

通货膨胀（Inflation）是在纸币流通条件下，货币流通量过多地超过流通中必要的货币量，从而引起的货币贬值、物价水平普遍而持续上升的经济现象。其公式可表示为：

$$\pi_t = \frac{P_t - P_{t-1}}{P_{t-1}}$$

式中，π 代表通货膨胀率；P 代表当期物价水平；t 代表时间。

一般来说，衡量通货膨胀的指标主要包括消费物价指数 CPI、批发零售物价指数/零售物价指数 RPI 及国民生产总值折算数 IPD。

B 通货膨胀的原因

一般来说，通货膨胀的原因主要有以下几种：

（1）需求增加。又称“需求拉上通货膨胀”。因为商品和劳务的需求大增，在供给方无法充分供应，导致价格大幅上涨。如果央行增加货币供给量，民众的手上有很多钱，但社会上提供的商品和劳务的数量不足，民众就愿意出较高的价格来购买商品和劳务，若供给方一直无法正常供给，就会造成商品和劳务的价格不断升高，因而产生通货膨胀。

(2) 成本推动。即成本上升而引起的通货膨胀，它包括：工资成本推动型通货膨胀，即个别部门工资增加导致整个社会工资水平上升。工资与物价互相推动，形成通货膨胀；利润推动型通货膨胀，即厂商垄断利润推动产品销售价格上升；进口成本推动型通货膨胀，即进口原材料价格上升而引起通胀，如世界性商品价格上涨。

(3) 供求混合推进。当社会中的总需求增加时，会导致物价的普遍提升，在工资被要求提升的背景下，企业的总体成本又会提升，从而导致利润下降，企业供给不足，物价因此又会进一步提升，形成供求混合推进型通货膨胀。

(4) 结构性通货膨胀。物价上涨是在总需求并不过多的情况下，对某些部门的产品需求过多，造成部分产品的价格出现上涨的现象。扩展部门，资源与人力短缺，资源价格上升。非扩展部门，资源与人力过剩，但由于攀比行为，资源尤其是工资价格同样上升。两部门成本增加产生通货膨胀。

(5) 预期的通货膨胀。如果通货膨胀可被预期到，就会要求增加货币工资；劳动力供给曲线与劳动力需求曲线同幅移动，就业没有改善，产量不会增加。

C　通货膨胀与经济发展之间的关系

通货膨胀因程度的不同，对经济产生的影响也有所不同。其中，温和的通货膨胀对某些人群是有利的。如通货膨胀有利于雇主，有利于债务人；通货膨胀有利于政府，因为通货膨胀税可增加政府的税收收入；通货膨胀有利于富人，因为通货膨胀加剧收入分配不平等，富人的边际储蓄倾向大，可增加储蓄。

不过，一些人也认为通货膨胀政策破坏了社会生产的正常进行，导致生产萎缩；打乱了流通领域原有的购销渠道，破坏了商品的正常流向；使少数人受益，多数人受害，影响经济和社会的稳定；物价普遍上涨使人们的实际购买力降低，从而使百姓的生活受到极大的影响。此时可能会有不法商贩哄抬物价，加剧供需矛盾，导致抢购潮，最终可能引发经济危机，导致社会动荡不安。

9.1.3.2　通货紧缩

A　通货紧缩内涵

通货紧缩 (deflation) 指社会价格总水平即商品和劳务价格总水平普遍不断下降。通货紧缩是与通货膨胀相对应的经济过程，往往是在通货膨胀得到抑制之后发生的。通货紧缩实质上是“伴随物价下跌而出现的经济衰退”。

通货紧缩表现为以下几个特征：

(1) 物价连续下跌，货币供给量连续下降。流通中的货币大大少于商品流通的需要；

(2) 货币流通速度下降；

(3) 社会对于经济前景预期普遍不良；

(4) 总需求小于总供给；

(5) 经济持续萎缩，资产严重缩水。

B　通货紧缩的原因

通货紧缩产生的原因主要有以下两个：生产过剩，产品供给大于需求，促使大量产品销售不出去，导致通货紧缩的发生。一些国家的经济尚未从根本上摆脱产能过剩的制约，以至于一旦出现问题，就会出现通货紧缩的危险；需求不振，房地产与股价的下跌直接引发消费者出现信心危机，大家心中都有物价会越来越便宜的期待，害怕现在买会有损失，都抱着“等等看”的心态，而且担心饭碗不保，忧心忡忡，不敢消费。消费者越是延后消费或投资，物价下跌的状况便会越严重。

C 通货紧缩对经济的影响

通货紧缩的危害在于消费者预期价格将持续下降，从而出现延后消费，打击当前需求。物价跌得越凶，借贷的实际成本就越高，个人和企业的负担增加，因为持有的资产实际价值缩水了，而对银行的抵押贷款却没有减少。

面对呆账的风险，银行采取紧缩银根、调高利率，但这样做也提高了贷款成本，使得庞大的库存现金贷放不出去，不能顺利地将资金注入到经济体系中，借不到钱的中小企业面临生存危机。因此，企业为了降低损失而减少生产，引发裁员，延缓投资，企业的利润再度下降，进而使经济增长受阻。

此时，即使央行降息也无法带动企业与个人投资，还会使得通货紧缩更趋恶化，加重经济衰退的现象。因此，通货紧缩对经济与民生的杀伤力远比通货膨胀厉害，会使整体经济陷入严重的恶性循环。

9.1.3.3 失业

A 失业（unemployment）的内涵

凡在一定年龄范围内愿意工作而没有工作，并正在寻找工作的人都是失业者。衡量一个经济中失业状况的最基本指标是失业率。其公式表达为：

$$失业率=\frac{失业人数}{劳动力总数}\times 100\%$$

B 失业的分类与原因

（1）周期性失业，又称需求不足的失业，也就是凯恩斯所说的非自愿失业。它是指由于总需求不足而引起的短期失业。一般出现在经济周期的萧条阶段，故称周期性失业。

（2）自然失业，实现了充分就业时的失业率称为自然失业率，或称充分就业的失业率，或长期均衡的失业率。自然失业是经济中某些难以避免的原因所引起的失业。自然失业率由政府根据实际情况确定，各国不同，但有不断上升的趋势。

自然失业主要包括以下几种类型：摩擦性失业、求职性失业、结构性失业（“失业与空位”并存）、技术性失业、季节性失业、古典失业（由于工资刚性所引起的失业）。

（3）隐蔽性失业，是指表面上有工作，实际上对生产并没有作出贡献的人，即有“职”无“工”的人。当经济中减少就业人数而产量仍没有下降时，就存在着隐蔽性失业。

9.1.3.4 失业、通货紧缩及通货膨胀对会展业的影响

（1）通货紧缩及失业对会展业的影响。

一国的通货紧缩可能会引起经济衰退及失业，这将不可避免地给会展业带来一定的负面影响：

1）会展种类和数量将大幅度减少。会展行业由于其行业规模小，企业抗击风险的能力弱，非常容易受外界环境的变化而遭遇重创。由于受整个大环境的影响，各行各业都面

临着环境恶化的危机，可能导致各类展会延期或取消。

2）会展经济效益将呈现下滑趋势。随着会展市场化运作难度的加大，经济疲软下的展位费的门槛将会降低。不少企业将承受不了在经济萧条环境下参展参会的展位费、食宿费、交通费等各项开销费用。市场萧条期间，会展的总体收入会明显减少，经济效益也会呈下滑的趋势。

3）会展国际化率将会严重降低。受整体经济萧条的影响，境外企业来参会参展的机会和数量也将较大幅度的减少，这将降低会展国际化率，对展会品牌的提升及影响力非常不利。

4）展会企业将面临新一轮洗牌。经济萧条背景下，会展企业面临的困难和挑战非常明显，既有周边城市会展业的崛起，又有自身先天发展的不足。宏观经济的回落态势对会展企业将产生明显冲击。参展商可能收紧预算，展览会的组织水平也不容乐观。企业同业竞争将更加激烈，会展业将面临新一轮洗牌。

（2）通货膨胀对会展业的影响。

一般来说，通货膨胀背景下，整个社会的经济是处于高涨期的，企业的资金额相对宽裕，所以，参加展会的预算支出也会增加，展商及观众的参展热情高。不过，随着物价的上涨，因交通、食宿、物流等费用的提升将带动展商及观众参加展会的成本提升，这也会改变一部分展商及观众的参展及参观行为。

此外，当通货膨胀发生时，物价的上涨，货币的贬值会导致人们的实际收入减少。一旦企业及社会大众普遍存在通货膨胀的预期心理，大家都不愿意持有现金，或争相囤积货物，或将钱投入购买地产、黄金等投机且不具有生产性的物品，投机的风潮将愈演愈烈，进而引发所谓的“恶性通货膨胀”，人们对国家的货币失去信心，货物价格也就急剧高涨，结果不仅经济濒临崩溃，社会也将动荡不安。

9.2　明确政府宏观调控手段

当经济过热或过冷时，政府将如何运用经济手段、行政手段和法律手段来进行调控呢？会展企业对政府政策的变化应该做出怎样的调整呢？

9.2.1　了解宏观经济调控手段

一个国家的宏观经济调控目标是由该国的宏观调控任务决定的，即由若干具体目标组成的一个目标体系。一般来说，一国的宏观经济调控的目标有四个：物价稳定、充分就业、经济增长、国际收支平衡。这四个目标要同时实现，则是非常困难的事。在具体实施中，实现某一政策目标，经常会干扰其他政策目标的实现。因此，一国政府及相关机构在制定政策时，通常是以其中的一两个目标为主要目标的。

宏观经济调控手段主要有经济手段、行政手段和法律手段。各种手段各具特色，相互关联，相互补充，共同构成了国家宏观调控手段的体系。

9.2.1.1　经济手段

经济手段主要包括：财政手段如税收、预算等政策，货币手段如贴现率、存款准备金率政策及公开市场业务操作。此外，还有产业政策、投资政策、工资收入政策、价格政策、消费政策、对外贸易政策等。

A 财政政策

财政政策指政府变动财政收入和财政支出以影响社会总需求，进而调节就业和国民收入的政策。包括财政收入政策和财政支出政策。

（1）财政收入，是指政府为履行其职能、实施公共政策和提供公共物品与服务需要而筹集的一切资金的总和，即政府部门在一定时期内（一般为一个财政年度）所取得的货币收入。财政收入是衡量一国政府财力的重要指标，政府在社会经济活动中提供公共物品和服务的范围和数量，在很大程度上取决于财政收入的充裕状况。国际上对财政收入的分类，通常按政府取得财政收入的形式进行分类。这种分类方法可将财政收入分为税收收入、国有资产收益、国债收入和收费收入以及其他收入等。

（2）财政支出，是指国家为实现其各种职能，由财政部门按照预算计划，将国家集中的财政资金向有关部门和方面进行支付的活动，因此也称预算支出。按财政支出的经济性质可以把财政支出分为购买性支出和转移性支出。购买性支出又称消耗性支出，是指政府购买商品和劳务，包括购买进行日常政务活动所需要的或者进行政府投资所需要的各种物品和劳务的支出，即由社会消费性支出和财政投资支出组成；转移性支出指政府按照一定方式，将一部分财政资金无偿用地、单方面转移给居民和其他受益者，主要由社会保障支出和财政补贴组成。它是政府的非市场性再分配活动，对收入分配的直接影响较大，执行收入分配的职能较强。

（3）宏观财政政策的运用。一般在经济萧条时期，国民收入小于充分就业的均衡，总需求不足，所以，政府倾向于增加政府支出，减少税收，以便刺激总需求的扩大，减少失业率。而在经济膨胀时期，由于社会普遍存在过度需求，会引起通货膨胀，所以，政府应该减少政府支出，增加税收以便抑制总需求，消灭通货膨胀。此外，政府也可采取平衡性财政政策即通过财政活动对社会总需求的影响保持在中性。

B 货币政策

货币政策是政府或中央银行为影响经济活动所采取的措施，尤指控制货币供给以及调控利率的各项措施。货币政策调节的对象是货币供应量，即全社会总的购买力，具体表现形式为：流通中的现金和个人、企事业单位在银行的存款。流通中的现金与消费物价水平变动密切相关，是最活跃的货币，一直是中央银行关注和调节的重要目标。

a 货币政策工具

货币政策工具是指中央银行为调控货币政策中介目标而采取的政策手段。运用货币政策所采取的主要措施包括七个方面：控制货币发行、控制和调节对政府的贷款、推行公开市场业务、改变存款准备金率、调整再贴现率、选择性信用管制、直接信用管制。其中三大法宝是公开市场业务、贴现政策、准备金率。

公开市场业务就是中央银行在金融市场上买进或卖出有价证券。买进有价证券实际上就是发行货币，从而增加货币供应量。卖出有价证券实际上就是回笼货币，从而减少货币供应量。

贴现政策是指商业银行向中央银行贷款的方式。商业银行向中央银行进行贴现所付的利息率称为贴现率。贴现政策包括变动贴现率与贴现条件，其中最重要的是变动贴现率。中央银行降低贴现率或放松贴现条件，使商业银行得到更多的资金，这样就可以增加对客户的放款，放款的增加又可以通过银行创造货币的机制增加流通中的货币供应量，降低利息率；反之，则减少流通中的货币供应量。

准备金规定即商业银行吸收的存款中用作准备金的比率称为准备率。中央银行变动准备率可以通过对准备金的影响来调节货币供应量。

b　货币政策的运用

货币政策分为扩张性的和紧缩性的两种。扩张性的货币政策是通过提高货币供应增长速度来刺激总需求，在这种政策下，取得信贷更为容易，利息率会降低。因此，当经济萧条时，使用扩张性的货币政策最合适，如在公开市场买进有价证券，降低贴现率并放松贴现条件，降低准备率等。

紧缩性的货币政策是通过削减货币供应的增长率来降低总需求水平的，在这种政策下，取得信贷较为困难，利息率也随之提高。因此，在通货膨胀较严重时，采用紧缩性的货币政策较合适，如在公开市场卖出有价证券，提高贴现率并严格贴现条件，提高准备率等。

9.2.1.2　行政管理手段

行政手段是行政机构采取强制性的命令、指示、规定等行政方式来调节经济活动，以达到宏观调控目标的一种手段。行政手段具有权威性、纵向性、无偿性及速效性等特点。国民经济重大比例关系失调或社会经济某一领域失控时，运用行政手段调节将能更迅速地扭转失控，更快地恢复正常的经济秩序。当然，行政手段是短期的非常规的手段，不可滥用，必须在尊重客观经济规律的基础上，从实际出发加以运用。

9.2.1.3　运用法律手段进行宏观调控

法律手段指通过经济立法和经济司法，运用经济法规来调节经济关系和经济活动，以达到宏观调控目标的一种手段。经济立法主要是由立法机关制定各种经济法规，保护市场主体权益；经济司法主要是由司法机关按照法律规定的制度、程序，对经济案件进行检察和审理的活动，以维护市场秩序，惩罚和制裁经济犯罪。

9.2.1.4　宏观调控政策的协调配合——相机抉择

相机抉择是指政府在运用宏观经济政策调节经济时，可以根据市场情况或各项调节措施的特点，机动地决定和选择抢救经营采取哪一种或哪几种政策措施。常见的有财政和金融政策的协调。

两种政策工具各有特点，其中，财政政策直接作用于商品市场，货币政策直接作用于货币市场；财政政策直接作用于 GDP，而对通货膨胀的作用则是间接而缓慢的。货币政策对通货膨胀的作用是直接而快捷的，而对 GDP 的影响比较间接和缓慢；扩张的财政政策会导致利率的上升，因挤出效应导致投资的减少；扩张的货币政策会导致利率的下降，推动投资的上升。

针对上述特点，在实践中，常常把财政政策与货币政策进行必要的松紧搭配，亦称政策组合。政策组合可由双紧、双松、松财政紧货币、松货币紧财政；而后两者各自的松紧的程度也可以有所不同。

9.2.2 明确政府调控政策在会展经济中的运用

9.2.2.1 政府宏观调控会展经济的意义

对会展业来说，政府的宏观调控手段主要表现在经济职能方面。政府运用经济、法律和必要的行政手段，引导和调控会展经济运行。一方面政府通过制定一系列的法律法规来规范会展经济行为。另一方面，政府通过微观经济管理来调节会展经济。

（1）政府作为生产的直接参加者，直接创办会展机构或通过对民营经济主体进行直接或间接的政策支持来影响微观会展经济的运行。

（2）政府利用其国家信用在金融市场上弥补私人资本的不足，并为会展企业提供各种风险保险。

（3）政府通过政府采购间接影响社会资源的配置。

（4）政府通过制定针对微观经济运行的法律、法规和条例对微观经济活动进行管制，如我国以前对会展准入的限制等。政府通过经济调节职能，可以调整和优化会展经济结构，发展对外经济贸易和区域经济合作，实现会展经济的良性发展，同时带动相关产业的发展，进而促进整个国民经济的发展。

政府对会展业来说，有义务和责任为其发展创造一个良好的市场秩序。通过财政和税收政策，调节各种总量关系，减少会展经济的波动，为会展经济提供一个稳定的宏观经济环境。政府应从过去直接干预经济活动逐步转向主要从事宏观调控来管理会展经济。通过法律规章对中国会展业进行宏观规范，同时减少对会展活动的直接参与和管理，使会展主体可以在公开透明的法制环境下发展。当前政府应该研究制定中国会展业政策，制定有利于展览业发展的税收政策，在提高规模的基础上实施品牌战略，提升中国会展业的竞争力和影响力，促进中国会展产业化。只有大量减少政府对会展经济事务的直接干预，引入市场机制，政府才能把主要精力转到为企业提供服务和创造的发展环境上来。

9.2.2.2 会展经济调控手段

会展经济的调控手段包括经济手段、行政手段和法律手段。其中，经济调控工具主要有税收杠杆、价格杠杆及信贷杠杆。运用税收杠杆调节会展经济运行，关键是要根据宏观经济发展的目标，科学地估算税源及减免税的政策。过重的税负会窒息会展企业的活力，产生逆调节效果；运用价格杠杆，最重要的是规定合理的调价幅度。在会展经济中，价格在由市场决定的同时，国家可以规定调价幅度。把价格的结构性调整与合理的价格控制总水平统一起来，使价格在会展业的承受能力范围内变动。有利于实现对整个会展经济的调控目标；信贷杠杆在会展经济的发展中其有效的宏观调控作用取决于两个条件：一是受助单位或机构真正成为自主经营、自负盈亏的经济主体；二是银行真正企业化，有经营自主权，在信贷业务上不受政府部门的干扰。

9.2.2.3 会展经济政策

当前，会展经济需要一个科学合理的经济政策作保证，其经济政策在会展业的发展中有重要的影响和作用。政府通过制定中长期会展产业规划来规制会展经济，从而有利于会展经济的发展。

会展经济政策包括会展税收政策、会展产业政策、会展投融资政策等。

A　会展税收政策

税收政策是国家宏观调控经济的重要手段，它是财政收入政策的核心。税收政策具有三大功能：

第一，维持经济的稳定功能。通过税率和税基的调整，来治理经济中的通货膨胀和失业现象。如治理通货膨胀可借助税率的提高，但关键是要建立一个具有高度收入弹性的税收制度。一国税收制度的弹性的大小主要取决于两个因素：一是税基弹性，即税收基础对 GDP 的反映程度。二是税收的累进性。就税基弹性而言，最大的是所得税和奢侈品的消费税，特别产品税和进口税的税基是弹性的。就税收的累进性而言，个人所得税最具累进税，它的提高将使税收弹性增大。所以，会展业的税收政策既要确保税收制度的弹性，又要保持经济增长的速度。具体到征收的税种和税率，首先要考虑税基弹性，并兼顾累进性，当然为了刺激会展业的发展也要给予一定的税收优惠政策。

第二，推动经济增长的功能。这主要体现在动员和增加公共储蓄、吸引资本内流、限制资本外流、刺激私人储蓄和投资、实现资金的合理配置。

第三，实现收入分配均等功能。在税收政策方面，调节收入分配的主要办法是实行累进税制，即税收负担随着收入的增加而以更大比例增加。由于人们的贫富程度可以由收入、消费和财产来衡量，从而与调节收入分配有关的累进税制一般包括三种形式：所得税、消费税和房产税。

当前，我国在会展业方面的税收政策相对于会展经济的迅猛发展，逐渐显现出其不适应状况。

（1）税收政策的“中性”原则受到潜在冲击。政府在税收政策中，应尽可能避免对微观经济主体经济决策和经济行为进行干预。即政府要尽量减少税收所带来的“扭曲”，税收政策应保持“中性”原则。

（2）缺乏适度的政策倾斜，无法体现政策的导向性作用。由于会展业是一个特殊的行业，而且在带动相关产业发展，推动国民经济增长方面具有独特的作用和魅力。政府可以给予适度的政策支持，并且要选择好着力点。税收优惠的着力点不能选择在会展企业的日常运作上，时间表明按行业设置税率，最终的结果可能是无效的。因为市场会通过价格的变动调整利润率，在市场需求受价格影响不大时，税收优惠措施并不能使企业获利。

综上所述，税收政策对会展业的支持，重心要放在以下几个方面：

第一，鼓励会展企业的兼并重组。我国现有从事会展服务的组织绝大部分只能提供分段、单项的服务，且规模小，管理方式单一，既不利于会展行业市场的开发，又会在未来市场进一步开放时缺乏竞争能力。况且当前我国展馆过剩，重复办展的现象比较严重。因此，可以对有关的兼并重组行为给予一定的所得税优惠，鼓励和支持现代化大型会展机构的产生、生存和发展。

第二，对大型会展企业的形成给予扶持。一般来讲，现代服务业如会展业在兴建时投资巨大，适当的税收优惠可以在一定程度上降低投资风险，而且，随着会展业市场的发育和完善，适当的税收优惠政策可以引导多元主体的产生，使大批的民营经济有能力，有魄力去投资会展业。这样更有利于会展业的发展。例如，对会展企业构建的用于投资会展中心的固定资产，其中已包含已纳流转税，允许全部或部分抵免会展企业营业收入应纳的营业税等。

当然，在实施上述税收优惠措施时，必须对相关的税收规定进行梳理和调整，同时在具体征管中加强跟踪管理，以防止企业滥用税收优惠，防止形成新的税收漏洞。

B 会展产业政策

会展产业政策是会展经济增长的内在要求，又是会展经济发展战略的体现。会展产业政策包括对会展业的扶持、布局、调整、鼓励和限制等。

（1）会展产业扶持政策。这是产业政策的主导部分和关键部分，其着眼于未来会展业的产业优势，直接服务于产业结构的高度化。我国的会展业扶植政策刚刚起步，其政策手段包括两大类：直接的行政干预（如市场准入制、政府办展等）和间接调控（如金融支持、信息与技术援助、行政指导和税收减免等）。

（2）会展产业布局政策。合理的有助于建立和完善地区间的产业分工关系。从会展产业布局政策上看，主要包括地区分布问题和产品布局问题。

就地区分布来看，会展业的发展要有一定的基础条件，如自然地理条件、交通通信、会展场馆、产业基础、政策环境等。在我国并不是所有的城市、所有的地区都具备这些条件，因此，要有选择、有重点的发展，如经济文化中心或是交通枢纽的大城市。

就产业布局来看，展览、会议与大型活动三者的活动目的和具体运作方式来说有很大不同。一般来说，展览的直接目的是促成交易，是商品买家和卖家的聚会。而大多数会议的目的在于交流信息，或者是单向的宣传、能否达到沟通的目的是评价会议成败的关键之一。相比较而言，大型活动，其目的性比较复杂，可能是为了政治的宣传、也可能是为了丰富居民生活，或者为了树立政府形象。从这个角度看，大型活动的市场化程度低，大多数需要政府出面，需要财政补贴。鉴于这三类活动的不同特点，在制定政策时：贸易展览是一种交易成本较低的贸易方式，要采取鼓励政策，大力发展；会议市场比较复杂，即具有促进经济技术发展的积极意义，但过多、过滥的会议有“文山会海，浪费资源”之嫌，所以，经贸类、技术类与学术类会议可以优先发展，其他会议要区分情况，加以限制；大型活动一般由政府投资，虽然在宣传政府形象，活跃居民生活氛围方面具有一定的积极意义，但在政策上要加以限制，以免浪费国民财富。

（3）会展产业的限制和鼓励性政策。对内要给予各种政策优惠，如融资支持、税收减免、财政辅助等。对外要为会展产业提供良好的国外市场准入条件。同时，为保证规模经济，防止重复建设和恶性竞争，从而进行必要的地域限制、时间限制和业务限制。

背景资料

国务院签批促进展览业改革发展意见

2015年4月20日，经李克强总理签批，国务院日前印发《关于进一步促进展览业改革发展的若干意见》，这是国务院首次全面系统地提出展览业发展的战略目标和主要任务，并对进一步促进展览业改革发展作出全面部署。

意见指出，近年来，我国展览业快速发展，已经成为构建现代市场体系和开放型经济体系的重要平台，在我国经济社会发展中的作用日益凸显。同时，也存在着结构不合理、政策不完善、国际竞争力不强等问题，亟需深化改革，开拓创新，进一步提高展览业的发展水平。

意见强调，促进展览业改革发展，关键要坚持专业化、国际化、品牌化、信息化方向，培育壮大市场主体，加快展览业转型升级，努力推动我国从展览业大国向展览业强国发展，更好地服务于国民经济和社会发展全局。到2020年，基本建成结构优化、功能完善、基础扎实、布局合理、发展均衡的展览业体系。

意见提出四个方面的措施要求。一是改革管理体制。加快简政放权，建立部际联席会议制度，统筹协调，加强事中事后监管。推进展览业市场化进程，严格规范各级政府办展行为，逐步加大政府向社会购买服务的力度。发挥中介组织作用，提高行业自律水平。二是推动创新发展。加快信息化进程，提升组织化水平，健全展览产业链，形成行业配套、产业联动、运行高效的展览业服务体系。要完善展馆管理运营机制，制订公开透明和非歧视的场馆使用规则。深化国际交流合作，与国际展览业组织、行业协会、展览企业等建立合作机制。三是优化市场环境。完善行业标准体系和诚信体系，打击侵权和假冒伪劣。加强展会知识产权保护，提升对展会知识产权的创造、运用和保护水平。四是强化政策引导。优化展览业布局，推动建设一批具有世界影响力的国际展览城市和展览场馆，培育一批品牌展会。落实财税政策，改善金融保险服务，提高参展办展便利化水平。要健全行业统计制度，建立和完善展览业统计指标和监测分析体系。加强人才体系建设，全面提升从业人员整体水平。

意见要求，各地区、各部门要充分认识进一步促进展览业改革发展的重要意义，结合自身经济社会发展实际情况制订具体实施方案，细化政策措施，确保各项任务落到实处。

（人民日报）

9.3　预测会展业发展趋势

9.3.1　了解会展市场调研的内容

在会展业中，一个会展项目的选题、立项策划、营销及运营都离不开前期大量的市场调研，可以说，市场调研是展会项目成功举办的基础和先决条件。一般来说，展览项目市场调研的内容包括以下几个方面：

（1）展览项目涉及的行业和产品调研。展览项目生命力如何，在很大程度上与其所属产业类型和所在行业有关。行业的发展现状和潜力，可能是决定和影响展览会发展的关键因素。处于上升势头的行业，举办展览会的作用一般比较大，也需要展览会来营造声势；反之则不太适合举办展览会。行业发展的潜力，更是关系到该行业举办展览会的前景。其中，有关行业的发展所处的生命周期，行业的市场拓展可能性、行业的市场分布状况变化趋势等，都是进行调研必须考虑、分析的内容。

（2）展览项目市场前景调研。

1）市场需求和规模。考察一个展览项目是否合适，首先要对其市场需求情况和市场规模进行调研。通过国内外市场以及区域市场情况的对比，进行会展项目的可行性分析。

2）市场竞争状况。市场竞争状况对企业参展的可能性有很大的影响，对处于自由竞争时期的产业和行业、企业参加展览的积极性很高，比较适宜选择举办展览会；但对于市场集中度较高、垄断性较强的行业，由于竞争激烈，进入市场的难度增强，举办展览的难度就比较大。

3）外部经济环境。外部经济环境，包括展览举办地的经济发展水平、相关行业发展状况及行业协会的力量以及国家宏观调控政策等因素。一个良好的展览会举办地，基本应是某个将要举办展览会所属行业的发展中心，至少要在地理位置上接近这一中心。如中国香港作为亚太地区的（时装之都）定位很准。相关行业的发展水平也对展览会有很大的影响，如果展览会举办地及周边地区的相关产业发展、配套条件不理想，在该地举办该类展会的条件也不太理想。此外，行业协会的作用及国家宏观经济及产业政策，都将对展览会的成功举办产生很大的影响。

此外，展览项目的时空适宜性调研也是十分重要的，包括展览会的举办时间、地点是否适宜，展期前后有无同种题材的展览撞车现象，周边地区的行业基础如何等等。

9.3.2 把握会展业的发展趋势

会展业发展趋势的变化受诸多因素的影响，尤其是国家宏观调控政策的影响。了解宏观经济运行，有助于从以下几个方面把握会展业的发展趋势。

（1）会展行业结构方面。一般来说，市场环境的变化将影响着会展行业结构的调整。市场环境的恶化将会使得展览市场优胜劣汰，展览项目持续运作良好、规模大、实力相对雄厚的大型展览企业，由于抗风险能力强，会在全球经济紧缩中生存下来，并觅得更多的市场份额和发展机会。相反，许多中小会展企业由于资金实力弱、规模小、抗风险能力差，展览项目在目前的经济形势下将面临更大的招商招展困难，企业展览项目的运作不容乐观。数据统计表明，2008 年美国经济危机背景下，当年中国贸促会批准组展单位出国举办的经济贸易展览会有一千八百多项，但到 10 月份为止，实施办展的只有一千项，实施率约百分之五十五，与 2007 年相比，实施率下降了五个百分点。这一变化带来的结果将是大浪淘沙和自然淘汰，部分中小会展企业将被迫退出展览市场，会展业的行业结构将向高度集中、大型化等方向发展。相反，经济繁荣时期，企业资金相对宽裕，这会使企业有更多的机会及选择参加意愿的展会，整个会展行业中的展会项目运作也会相应增加。

（2）会展市场结构方面。一般情况下，经济的衰退或繁荣也将改变会展的市场结构。在经济萎缩的市场环境中，不仅会展业的企业结构和层次将发生改变，展览项目也将面临调整。市场运作良好、管理水平高、企业参展效益明显的品牌展会和大型展会将受到市场的更多青睐。相反，那些还没有形成品牌，没有稳定市场基础，还处于培育发展期的小型展览会将受到严重的冲击，而缺乏效益、管理混乱、企业参展效益低的展会将面临生存危机。

（3）会展相关产业方面。会展相关产业是指给展览会提供支持和服务的设计、展台搭建、会展物流、会展营销以及餐饮住宿等相关产业。经济的衰退或繁荣将使得这些产业自身面临的市场环境恶化。同时，由于会展业是综合性非常高的产业，它对相关产业的带动作用十分明显。因此，会展业发展停滞或衰退将波及到这些相关产业，使它们也同样面临经营困难、收入减少、资金紧张等一系列问题。尤其是那些依靠会展业生存，从事专业的会展设计（场馆设计、展台设计等）、展台搭建、展览项目策划及咨询等行业企业，将会受到优胜劣汰的市场机制的检验。

近几年来，随着我国产业结构逐步向二、三产业为主的格局转变和我国经济外向发展趋势的强化，我国的会展产业得到了很好的发展机会。各地会展场馆规划和建设、会展项目运作以及节事活动的开展蓬勃兴起，会展产业规模和社会影响力快速扩大，已经成为衡量地区经济发展水平的重要指标之一。但是，会展产业的产业化和市场化却未真正完全建立起来。其原因就在于我国的会展项目很大一部分是操控在政府手里，并不是按照市场经济规律在运行，而是服从于政府的政治或利益集团的需要。虽然全球性的经济增长放缓甚至紧缩并不能改变我国会展产业“政府展”和“商业展”分天下的格局，但其促进我国会展经济加速产业化和市场化的作用却不容忽视。

9.3.3 会展业发展趋势预测

在我国，会展经济仍将保持快速发展的态势，会展业将成为现代服务业发展的引擎和助推器，与产业发展紧密结合，展会主题与时俱进，场馆的建设将与城市的发展更紧密地结合，政府主导型展会进一步改革创新、转型升级，节俭办展成为时尚。会展经济将与民生更紧密地相联，在扩大内需、刺激消费方面发挥更大的作用，大会展的趋势日趋成为主流，文化创意将成为会展经济的新亮点，展览业的发展更趋于专业化，展览规模呈大至化趋势，两移趋势明显，业内强强联合，国际化运作集团化趋势增强，现代新技术的应用，为展览业的发展注入了新的活力，通过资本输出和移植品牌会展，抢占国际展览市场。

（1）会展经济仍将保持快速发展的态势。中国会展经济无论从规模上还是从质量上都将跃上一个新的台阶。我国会展业将以10%以上的速度增长的同时，将更加注重质量，中国会展业面临从会展大国向会展强国的转变。

（2）会展业将成为现代服务业发展的引擎和助推器。经国务院批准，由国家商务部主办、北京市政府协办的中国（北京）国际服务贸易交易会（以下简称“京交会”）已成功地举行了两届。京交会是国家级、综合型服务贸易交易会，是目前服务贸易领域全球唯一的综合型交易会，意在打造“南有广交会、北有京交会”的格局。举办京交会是落实国家大力发展服务业和服务贸易的重大举措，是我国对外开放进入新阶段的重要标志，是我国转变外贸发展方式的重要平台。

（3）与产业发展紧密结合，展会主题与时俱进。目前，我国正在进行经济结构的调整。新能源、新材料、通讯信息技术和生物工程等新兴产业正在兴起。同时，推动经济增长的内生动力正转向国内消费。为配合经济转型，今后各地应围绕以新兴产业和国内消费为主题，创新展览项目。

（4）场馆的建设将与城市的发展更紧密地结合。随着中国城镇化建设步伐的加快，更多的城市将会展场馆的建设和城市的发展有机地结合起来。例如上海的国家会展中心已成为城市的标志性建筑。

（5）政府主导型展会进一步改革创新、转型升级。政府主导型展会在我国展览业中占有重要的位置。它的存在与发展也成为近年来中国会展经济特色之一，其核心是坚持政府对展览经济起主导作用，借助行政资源的力量，大规模的宣传造势，有助于聚集人气，扩大展会影响力，成为带动我国会展经济发展的增长点。这种特点，一方面确实推动中国展览业快速发展，另一方面也容易忽视市场机制的作用，未能实现市场资源的合理配置和优化组合，导致一些项目缺乏可持续的良性发展空间，也影响政府财政资金和行政资源的使用效率。

(6) 节俭办展成时尚，紧密民生促发展。商务部作为全国会展的管理部门，认真贯彻落实中央八项规定和反对“四风”的要求，坚持节俭办会，规范办展行为，注重办展实效，展会各项活动精简、务实、高效，呈现出新的气象，赢得参展商和媒体的广泛赞誉。各地展会改革、优化、创新主要活动，突出创意，简化重大活动气氛布置，简化公共布展，简化重大活动规模。另外，会展经济将与民生更紧密地相联，在扩大内需，刺激消费方面发挥更大的作用。我国正处于重要战略机遇期，市场空间大，内需潜力大，对发展具有持久的拉动作用，今后我国内需型的展会将有大幅度的增长。

(7) 大会展的趋势日趋成为主流。目前，展览、会议、节赛活动和奖励旅游正逐渐融为一体。其中会议产业的规模和经济社会效益大有赶超展览之势。今后中国大会展的趋势将愈演愈烈，对国民经济的贡献将越来越大。同时，展览与会议日趋融合，展中有会，会中有展的现象越来越普遍。

(8) 文化创意将成为会展经济的新亮点。中共十七届六中全会通过了关于推动文化大发展等重大问题的决定。《决定》提出要努力建设社会主义文化强国，并提出了 2011 ~ 2020 年的文化改革发展奋斗目标。

(9) 展览业的发展更趋于专业化。在国际上，专业性的展览已成为会展业发展的主流，代表着会展经济的发展趋势。与一般的会展相比，专业展览具有针对性强、参展观众质量高、参展效果好等特点，因此近几年来，我国综合性展览会的举办数量不断减少，许多综合性展览会都不同程度地转为专业性展览。原来的一些综合性的展览已经被细化分为若干个专业展。此外，由于专业展览会能够集中反映某个行业或其相关行业的整体状况，并具有更强的市场功能。因而从产生之日起就受到全国各地特别是会展城市的青睐。专业化是展览业发展的必然趋势。

(10) 展览规模呈大型化趋势。随着展览业的竞争日趋激烈，各举办机构已不再局限于吸引本国、本地区的参展商，而是把目标更多地投向国际市场，进而扩大展会在国内甚至是地区范围内的影响力，力争提高国际参与程度。目前，随着我国城市化水平的提高，地方政府不断加大对展览业的扶植力度，在大型展览场馆的基础设施建设上，一些地方政府几乎投入了百分之百的资金。很多城市也想通过修建大型展览场馆举办一些大型的国际会展来提升城市的形象和扩大招商引资促进地区经济的发展，所有这些必然会导致展会的规模越办越大。

(11) 两移趋势明显。随着中国经济持续不断地增长，饱受金融危机困扰的美欧展览强国纷纷将其展览项目和业务向中国转移。因为会展经济是不以人的意志为转移的，要发展是跟着经济的发展而发展的，经济的发展必然就会带动会展业的发展，现在我国的经济发展正处于上升阶段，GDP 每年的增长都位于世界前列，我国在国际上的话语权，经济地位也在不断提升。同时，国内沿海地区的展览项目和展览业务也有向中西部转移的趋势。随着国家西部大开发和中部崛起战略的实施，近几年中西部地区各省区经济快速增长，有些省区已超过东部沿海地区，经济实力的提高，加快了东部地区展览和会议向中西部转移的步伐，例如，近几年成都会展业的崛起就是最好的例证。我们预计，未来中国会展业两移趋势将会愈演愈烈。

(12) 业内强强联合，国际化运作集团化趋势增强。并购和联盟已经席卷了全球经济的各个领域，成为国际市场的一大焦点。作为国际化程度很高的展览领域也不例外。今后国内展览企业将通过资本运作进行兼并与合作，通过兼并与合作，可以利用国内、国际两种资源，开拓国内、国际两个市场，以获得资源的优化配置。目前，世界上许多展览业的大组织、大企业纷纷开始联合，以期优势互补，提升实力，打造业内超级航母。展览业虽然投入大，但回报快，是一个高利润的行业，其利润率高达 25%，因此业内的竞争十分激烈。预计今后国内展览业的大企业为了降低成本、减少风险以便维护高利润率，将会以兼并与合作的方式建立战略联盟，进行国际化运作。

（13）现代新技术的应用，为展览业的发展注入了新的活力。信息技术、网络技术等科学技术的快速发展也为全球展览经济的发展注入了新的活力。随着科学技术的迅猛发展，尤其是科技革命带来的大量新工艺、新材料的出现，会展设备现代化已经成为会展业发展的一个不争的事实。实际上，设备现代化也是展会标准现代化、展览内容国际化、展览形式多样化发展的共同要求。更为值得关注的是，大量信息技术的应用，向网络求发展空间，又成为世界展览业发展不可回避的趋势。有关专家把这种以高科技产业为支撑，以知识经济、信息网络经济为主要内容的新经济对展览经济产生的影响，归纳为快捷、关联和效果三个方面。因为借助网络信息的优势，可以为展商和参展观众双方带来极大的方便和效益，如，参展商可以在异地向全世界发布自己展览产品的详细信息，参展观众也可以借助个人电脑在任何地方浏览和选择自己喜欢的产品。目前，我国网上展览已初见成效，例如我国第一展广交会已开拓网上展览，并取得了较好的效果。又如阿里巴巴网站利用自身的网络资源，正尝试向网上展览发展。今后网上展览将大有发展前途。

（14）通过资本输出和移植品牌会展，抢占国际展览市场。在世界展览业向专业化、国际化和集团化发展的过程中，欧美展览业已经相当发达，但是其国内发展的空间已经接近饱和。国际展览巨头为了谋求向全球发展，纷纷把目标投向海外，通过资本运作寻求低成本扩张，进入展览业相对落后的发展中国家市场。如德国的汉诺威展览公司直接收购上海一个有名气的地面装饰展览会。另外，它们充分利用广泛的业务网络将一些名牌展览移植到他国举办。如慕尼黑国际展览集团成功将电子元器件博览会移植到上海举办，在未来的几年中，它还将把高档消费品、建筑材料、交通运输等博览会引入中国。德国的法兰克福展览有限公司也已把每年春秋两季原在德国本土举办的国际消费品展览会（Ambient）移植到中国、日本和俄罗斯。这种跨国运作，既满足了国际市场的需求，同时也抢占了世界展览市场的份额。今后，国际上的展览强国将更多地通过这种方式进入中国的展览市场。

阅读与思考

把握市场走势是成功办展的基础

环球资源是 20 年前就进入中国的一家媒体公司，是在美国纳斯达克上市的首家亚洲网络公司。他们对世界贸易的走势比较清楚，这为他们选择什么样的展览会提供了良好的基础。

环球资源从大量的市场调查中发现，中国是世界最大的工厂，也是世界最大的市场。世界电子消费品市场对“中国制造”情有独钟，中国 DVD 播放机在全球市场中占有 80%

的份额，中国手机全球市场占有率为20%，根据世界经济研究中心预测，今年中国电子产品产值将突破1620亿美元，增长14%，中国半导体的消耗量将达到370亿美元，增长率将超过30%。中国2014年将生产6290万台彩电，2480万台数码相机，2010万台电脑和1.73亿只手机。他们从这些信息中捕捉到了商机，于是就决定在2014年4月举办了国际电子产品交易会。

他们了解到，2000年至2014年，美国从中国进口采购增长了50%。目前，全球25%的玩具、30%的公文包、51%的微波炉和60%的自行车均由中国生产，全球70%的礼品都在中国采购。于是，他们又决定4月同时举办“国际礼品展”和“国际家庭用品展”两个交易会。由于信息灵，定位准，环球资源一个月内举办的3个展览会都取得空前成功。他们决定，2014年10月13日至27日将在上海继续举办这3个秋季展览会。

衡量一个国际展览会是否成功的重要标准是看到会的采购商数量和质量。环球资源在网络业务中拥有40.9万买家社群，他们与众多国际大买家有着密切的交往。每次展览会他们都邀请到世界500强企业到会采购。2014年4月份的3个展览会就是环球资源与国际零售商联盟联合举办的，国际零售商联盟是拥有64家全球顶级零售企业、年销售超过9000亿美元的国际零售机构。本次交易会他们组织了庞大的采购团参会。

同时，环球资源还动用自己的买家社群派团到会采购，这3个展览会不仅有近4万人的到会外商，而且其中有相当一部分是全球500强企业，如家乐福、东芝、IBM、百思买、LG电子、Target等。这些都是许多国内大型展览会所不能及的。

多年来，环球资源通过网络促成全球贸易，有许多买家和供应商早就在“虚拟的世界”里有所了解，并有成交的意向。现在，通过展览会给买卖双方提供一个“零距离”接触的机会，所以效果比电子商务好。

环球资源举办的展览会与众不同是在展览期间，还举办一系列个性化的“买家高峰论坛”，如百思买举办的“中国电子产品国际走势”、世界零售商联盟举办的“如何进入全球采购网络”、东芝、IBM、LG电子分别举办的“DVD出口形势”、“液晶显示器、液晶电视和手机论坛”、家乐福举办的“产品采购论坛”等，南京熊猫集团的副总经理对记者说，买家论坛不但让参展商通过论坛了解国际行情，而且给中国生产企业直接接触世界500强提供机会，培育潜在客户，是扩大出口的有效途径。

（资料来源：http：//www.haozhanhui.com/news/39517.html）

任务小结

根据经济学分析活动顺序，本任务是经济学分析活动操作的第九项任务。本任务应该明确宏观经济调控的目标：实现稳定物价、经济增长、充分就业和国际收支平衡。通过了解国民经济景气程度与生活的关系，分析通货膨胀与通货紧缩对经济的影响，明白当经济活动出现过冷或过热时，政府可以运用哪些主要手段对经济进行宏观调控，以实现既定目标。

分析物价水平、就业等情况，判断宏观经济运行是否出现通货膨胀与通货紧缩现象。分析通货膨胀与通货紧缩出现的成因及其对经济造成的影响，找到对抗通货膨胀与通货紧缩的办法。

经济宏观调控的手段有经济手段、行政手段和法律手段，最主要的是经济手段。区分财政政策与货币政策，财政杠杆主要包括国家预算、税收、国债、货币融通、财政价格补贴财政工资政策、财政投资等。重点关注存款准备金率、再贴现率、公开市场业务这三大货币政策工具。当经济运行中出现过热或过冷现象时，应运用财政金融宏观调控的协调配合进行调控。

完成本任务后，读者应该能够了解国民经济好坏与会展业的密切关系，了解通货膨胀与通货紧缩及失业对会展业的影响，以及政策采取的宏观调控政策的影响，并能预测会展业的发展趋势。

业务技能自测与实训操作

一、讨论

1. 通货膨胀和通货紧缩的成因及对会展经济的影响?

2. 结合近期我国经济运行情况及国家的宏观调控政策，了解这些政策对会展业的影响?

二、案例分析

背景资料：环球资源从大量的市场调查中发现，中国是世界最大的工厂，也是世界最大的市场。世界电子消费品市场对“中国制造”情有独钟，中国 DVD 播放机在全球市场中占有 80% 的份额，中国手机全球市场占有率为 20%，根据世界经济研究中心预测，2004 年中国电子产品产值将突破 1620 亿美元，增长 14%，中国半导体的消耗量将达到 370 亿美元，增长率将超过 30%。中国在 2004 年将生产 6290 万台彩电，2480 万台数码相机，2010 万台电脑和 1.73 亿只手机。他们从这些信息中捕捉到了商机，于是就决定在 2001 年 4 月举办国际电子产品交易会。

他们了解到，2000 年至 2004 年，美国从中国进口采购增长了 50%。目前，全球 25% 的玩具、30% 的公文包、51% 的微波炉和 60% 的自行车均由中国生产，全球 70% 的礼品都在中国采购。于是，他们又决定 4 月同时举办“国际礼品展”和“国际家庭用品展”两个交易会。由于信息灵，定位准，环球资源一个月内举办的 3 个展览会都取得空前成功。他们决定，2004 年 10 月 13 日至 27 日将在上海继续举办 3 个秋季展览会。

试分析：

（1）市场调研对会展业的重要意义。

（2）环球公司如何通过市场调研进行展会的策划?

三、实训操作

通过报纸或网站查询了解近年来我国宏观经济运行情况，调查物价的变化情况，据此对物价变动趋势进行分析，并为会展企业如何应对提出具体措施。

【实训目标】了解宏观经济运行状况与企业经营的关系。

【实训组织】学生每 4 人一组。

【实训提示】教师提出活动前的准备及注意事项。

【实训成果】各组汇报、教师讲评。

参考文献

[1] 卢进强．应用经济学［M］．北京：北京交通大学出版社，2011.
[2] 孙明贵．会展经济学［M］．北京：机械工业出版社，2006.
[3] 刘大可，王起静．会展经济学［M］．北京：中国商务出版社，2004.
[4] 陈来生．会展经济［M］．上海：复旦大学出版社，2005.
[5] 杨勇．现代会展经济学［M］．北京：清华大学出版社，2012.
[6] 华谦生．会展策划与营销［M］．广州：广东经济出版社，2004.
[7] 金辉．会展概论［M］．上海：上海人民出版社，2004.
[8] 应丽君．21世纪中国会展经济与会展产业［M］．四川：重庆大学出版社，2003.
[9] 马勇，王春雷．会展管理的理论、方法与案例［M］．北京：高等教育出版社，2003.
[10] 王春雷．会展市场营销［M］．上海：上海人民出版社，2004.
[11] 向国敏．会展实务［M］．上海：上海财经大学出版社，2005.
[12] 保罗·萨缪而森，威廉·诺德豪斯．经济学（第16版）［M］．萧琛等译．北京：华夏出版社，1999.
[13] 斯蒂格利茨．经济学（第2版）［M］．梁小民，等译．北京：中国人民大学出版社，2000.
[14] 龚维刚，陈建国．会展实务［M］．上海：华东师范大学出版社，2007.
[15] 过聚荣．中国会展经济发展报告（2013）［M］．北京：社会科学文献出版社，2013.
[16] 过聚荣，等．中国会展经济发展报告（2006—2007）［M］．北京：社会科学文献出版社，2007.
[17] 过聚荣．中国会展经济发展报告（2008）［M］．北京：社会科学文献出版社，2008.
[18] 王方华，过聚荣．中国会展经济发展报告（2009）［M］．北京：社会科学文献出版社，2009.
[19] 王方华，过聚荣．中国会展经济发展报告（2010）［M］．北京：社会科学文献出版社，2010.
[20] 刘大可．会展营销教程［M］．北京：高等教育出版社，2006.
[21] 刘大可，陈刚，王起静．会展经济理论与实务［M］．北京：首都经济贸易大学出版社，2006.
[22] 丁萍萍．会展实务［M］．北京：高等教育出版社，2009.
[23] 施谊，柴毅．后危机背景下上海会展业发展趋势及其对策研究［J］．华东经济管理，2011（12）．
[24] 卢丽君．中国会展业发展的战略研究［D］．硕士学位论文．2011.
[25] 冯楠．关于全球会展业发展趋势及当前中国会展业发展动向的研究［C］//2013中国会展经济研究会学术年会论文集．2013.
[26] 汪周生．全球经济紧缩对我国会展产业发展趋势的影响［C］//2009中国会展经济研究会学术年会论文集．2009.
[27] 李铁成，刘力．广州会展产业的发展趋势与对策［J］．战略决策研究，2011，02（3）．
[28] 程宏．世界会展经济发展趋势及借鉴［J］．经济纵横，2001（9）．
[29] 张竹．会展经济发展中的政府行为及对策研究［D］．硕士学位论文．2011.
[30] 叶凯．我国城市会展与城市经济互动关系研究［D］．博士学位论文．2011年7月．
[31] 刘中南．会展运作的经济学分析［D］．博士学位论文，2008.
[32] 张翠娟．会展产业对区域经济发展的影响研究［J］．学术交流，2014（5）．
[33] 约翰·哈特利，金迈克，斯图亚特·坎宁安．昆士兰模式：创意产业园区链接生产企业、教育、研发、文化生产和展示［C］//中国文化产业发展报告．2007.
[34] 蒋小浪．2010年世博会对上海旅游业的影响研究［D］．硕士学位论文．2009.

冶金工业出版社部分图书推荐

书名	作者	定价（元）
职业健康与安全工程	张顺堂　高德华　主编	36.00
创新思维、方法和管理	张正华　雷晓凌　编著	26.00
服务运营管理	赵海峰　编著	29.00
大学生创新实践指导	杨向荣　陈　伟　编著	19.00
管理学概论	杨红娟　主编	29.00
国际结算实务与案例分析	封文丽　编著	29.00
大学生创业教程	杨向荣　沈文青　编著	19.00
投资项目可行性分析与项目管理	王维才　等编著	29.00
现代企业精细化管理实务	姚水洪　陈仕萍　编著	40.00
中西文化比较	贺　毅　主编	23.00
管理学概论	杨红娟　主编	29.00
货币国际化进程中的金融风险与对策	傅　冰　著	32.00
艺术·形态·构成设计	赵　芳　等编著	38.00
中国纺织经济概论	马晓虹　马　涛　主编	26.00
财务管理项目化教程	王桂芹　李　鹰　主编	28.00
工业工程现场改善与应用	程　光　著	39.00
项目融资贷款评估操作实例	郑明贵　郭世钊　著	50.00
艺术·形态·构成设计	赵　芳　等编著	38.00
工程经济学理论与实务	张正华　杨先明　编著	48.00
常见易错字辨析手册	李忠芳　编著	19.00
职业发展与就业指导	柳跃东　李建波　主编	28.00